KB144486

스물다섯 영업으로 길을 찾다

Foreign Copyright:
Joonwon Lee
Address: 10, Simhaksan-ro, Seopae-dong, Paju-si, Kyunggi-do,
          Korea
Telephone: 82-2-3142-4151
E-mail: jwlee@cyber.co.kr

스물다섯 영업으로 길을 찾다

2019. 6. 19. 초 판 1쇄 인쇄
2019. 6. 26. 초 판 1쇄 발행

지은이 | 이가훈
펴낸이 | 이종춘
펴낸곳 | **BM** (주)도서출판 성안당

주소 | 04032 서울시 마포구 양화로 127 첨단빌딩 3층(출판기획 R&D 센터)
      | 10881 경기도 파주시 문발로 112 출판문화정보산업단지(제작 및 물류)
전화 | 02) 3142-0036
      | 031) 950-6300
팩스 | 031) 955-0510
등록 | 1973. 2. 1. 제406-2005-000046호
출판사 홈페이지 | **www.cyber.co.kr**
ISBN | 978-89-315-8787-6 (03190)
정가 | 14,800원

이 책을 만든 사람들
기획 | 최옥현
진행 · 교정 | 백상현
표지 · 본문 디자인 | 상:想 company
홍보 | 김계향, 정가현
국제부 | 이선민, 조혜란, 김혜숙
마케팅 | 구본철, 차정욱, 나진호, 이동후, 강호묵
제작 | 김유석

www.cyber.co.kr ★★★
성안당 Web 사이트

■ **도서 A/S 안내**

성안당에서 발행하는 모든 도서는 저자와 출판사, 그리고 독자가 함께 만들어 나갑니다.
좋은 책을 펴내기 위해 많은 노력을 기울이고 있습니다. 혹시라도 내용상의 오류나 오탈자 등이
발견되면 **"좋은 책은 나라의 보배"**로서 우리 모두가 함께 만들어 간다는 마음으로 연락주시기
바랍니다. 수정 보완하여 더 나은 책이 되도록 최선을 다하겠습니다.
성안당은 늘 독자 여러분들의 소중한 의견을 기다리고 있습니다. 좋은 의견을 보내주시는 분께는
성안당 쇼핑몰의 포인트(3,000포인트)를 적립해 드립니다.
잘못 만들어진 책이나 부록 등이 파손된 경우에는 교환해 드립니다.

스물다섯 영업으로 길을 찾다

이가훈 지음

BM 성안당

어떤 길을 떠나야할 지
모르는 당신에게

21세기를 살아가는 젊은이에게 '일'이란 과연 어떤 의미일까? 나의 군 생활이 제일 힘들고, 내가 맡은 일이 가장 힘들다는 말이 있다. 나는 부당하다고 느껴질 만큼 많은 일을 하고 있다고 생각하는 것이다. 막상 상대방이 더 노력하거나 남의 어려운 부분은 보지도, 보려 하지도 않으면서 그저 내가 제일 힘들다고 말하는 경우가 많다.

같은 맥락에서 우리는 사회생활을 시작하며 만나는 통칭 '꼰대'들을 보면서도 '나는 절대로 저렇게 행동하지 말아야지.' 다짐하며 똑같이 행동하는 경우가 있다. 대개 '나 때는 말이야'로 시작하는 취업난, 군 생활의 역경을 헤치고 이 자리까지 온 자신의 영웅담인 경우다. 이 말을 듣는 신입사원 중에는 존경 어린 눈빛으로 그 말조차 받아 적는 이도 있겠지만 당시 취업난과 현재의 취업난은 비교조차 되지 않는다고 코웃음 치는 이들이 다반사일 것이다.

이렇듯 내 삶의 목적에 대한 강한 자기 확신이나 고민을 밑바탕으로 직업을 찾는 것이 아니라 그저 경주마처럼 앞만 보며 내달리던 이들에게 '일'이란 밥벌이 수단에 불과한 경우가 많다.

이런 이들에게 '하고 싶은 일을 해야 후회가 없다.'는 말은 어떻게 받아들여질까?

나 같은 흙수저에게 하고 싶은 일을 한다는 것은 사치일 뿐이라는 말을 하지는 않을까?

사실 이 물음 자체는 해석하기에 따라 모순이 될 수 있는 큰 오류가 숨어 있다. 바로 '하고 싶은 일'이란 말이다. '일'이란 해석하기에 따라 단순히 하고 싶은 것을 뜻할 수도 있지만, 직업 혹은 경제활동으로 돈을 벌어다 주는 행위로 해석한다면 '하고 싶은 일'이란 정말 이해하기 어려운 말이 된다. 아무리 내가 좋아하고 즐기는 취미생활도 그것이 남들보다 잘해서 무언가 아웃풋을 계속해서 만들어 내야 하는 '일'이 된다면 더 이상 하고 싶은 일이 되기란 쉽지 않을 것이다.

그렇다면 과연 어떤 일을 해야 스트레스도 적게 받으면서 많은 보수를 받고 또 잘릴 걱정이 없을까?

우리가 흔히 신의 직장이라 부르는 곳들의 특성을 살펴보면 금전적 보수, 복지, 안정성이 그 척도가 되는 경우가 많다. 여기에는 보통 내가 그 일을 함으로써 '이 세상에 뭔가 기여한다는 만족감', 개인 혹은 공동의 성장은 담겨 있지 않다. 생명 유지의 욕구보다 자아실현의 욕구는 한참 고차원적인 욕구다. 그럼에도 불구하고 필자는 그 고차원적인 욕구를 추구하는 길이 그 아래 모든 욕구를 충족시킬 수 있는 길이라고 믿게 되었다.

우리는 보고, 듣고, 배워온 것의 기준이 타인으로 인해 세워진 경우가 많기에, 마치 행복이 다른 사람으로 말미암아 생기는 것인 양 착각한다. 이 세상에는 수천, 수만 가지 직업이 있고 우리나라에 속한 대기업만 해도 천 개가 넘지만, 성공한 인생을 단 몇 가지 모습으로만 한정 짓곤 한다.

그것이 과연 삶의 올바른 모습일까?

애초에 올바른 모습이란 것이 정해져 있는 것일까?

나는 이러한 고민을 류머티즘이라는 희귀병을 앓으며 품게 되었다. 강직성 척추염이라는 이 고약한 병은 뼈가 서서히 굳어가는 병으로 병세가 심각할 때는 손가락 하나 까딱할 수 없는 지경에 이른다. 손가락 하나 움직일 수 없는 상황에서 할 수 있는 것이라곤 생각밖에 없다. '삶'이란 무엇인지, 내가 걸어갈 길은 무엇인지 말이다.

자, 당신에게 묻겠다.

당신에게 '일'이란 어떤 의미인가? 당신이 원하는 길을 걸어가고 있는가?

애초에 내가 갈 길을 찾는 것이 중요하다고 말해주는 사람이 없진 않았는지, 내 적성과 흥미를 함께 고민해준 사람은 있었는지 말이다. 평생 머리를 싸매도 찾기 어려운, 난제 중의 난제다. 필자 역시 수많은 고민 끝에 방향을 찾아가고 있다. 그 길은 다름 아닌 사람을 상대하는 영업의 길이다.

말수도 적고 소극적인 내가 영업이라니, 나는 영업이 어울리지 않는다고 확신하는 사람이 있다면 꼭 끝까지 읽어보길 권한다.

이 세상은 사람과 사람 사이, 인간의 사회적 연결로 이루어져 있기에 어떤 일도 혼자 하는 일은 없다. 내가 어떤 일을 좋아하는지, 어떤 일을 잘하는지 모르겠다면 어떻게 길을 찾는 것이 좋을지 함께 '내 길'을 찾아 떠나보자.

삶에 정답은
없다

66

틀린 삶은 없다. 서로 다른 삶이다.

꼭 1만 시간을 들여야 성공하는 것은 아니다.

행복은 생각하기에 따라 다른 상대적 개념이다.

그러니 '그저' 살아지는 삶 말고 '힘껏' 살아가는 삶을 살자.

이 세상은 결코 나 혼자 잘 먹고 잘 산다고 행복하지 않더라.

더불어 살 때 아름다운 세상이다.

99

가장 부유한 시대,
가장 불행한 젊은이들

"걔 이번에 삼성 붙었대. 근데 내가 다니는 곳은 돈도 쥐꼬리만큼 주면서 매일 야근이야."

"넌 그래도 그 쥐꼬리만큼 돈이라도 받지. 난 이번 9급도 떨어지면 벌써 3년째인데, 부모님 얼굴 볼 낯도 없다."

연애, 결혼, 출산을 포기한 '3포'에, 내 집, 인간관계를 더한 '5포'를 넘어, 꿈과 희망까지 포기하는 '7포'까지. 포기할 것이 그렇게 많았는지, 그야말로 포기의 시대이다. 꿈과 희망마저 포기하는 세대에게 이쯤이면, 힐링, 도전이라는 단어는 사치스러워 보일 정도이다. 선거철마다 제1공약으로 빠지지 않는 청년실업 문제 역시 더 이상 기대감을 주지 않는다. 국민소득 2만 달러 시대를 넘어 3

만 달러를 바라보는 부유한 시대에 가장 활력 넘치고 할 수 있다는 자신감으로 가득차야 할 젊은 세대는 어쩌다 이렇게 되었을까.

2030세대에게 불어 닥친 이 포기 열풍은 어느덧 어린 학생들에게까지 전달되고 있다. 장래희망으로 대통령, 과학자, 의사, 교사, 축구선수를 써내던 초등학생들이 이제는 공무원, 건물주, 아이돌을 써내고 있다. 안정적이고 경제적으로 풍족하다는 것이 그 이유인데, 커다란 포부를 가지고 꿈을 펼쳐나가야 할 어린 꿈나무들이 벌써부터 안정적인 삶이 최고라고 생각한다니 안타까운 일이 아닐 수 없다.

이러한 N포 세대의 기조는 쉽사리 변할 것 같지 않다. 학벌, 학점, 토익, 어학연수, 자격증에 이어 봉사활동, 인턴, 수상경력까지 이른바 취업 8종 스펙을 갖추고도 취업전선에서 1승을 거두기란 하늘의 별 따기에 가깝다. 일각에서는 취업준비생들의 기준치가 너무 높아서 그렇지 조금만 눈높이를 낮추면 구인난에 시달리는 중소기업들이 러브콜을 보낸다고 이야기한다. 하지만 갈수록 상향 평준화되어가는 구직자들과 일 할 젊은이가 부족하다는 중소기업 사이의 간극은 쉽게 좁히기 어려워 보인다.

인공지능 프로그램이 최고의 인간 바둑기사를 이기는 시대가 되었다. 아프니까 청춘이라는 말 뒤에 과연 아파야만 청춘인지 의문이 든다. 아프지 않고는 아름다운 청춘이 될 수 없는 것인지 조금 덜 포기하고 덜 아픈 성장통은 없는지 궁금해진다.

현재의 대한민국에서 사는 것이 지옥과도 같이 끔찍하다는 '헬조선'이나, 학교를 졸업해 자립할 나이가 되었는데도 부모에게 도움 받는 '캥거루족' 등의 키워드는 이미 우리 사이에 익숙해져 있다. 한발 나아가 결혼하여 독립했다가 자녀양육 문제로 다시 부모 집으로 돌아가는 '리터루족'(Return + 캥거루족)이라는 신조어까지 탄생했다.

이러한 시대상의 근본적 배경에는 끊임없이 오르는 물가와 청년 실업률이 자리 잡고 있다. 개인의 노력과 영향력으로 어찌하기란 불가능에 가까울 만큼 크고 복잡한 문제이다. 게다가 이 문제에 직면한 젊은이들이 십수년간 단순암기식, 주입식 교육을 받고 자라며, 무한경쟁의 경주를 펼치며, 경제적으로 안정적인 삶을 최고로 생각하는 이들이라면 더욱 그렇다.

어쩌면 이런 현실이 한눈 팔지 않고 시키는 대로 공부하고 경쟁하여 스무 살이 된 젊은이들이라면 억울할 법도 하다. 내 생각을 표현하기보단 경쟁에서 승리하기 위해 밤을 새워 공부해 대학에 진학했더니 이제는 토익과 각종 자격증을 취득하라니. 이제는 외국어말하기 시험에 공모전 수상 경력도 필요하고 인턴 경험이 있어도 서류 광탈을 면하기 어려운 시대가 됐다.

대학만 합격하면 자유롭게 하고 싶은 대로 마음껏 할 수 있다는 말은 옛말이 된 셈이다. 그렇게 모두가 회사에서 원하는 인재상이 되어 획일화되어가니 이제는 농담 삼아 히말라야 정도는 다녀와야 도전 정신을 어필할 수 있다고 한다. 히말라야 8000미터급 16좌를 완등한 엄홍길 대장의 '산이 거기에 있어 오른다.'는 말과 달리 오직 취업을 위한 서류에 한 줄을 추가하기 위해 히말라야에 가겠다니 이 얼마나 슬픈 일이란 말인가. 게다가 그렇게 힘들게 입사해도 대졸 신입사원 중 27.7%가 입사 1년 안에 퇴사하고, 인공지능에 의해 일자리가 사라질 수 있다는 뉴스를 접하니 정답이 무엇인지 답답할 노릇이다.

이재명 경기도지사는 성남시장 시절 경기일보와 인터뷰에서 다음과 같이 말했다.

"불공정한 경쟁으로 재벌과 소수 기득권이 부와 기회를 독점하고 있다. 예컨대 30대 재벌 사내유보금이 770조 원에 달한다. 국민총소득에서 가계소득 비중은 1990년대 70% 초반에서 2008년 금융위기 이후 60%대 초반으로 줄었고, 기업소득 비중은 1998년 13.9%에서 현재 20%대 초중반까지 증가했다. 소득불균형과 불평등이 심화하고 있다. 소득 상위 10%가 전체 소득의 45%를 차지하고, 자산 상위 10%가 전체 부의 66%를 소유하고 있다. 또 법정 최저임금 미달자가 266만 3천 명으로, 노동자 7명 중 1명은 최저임금도 못 받고 있으며, 임금노동자 1천 900만여 명 중 월급을 200만 원도 못 받는 노동자가 45.8%(891만 명)에 달한다. 경제는 순환인데, 순환이 안 되고 분배의 양극화 현상이 심화하고 있다."

전체적인 소득 수준은 계속 높아지는데 빈부격차 역시 커지고 삶의 질과 만족도는 떨어지고 있다. 예컨대 산업혁명을 거치며 열 명이 10시간 동안 하던 일을 기계의 도움으로 단 한 명이 5시간 만에 할 수 있게 되었다. 인류의 생산성은 월등히 높아졌고 기술 은 고도화되었지만, 정작 우리의 삶은 그만큼 행복해지지 않았다. 단군 이래 가장 평균 수명이 길고 부유한 시대를 사는 우리가 불 행의 굴레를 떨치고 높은 자존감과 만족감을 가지고 살아가는 방 법은 무엇일까?

'나는 생각한다, 그러므로 나는 존재한다.'(Cogito, ergo sum)
서양 근대철학의 출발점이 된 데카르트의 이 명제는 전 시대를 걸쳐 기념비적인 사상의 출발이다. 모든 것을 의심할 수 있고 일 체가 허위라고 생각할 수 있어도 그와 같이 의심하고 생각하는 우 리의 존재를 의심할 수는 없다. 이 생각을 하는 자신의 확실성을 표현한 것이 이 명제이다. '그러므로'라는 말이 있기 때문에 이 명 제는 '모든 생각하는 것은 존재한다.'라는 대전제를 생략한 3단 논 법처럼 보이지만, 사실 그보다는 '나는 생각한다'라는 말에 '나는 존재한다'라는 말이 직관적으로 파악되는 것을 표명한 것이다. 이 렇듯 '나'에 대한 근원적인 탐구는 고대시대부터 이어져 내려왔다. 필자에게도 역시 삶 전체를 뒤바꾸는 전환점과도 같은 모종의 계 기가 있었다.
대학수학능력시험의 등급을 가른다는 고등학교 1학년을 마친

겨울방학의 어느 날 아침. 평범한 다른 날들과 마찬가지로 잠에서 깨보니 온 몸이 굳어 손가락 하나 움직일 수 없었다. 그렇게 아무런 소리도 내지 못한 채 꼼짝없이 10분, 30분이 지나자 어머니가 늦잠 자는 아들을 깨우러 왔고, 눈만 껌뻑이고 있는 나를 보고 놀라 응급실에 전화를 걸었다. 나는 여전히 눈알을 굴리는 것 외에는 아무 것도 할 수 없었고, 아버지와 구급대원이 나를 업고 병원으로 가게 되었다.

응급실로 가기 위해 옷을 입는데 몸에 조금이라도 손을 댈 때마다 필자는 마치 온몸의 관절을 반대로 꺾는 것과 같이 극심한 통증 때문에 나오지 않는 비명을 질렀다. 그렇게 나오지 않는 목소리로 얼굴은 땀과 눈물로 범벅이 됐고, 한겨울에 아버지 등에 업혀 잠바만 하나 걸친 채 응급실로 향했다. 구급차에서 내려 검사실로 이동하는 순간까지 마치 드라마의 한 장면을 방불케 했다. 주위의 시선 따위는 의식할 겨를도 없이 피검사, 조직검사, 각종 약물검사와 MRI 검사가 이어졌다.

당시의 나는 세브란스 병원의 의료 기술력을 철석같이 믿고 있었기 때문에 검사가 끝나는 대로 치료가 이어질 것이라 기대했다. 하지만 웬걸, 검사 결과를 기다려보자는 말과 함께 2인실 특실 병동으로 자리를 옮겼다. 상황이 워낙 안 좋아 급하게 입원을 해야 했는데, 일반 병동에 자리가 없어 일반 병실에 자리가 날 때까지 대기번호를 받고 무한정 기다리게 되었다.

내 머릿속은 온통 하루빨리 학교로 돌아가 겨울방학동안 듣던 심화반 수업을 쫓아가야 한다는 생각뿐이었다. 당시 고등학교 1학년은 문과와 이과의 경계 없이 공통으로 수업을 듣지만, 2학년 때부터는 인문계열과 자연계열로 반이 나뉘었고, 이과를 지원한 나는 조금이라도 빨리 수학과 과학 수업의 진도를 따라가야 했다. 하지만 하루가 지나고 이틀이 지나도 검사 결과는 물론 일반병실의 자리조차 나지 않아 하루에 10만 원을 호가하는 고급병실에서 손 하나 꼼짝 못하는 생활이 이어졌다. 내가 더 이상 수업을 쫓아갈 수 없겠다고 단념하게 된 것은 그로부터 약 일주일이 지나서였다.

나는 겨우 2인실에서 벗어나 어린이부터 청소년까지 입원하는 어린이 병동의 6인실로 자리를 옮겼다. 말이 좋아 청소년까지 수용이지 입원 중인 환자 대부분은 열 살 미만의 어린이였다. 여전히 나는 원인을 찾지 못한 채 약물 치료를 받으며, 내가 걸린 이 병의 이름이 희귀병 중 하나인 류머티즘 계열 강직성 척추염 중에서도 천장관절염이라는 사실을 알았다. 나중에 들은 이야기지만 만 명당 몇 명꼴로 발병한다는 이 병은 아직까지 원인이 밝혀지지 않아, 그 실마리를 조금만 풀게 되어도 그 공로로 노벨의학상을 받을 수 있다고 한다.

나는 이때 태어나 처음으로 진지하게 죽음을 생각했다.
'나는 무엇인가?' '나는 과연 행복한가?' '나는 무엇을 할 때 행

복한가?' '나는 살아갈 가치가 있는 존재인가?'

거듭되는 질문이 머리를 스쳤다. 여러 질문이 교차했지만 할 수 있는 일은 오로지 침대에 누워 눈알을 굴리는 일 밖에 없었기 때문에 하루의 대부분은 아이들 울음소리를 밤낮으로 들으며 차라리 죽자, 어떻게 죽으면 편안히 생을 마감할 수 있을까 하는 생각 뿐이었다. 이러한 생각을 할 수 밖에 없었던 게 부모님께 죄스러울 뿐이었지만 그때는 정말 그랬다.

정확한 원인을 찾을 수 없기에 수술 또한 불가능했고, 오직 항생제와 진통제에 의지해 하루를 보내던 나에게 사형선고와도 같았던 주치의 선생님의 말씀은 내가 다시 움직이기까지에는 약 6개월이 소요되며 평생 약물치료를 받아야 한다는 것이었다. 이 말을 주치의 선생님께서 복도에 계신 부모님께 건넬 때 어머니는 울음을 쏟으셨는데 아직까지도 그때의 슬픔을 잊을 수 없다. 못 들은 척 침대에 누워 눈을 감고 있는 내 몸을 일정 시간마다 굳지 않게 주무르며 방향을 바꿔 주시는 데 왈칵 눈물이 쏟아졌다.

그 날 이후로 삶의 모든 것이 바뀌었다. 나는 단 하루를 살더라도 움직일 수 있는 건강한 삶이 주어진다면 수능 공부와 벼락치기식의 암기공부가 아닌 오직 내가 하고 싶은 일만 하고 살겠다고 다짐했다. 이 다짐은 초심이 되어 10년이 지난 지금까지도 필자가 나태해질 때면 마음을 바로 잡게 하는 중요한 일생의 전환점이 됐다.

나는 누구인가에 대한 철학적 질문은 오랜 과거에서부터 이어져왔다. 인간사에 이름을 남긴 수많은 철학자들이 인간의 존재에 대해 본질적인 질문을 던졌고 필자 역시 그 답을 찾고자 노력했지만 아직까지 명쾌한 답을 얻진 못했다. 한 가지 확실한 것은 인류 역사를 통틀어 그 어느 때보다도 발전된 기술을 가지고 넘쳐나는 정보의 시대를 살고 있다는 사실이다. 아침에 양치질 하는 동안 냉장고는 오늘의 날씨와 스케줄을 음성으로 브리핑해 주며, 어떤 전자제품이라도 시간과 장소에 구애 받지 않고 스마트폰 어플리케이션 하나로 관리할 수 있는 시대이다.

정보의 양이 기하급수적으로 늘어나 과도한 정보들로 인해 오히려 의사결정을 내리기 어렵다. 삶을 편하게 하는 기계의 발달로 아무리 먼 거리도 금세 이동할 수 있고, 무거운 물건을 어렵지 않게 옮길 수 있게 되었다. 더구나 지난 10년간 페이스북, 트위터, 인스타그램 등으로 대표되는 SNS(소셜 네트워크 관계망)은 급속히 성장하여 국가 사이의 장벽마저 허물고 있다.

이 같은 정보 홍수의 시대에 돈이 최고라는 물질만능주의가 더욱 팽배해지고 있다. 돈과 맞바꿀 수 없는 가치조차도 말이다. 자신이 어떤 사람인지 고민하고 특정 가치를 추구하는 삶을 살기보다 시간, 추억, 심지어 행복까지도 돈으로 해결할 수 있다고 믿는 사람이 늘고 있다. 분명 과거보다 더 편해지고 살기 좋아졌다는 사실은 부인할 수 없다.

그렇다면 이렇게 부유한 시대에 우리 젊은이들은 과연 어떤 삶을 살아야 할까? 우정과 사랑, 혹은 결혼식 자리를 메워줄 하객까지 돈으로 살 수 있으니 돈을 인생의 제1가치이자 평생의 직업관으로 삼겠다는 것은 잘못된 생각이다. 돈은 인생의 전부가 아니다. 하지만 현대 사회를 살아가는 데 있어 시장경제 체제의 법치국가인 대한민국에서 돈은 없어서는 안 될 필수불가결의 요소이다.

그렇기 때문에 어떤 가치관을 가지고 살아갈 것인지는 삶을 살아가는 데 굉장히 중요한 요소이다. 어떤 직장에서 일을 할지보다 어떤 직업과 직업관을 가지는지가 더욱 중요한 것이다.

어떤 분야의 전문성을 쌓아나갈지는 오롯이 당신의 몫이다. 그 누구도 삶을 대신 살아주지 않는다. 어떤 조직의 장이 되어 조직을 이끌어나갈 수도 있고 신입사원으로 입사하여 차근차근 커리어를 쌓아나갈 수도 있다. 이제는 100세 시대가 현실로 다가오고 있기 때문에 당장 몇 달 또는 몇 년을 적성을 찾기 위해 고민하고 이직한다고 해서 커다란 흠이 되지 않는다.

중요한 것은 내가 정말 좋아하고 잘하는 일이 무엇인지 자기 스스로 내면을 들여다보는 일이다. 혹자는 내가 어떤 일을 할 때 행복한지 찾는 일이 너무 어렵다고 한다. 그리고 이런 고민조차도 사치일 만큼 현실의 벽이 높다고 하소연한다. 하지만 삶의 여유가 없고 유독 나의 인생만 불행하다는 생각이 든다면 한 발짝 나에게서 떨어져 생각해보자.

행복이란 멀리 떨어져 있지 않다. 마음먹기에 따라 얼마든지 상대적인 것이다. 내게는 너무나도 큰 일이 다른 누군가의 입장과 기준에선 별 일이 아닐 수 있다. 이는 인간이 60억 명이라면 60억 가지의 다른 가치관이 존재하기 때문이다. 자라온 환경이 모두 다르기 때문에 누군가에겐 너무 큰 100만 원이라는 돈이 누군가에겐 백화점에 한 번 가면 금방 사라져버리는 푼돈이 될 수도 있다. 이렇듯 수저의 색깔은 다를 수 있어도 소득 수준이 행복의 척도가 될 수는 없다. 고급 외제차를 몰지만 매사에 불만이 가득 차 있어 운전하는 내내 다른 운전자를 향한 저속한 말을 입에 담고 사는 사람보다 차를 살 형편이 되지 않아도 늘 남을 배려하는 사람이 더 행복한 이유이다.

2

지루한 독서실과
짜릿한 PC방

프랑스의 실존주의 철학자 장 폴 샤르트르는 이렇게 말했다. "인생은 B(Birth, 삶)와 D(Death, 죽음) 사이의 C(Choice, 선택)이다."

태어나 생을 다할 때까지 모든 순간이 선택의 연속이라는 뜻으로 많은 이들이 이 말에 공감한다. 아침에 눈을 뜨는 순간 조금 더 잘지 일어날지의 순간부터 등굣길 혹은 출근길에 멀리보이는 신호등을 뛰어서 건널지 다음 신호를 기다릴지, 중국집에서 짜장면을 먹을지 짬뽕을 먹을지까지 모두 선택이다. 이런 작은 선택들이 있는가 하면 나와 적성이 맞지 않지만 취업이 잘 될 것 같은 경영학과에 지원할지, 예전부터 배우고 싶었던 독어독문학과에 지원할지, 이 사람과 평생을 함께 가야 할까 같은 혼인의 선택까지 인생의 커다란 결정의 순간도 찾아온다.

작은 순간의 선택들이 모여 내 삶의 하루하루를 결정하고 이 하루하루가 모여 하나의 인생을 만드는 것이다. 그렇다면 내가 살고자 하는 삶이 있다면 그 삶은 내가 어떤 선택을 내리는지에 따라 좌지우지된다. 그것을 이루는 요소에는 부모님으로부터 물려받은 유전자와 기질이 있고, 보고 배우며 자라온 환경이나 가까운 사람, 가치관을 형성하게 된 커다란 사건 등이 있다. 요약하자면, 결국 나라는 사람을 구성하는 내적 요소와 외부 세계로부터 겪은 환경을 바탕으로 60억 인구 중 유일한 '나'라는 가치관을 만들어가며 살아가는 것이다.

이와 관련하여 스탠퍼드대학의 마시멜로 실험이라는 유명한 실험이 있다. 스탠퍼드대학 부설유치원에 다니는 백인 중산층 가정의 네 살 먹은 아이들 653명을 대상으로 한 '스탠퍼드 마시멜로 실험'은 이런 내용이다.

아이들은 각자의 방에서 마시멜로를 하나씩 받는다. 그리고 15분간 먹지 않으면, 상으로 1개를 더 주겠다는 제안을 받는다. "이 과자를 지금 먹을래, 나중에 먹을래?" 이제 겨우 네 살짜리 아이들이 마시멜로를 앞에 놓고 15분을 기다리는 건 결코 쉬운 일이 아니다. 과연 아이들은 어떻게 반응했을까?

몇몇은 참지 못하고 먹어치웠고, 몇몇은 끝까지 기다려 상을 받았다. 15분을 기다려 마시멜로 2개를 먹은 아이는 전체의 30퍼센

트였다. 14년 후, 연구자들은 그 실험에 참가했던 아이들이 청년이 된 후 그들의 삶을 추적하여 비교해보았다. 그리고 놀라운 결과를 얻었다.

만족감을 지연시켰던 아이들과 그러지 못했던 아이들 사이의 대학수학능력평가시험(SAT)의 점수 차이는 무려 210점이었다. 또 지연 시간이 가장 짧았던 아이들은 평소에도 순간적인 충동을 제대로 조절하지 못했을 뿐만 아니라 학창 시절 정학 처분을 받는 빈도도 높았고, 약한 친구들을 괴롭힐 확률 역시 큰 것으로 나타났다. 마치 처음 애완견을 조련할 때 '기다려!' 하는 모습이 떠오른다. 이 실험이 의도했던 만족지연 이론은 앞서 이야기 한 어떤 선택을 할 것인가에 대해 시사하는 바가 작지 않다.

21세기를 살아가는 현대인은 가히 당신을 어떻게든 소비시키기 위해 융단폭격을 퍼붓는 상업광고의 홍수 속에 파묻혀 살아간다고 봐도 과언이 아니다. 어린 아이부터 노인까지 가릴 것 없이 일어나 문을 열고 돌아와 잠에 들기까지 수십 수백 가지의 광고에 노출되어 있다.

수많은 기업들이 브랜드를 알리고 프로모션을 기획하고 이벤트를 진행하는 데 있어 이제는 오프라인뿐만 아니라 온라인 채널을 활용하는 믹스마케팅을 시도하고 있다. 이들의 궁극적인 목표는 당신의 지갑을 열게 만들기 위함인데, 여기에는 아주 근본적인 경제학의 원리가 숨어 있다. 바로 '수요와 공급'의 원리이다. 이는 자유경쟁 시장에서 수요와 공급이 일치되는 점에서 시장가격과 균형 거래량이 결정된다는 법칙을 말한다. 만약 수요가 공급보다 많아서 초과 수요가 발생하면 수요자들 사이의 경쟁으로 가격이 상승하고 이에 따라 수요량은 감소하고 공급량은 상대적으로 증가하여 균형 가격으로 돌아가게 된다. 이는 현대 경제학의 근간이 되는 가장 중요한 개념의 하나로, 우리가 크고 작은 선택을 할 때 꼭 알아두어야 하는 개념인데, 바로 '생산과 소비'이다.

일반생활에서 생산, 소비, 분배 등의 단어는 자주 쓰이는 말이지만 경제학에서 쓰이는 개념은 사뭇 다르다. 일상생활에서 생산은 쓸모 있는 무언가를 만들어내는 행위이고 소비는 무언가 물건을 구매하는 행위이지만, 경제학에서의 생산은 재화나 서비스의 가치를 높이거나 유지시키는 것까지 포함한다. 치킨을 배달하거나 돈을 받고 강의를 하는 행위도 가치를 늘려주기 때문에 생산이라 부를 수 있다. 이 개념은 우리의 삶에 폭넓게 적용시킬 수 있다. 일례로 최근 들어 유투브, 팟캐스트, 카카오TV, 아프리카 개인방송 등 동영상 콘텐츠에 대한 생산과 소비활동이 폭발적으로 증가하고 있다. 과거 단순히 문자메시지를 주고받거나 온라인상으로 친구관계를 맺고 타임라인에 포스트를 남기는 정도였다면, 이제는 영상 콘텐츠를 제작하고 전 세대에 걸쳐 이를 소비하는 데 익숙해졌다. 사람이 많이 모이는 공공장소나 식당에 가면 젊은 엄마가 아이에게 스마트폰을 보여주는 모습이나 지하철에서 종교방송 등을 시청하는 중장년층을 심심찮게 볼 수 있다. 공장의 기계만 상품을 생산하고, 이를 획득하기 위해 돈을 지불해야만 소비라고 생각하기 쉽지만, 실상은 각종 게임방송을 찍어 유튜브 등의 온라인 채널에 올리는 유튜버도 새로운 산업단계의 생산자이다. 꼭 '별풍선'(개인방송인에 대한 후원금)을 쏘지 않아도 등하교 혹은 출퇴근 시간, 지하철에서 이를 보는 시청자들은 콘텐츠를 보며 시간을 소비하는 소비자인 셈이다.

18세기 중기기관과 기계화로 대표되는 1차 산업혁명에서 19세기 전기를 이용함으로써 대량생산이 본격화된 2차 산업혁명, 20세기 인터넷으로 정보화 및 자동화 시스템이 구축된 3차 산업혁명까지. 세월이 흐르고 흘러 우리는 로봇과 인공지능(AI)을 통해 정보통신기술(ICT)이 통합되는 시대에 살고 있다. 이제는 단순히 TV를 보며 일방적으로 정보를 전달하는 것이 아닌 콘텐츠를 만들고 소비하며 이를 다시 공유하는 데 필요한 시공간적 제약이 사라졌다. 클릭 몇 번이면 알 수 있는 정보를 독서실에 앉아 암기하기보단 말초신경을 자극하는 수많은 콘텐츠를 접하기가 훨씬 쉬운 시대가 된 것이다.

앱 분석업체 와이즈앱에서 조사한 내용에 따르면 2018년 4월한 달 동안 구글의 동영상 서비스 유튜브가 국내 전 연령대에서 가장 오랜 시간 쓰이는 앱이라는 조사 결과가 발표됐다. 1인당 월 882분씩 총 258억 분을 유튜브를 시청하는 데 소비한 셈이다. 특히 10대의 경우에는 카카오톡(24억 분)과 페이스북(16억 분), 네이버(11억 분), 네이버웹툰(7억 분), 캐시워크(4억 분) 등 2~6위를 모두 합친 것보다 많았으며 전 연령층에 걸쳐 사용시간 1위를 기록했다. 이는 2016년 3월(79억분)보다 3배 넘게 늘어난 수치로 한 번 실행할 때마다 평균적으로 7분가량의 동영상을 시청한 것이다.

책을 읽거나 지식을 습득하는 '생산'의 가치는 여전히 일차원적인 만족을 가져다주며 돈과 시간을 '소비'하게끔 만드는 그것보다 위대하다. 서 있으면 앉고 싶고 앉으면 눕고 싶은 것이 사람 마음이라고 했던가. 손가락 몇 번만 움직이면 너무도 편하게 각종 게임부터 단순한 쾌락을 즐길 수 있는 시대에 내게 잘 보이지 않는 가치를 가져다주는 생산을 선택하는 것은 고된 수련과도 같다.

태어날 때부터 누군가는 '금수저'로 또 누군가는 '흙수저'로 태어나지만, 누구에게나 공평하게 주어지는 자원이 있다. 바로 '시간'이다. 돈이 많은 이에게는 스무 살이 10년 간 주어지고 가난한 이에게는 한 달만 주어지지 않는다. 공평하게 똑같은 시간이 주어진다. 한쪽에 치우치지 않고 평등하기에 무서울 정도로 잔혹하다. 변명의 여지가 없기 때문이다. 더 나은 삶을 위해 생산하는 데 시간을 보낼지, 아니면 단순히 짧고 단편적인 쾌락만을 쫓아 세월을 허비할지. 매번 선택은 찰나의 순간이지만, 그 시간들이 모여 만들어내는 결과는 결코 가볍지 않다.

그렇다면 과연 어떤 선택이 옳은 선택일까? 절대 참지 않고 미래를 위해 준비하지 않고 하루하루 일도 하지 않고 놀기만 하면 의미 없는 삶일까? 사실 단순하게 생각하면 고개를 끄덕일 수 있다. 하지만 내가 생각하고 계획한 대로 되지 않는 것이 인생이다. 생산적인 활동을 하건 소비적인 행동을 하건 그에 따른 책임을 질 수 있어야 한다. 정답은 없다. 다만 늦잠을 자든 새벽 일찍 아르바이트를 해 용돈을 모으든 그로 인해 변화될 나의 인생은 내 몫인 셈이다.

독서실에서 공부하는 것은 지루하지만 15분을 기다려 마시멜로를 2개 받고자 하는 행위이다. 몇 번의 손놀림으로 유튜브를 실행해 재미있는 영상을 보거나 PC방에서 게임을 하는 것은 즉각적으로 내게 쾌락을 가져다준다. 어떤 선택도 누군가 강요하지 않은 온전한 개인의 선택이며 이에 대한 책임은 자신이 지는 것이다. 생산하는 삶을 살 것인가, 소비하는 삶을 살 것인가 선택은 당신에게 달려 있다. 혹자는 우스갯소리로 선택(Choice) 대신 치킨(Chicken)이라는 표현을 사용해 인생은 삶과 죽음 사이의 치킨의 연속이라고 주장하니, 그것이 제일 맞는 말인 듯하다.

3

좋아하는 일을 해야 할까,
잘하는 일을 해야 할까

벌써 10년도 전의 일이다. 앞서 소개한 인생의 전환점이 된 고등학교 시절의 투병생활 후 필자는 한 가지 다짐을 하게 되었다. "단 하루를 살더라도 내가 하고 싶은 하는 일을 하자."이다. 이때부터 책을 통해서나 하루를 되돌아보며 얻은 영감을 한 권의 무제노트에 기록하기 시작했다.

노트의 제일 첫 장에는 이렇게 적혀 있다.

"언젠가 죽는다는 사실을 기억하라. 그럼 나는 아무것도 잃을 게 없다. 진정으로 만족할 수 있는 유일한 길은 내가 위대한 일이라 믿는 일을 하는 것이고, 위대한 일을 할 수 있는 유일한 길은 내가 사랑하는 일을 하는 것이다. 매일 잠자리에 들 때마다 '오늘 정말 멋진 일을 했다.'고 말할 수 있게 하자."

정말로 나는 손 하나 까딱할 수 없는 처지에 놓여서야 비로소 내게 주어진 삶의 아름다움을 깨달았다.

잠시 고등학교 2학년 시절로 돌아가 이야기를 매듭짓자면 다행히 이야기는 해피엔딩으로 마무리했다. 몸의 근육을 움직이기 위해 각종 항생제와 진통제를 투여하며 재활훈련을 하면서 6개월이 걸릴 것이라던 시간이 대폭 줄어 한 달 만에 퇴원하게 되었다. 주치의 선생님의 말씀으로는 긍정적인 마음가짐이 만들어 낸 기적으로, 현대의학으로는 설명할 수 없다고 한다.

처음에는 다시 공부하겠다고 참고서를 가져다달라 했지만, 오래지 않아 의미 없는 일이라는 걸 깨달았다. 생사가 오가는 마당에 인생의 전부라고 믿었던 학교 내신성적이 얼마나 부질없는 것인지를 이미 경험한 탓이다. 병상에 누워 할 일이라고는 정말이지 하나도 없다는 것을 체험한 필자는 열일곱의 나이에 맞지 않게 앞으로 '나는 무슨 일을 하며 살아갈지'를 고민하고 있었다.

'다시 공부해서 시험 보고, 대학 가서 경쟁하여 취업하고. 이게 과연 맞는 것일까?' '내가 이토록 간절히 병마를 이겨내고 세상으로 나가서 하려는 게 고작 대기업에 취직하기 위해서라고?' 막상 취업준비생의 입장이 되면 절대 할 수 없는 생각이지만, 철없는 17살 아이에게는 사원증을 올림픽 메달마냥 목에 걸고 밤늦게까지 야근을 해야 하는 삶이 그렇게까지 인생을 걸어가며 하고 싶은 일은 아니었다. 만약 지금 이 글을 보며 대기업에 취업하거나 공무원이 되는 일이 필자처럼 별것 아니라고 생각하는 사람이 있다면 박수를 보낸다.

하루하루가 지옥 같았던 병상에서 필자가 처음으로 손가락을 움직이며 접했던 것 중 한 가지는 바로 신문이다. 세상물정 모르는 아이는 아무리 고민하며 답을 찾으려 애썼으나 '도통 무슨 일을 해야 할지' 알 수도 없었고, 다만 맞은편 병상에 누워 있는 10살 꼬마 환자의 간병인이 늘 신문 보기를 좋아했기에, 그가 읽고 남긴 신문을 넘겨보는 일이 삶의 낙이 되었다.

당시엔 고등학생이라면 어느 정도 성적이 되고 수학을 조금 잘하면 자연계열에 진학하는 것이 정설처럼 받아들여졌기에 필자도 깊은 고민 없이 이과 쪽으로 진로를 택했었다. 주어진 환경이 최악이어서 그랬는지, 매일 신문을 보면서 경제성장률이니 실업률이니 하는 것들이 정말 재미있었다.

오직 나에게 집중할 시간이 주어지니 진정 즐거운 일을 찾은 것이다. 얼마나 재미있었냐면 시험성적 1점에 목매던 범생이가 이과 진로를 포기하고 문과 쪽으로 전과하겠다 할 만큼 재미있었다. 게다가 수학에는 재미를 느꼈어도 화학이나 물리 같은 과목들이 끔찍이 싫었던 터라, 우리 사회의 경제가 어떻게 움직이는 것일까 호기심이 한번 일고 나니 푹 빠져들었다.

그나마 다행인지 숫자를 대하거나 계산하는 데에는 전혀 거부

감이 없었으니, 퇴원 무렵에는 경제학 서적도 빌려보았으며, 학교로 돌아가면 아예 전과를 하겠다고 선언했다. 부모님 역시 워낙 큰일을 겪어서인지 '건강하면 됐지.' 하시며 하고 싶은 대로 하고 허락하셨다.

마침 입원 전에 'TESAT준비위원회'(현 경제인준비위원회)라는 경제 자격증시험을 준비하는 네이버 경제카페에 가입해 있었는데, 퇴원 후부터는 이 카페에서 왕성하게 활동하기 시작했다. 지금 20~30대라면 누구나 한번은 자신이 좋아하는 커뮤니티에서 자신만의 닉네임으로 시간 가는 줄 모르고 빠져든 기억이 있을 것이다. 운동일 수도 있고, 게임이나 만화, 하다못해 애완동물 커뮤니티일 수도 있다. 카페나 블로그의 형태로, 또는 동호회나 커뮤니티의 형태로 소속감을 주는 그곳에 애정이 생기기 마련이다.

게다가 큰 병을 이기고 퇴원하자, 하고 싶은 일을 한다는 게 너무나 행복했기에 필자는 과하게 빠져들었다. 좋아하는 일에 빠져들 때의 엔도르핀이란 정말 엄청나다. 어느 정도였느냐 하면, 작성한 글과 댓글이 수천 건에 달했고, 카페운영에 자원해 나중에는 실질적으로 카페를 총괄하는 부운영자 자리까지 넘겨받았을 정도였다. 이 모든 일이 고작 1, 2년 사이에 일어났다.

네이버나 다음 같은 대형 포털사이트의 커뮤니티를 운영하다보면 게시판 별로 운영스텝을 뽑아 디자인부터 제휴, 이벤트, 각종 카테고리를 운영해야 하는데, 고작 고등학생이 오로지 재밌다는 이유만으로 도전한 것이다. 처음에는 수천 명 중 일개 회원에 불과했지만, 필자를 좋게 본 카페운영자의 도움으로 2011년 1월에는 게시판 스텝, 12월에는 전체 게시판 스텝을 거쳐, 이듬해 8월에는 부운영자로 올랐다. 그리고 2012년 초, 'TESAT준비위원회'는 상위 0.1%만 선정되는 네이버 경제분야의 대표카페로 선정되었다. 지금 돌이켜보면 한참 어린 동생이 이렇게 저렇게 하자고 했던 것들이 얼마나 귀여워 보였을까 싶다.

좋아하는 일에 내 몸을 온전히 내던져야 하는 이유가 바로 이것이다. 흔히 사람들은 자신이 좋아하는 일을 해야 할지, 잘하는 일을 해야 할지 모르겠다고 하는 경우가 많다. 더구나 20대의 대부분은 자신이 무얼 좋아하는지, 대체 무엇을 잘하는지 모르겠다고 생각한다.

나는 깊은 고민 끝에 '좋아하는 일을 해야 하는지? 잘하는 일을 해야 하는지?'라는 물음 자체가 잘못이라는 것을 깨달았다. 근본적으로 '일' 자체가 사회적으로 통용되는 개념인 '싫어도 주어진 임무를 해야 하는' 직업의 의미를 갖고 있기 때문에 '좋아하는 일'이란 말 자체에 어폐가 있다고 생각한다. 어떤 방식으로든 경제활동은 정도의 차이일 뿐 하고 싶지 않은 일을 끊임없이 해야 한다. 굳이 좋아하는 일을 해야 할지, 잘하는 일을 해야 할지 물음에 답하자면 "하고 싶은 일을 하라."고 답을 하겠다.

이 질문에 근본적인 물음과 답을 이해하기 위해선 '나'에 대한 본질적인 탐구가 필요하다. 각종 적성검사, 직업검사 등이 도움이 될 수 있으나, 더 중요한 것은 내가 어떤 일을 할 때 즐거운지를 찾는 것과 이 행위가 얼마나 중요한지를 깨달아야 한다.

아직 제대로 사회생활을 경험해보지 못한 대학생들은 우리나라에는 기업이 몇 개밖에 없는 줄로 착각하는 경우가 많다. 이분법적 마인드로 대기업을 가면 보수를 많이 받아도 흔히 말하는 워라벨(Work and Life Balance의 약자로, 삶과 일의 균형을 뜻함)이 좋지 않고, 공기업은 보수는 적어도 잘릴 걱정 없다고 생각한다. 무턱대고 일반화할 수는 없지만 어느 정도 틀린 생각은 아니다.

'나는 공무원이 되고 싶은데, 해볼까?' '공무원은 경쟁이 너무 치열해 못할 것 같은데, 대기업에 가야하나?' '그마저도 못가면 중소기업에 가야겠지.' 막연히 인생은 이렇게 크게 셋으로 분류된다. 이 세상에는 수천~수만 가지 직업이 있는 데도 말이다.

단기 아르바이트가 아닌 정말 취업을 위해 원서를 준비하고 각종 취업사이트를 기웃거려보면 자신의 생각이 크게 잘못되었음을 깨닫는다. 생전 들어보지도 못한 기업이 버젓이 대기업이라 불리는 것이다. 더 충격적인 것은 고작 1000대 기업에 속한 기업인데, 어떤 일을 하는지조차 알지 못하는 그 기업에 들어가기도 수능을 치르고 좋은 대학 들어가는 것 이상으로 어렵다는 사실이다.

1년에 족히 천만 원은 내 돈을 내고 배우겠다며 대학을 들어가기도 그렇게 어려운데, 반대로 1년에 적게는 2천만 원에서 3~4천만 원 이상을 달라고 말하기가 과연 쉬울까? 기업 입장에서 누구에게나 있는 학사 학위와 토익 점수만으로는 옆의 수십 명의 지원자가 아닌 당신을 뽑아야 할 이유로 충분치 않다.

이제 여기서 당신이 좋아하는 일을 하거나 잘하는 일을 하는 것이 아니라, 하고 싶은 일을 해야 하는 이유가 나온다. 사실 내가 몸담는 곳이 대기업이건 중소기업이건, 공기업이건 사기업이건 그것은 본질이 아니다. 자신이 지친 몸을 이끌고 퇴근할 때 집에서 맥주 한 잔하며 조용히 TV를 보며 힘든 하루의 마침표를 찍는 것을 선호하는지, 가까운 동료와 포장마차에서 직장상사의 뒷담화를 해야만 직성이 풀리는지 아는 것이 훨씬 중요하다.

보통 내가 잘한다고 생각하는 일은 어떤 업계의 어떤 직장을 가더라도 그 정도 수준은 프로가 아닌 아마추어에 불과하다. 새로 배우고 갈고 닦아야 노하우와 경험이 조금씩 차곡차곡 쌓인다. 내가 잘한다고 생각하는 일은 사실 그 비교 대상이 비슷한 또래이기 때문에 진정 나만의 강점이라 하기 어려울뿐더러 도토리 키 재기 수준인 경우가 많다. 또한, 내가 좋아한다고 믿었던 일은 그것이 나와 가족의 생계가 걸리는 순간 전혀 좋아하는 일이 아닌 것으로 판명될 확률이 높다. 단적으로 게임을 좋아해서 게임을 즐기는 것과 프로게이머가 되어 밥벌이를 하는 것은 하늘과 땅 차이다.

그래서 내가 어떤 일을 할 때 즐겁고 행복한지, 꼼꼼한 사람인지, 이타적인지, 여가 시간에는 무엇을 하는지 나에게서 한 걸음 떨어져 냉철하고 철저하게 나를 분석해야 한다. 단순히 급여 수준이 어느 정도인지, 야근과 외근이 많은지, 복리 후생은 어떤지, 집에서 얼마나 먼지 등을 기준으로 직장을 고르는 기준을 삼으면 막상 힘들게 들어가고 나서도 힘든 회사생활이 될 수 있다.

가장 좋은 방법은 내가 그 회사, 그 부서에 들어갔을 때, 출근해서 퇴근할 때까지 하는 업무와 만나는 사람들과 겪게 될 일을 머릿속으로 그려보는 것이다. 신입의 경우는 대개 전문성이 부족하기 때문에 당장 들어갔을 때와 3년 뒤의 하루를 그려보는 것이 좋다. 필요한 업무적 지식은 무엇인지, 어떤 통화를 하게 되고 누구와 미팅을 할지, 하루를 분 단위로 꼼꼼하게 쪼개어 생각해보아야 한다.

자 이제 어떤 일을 하는 것이 중요한가? 내가 잘 한다고 생각하는 일을 하는 것인가, 아니면 좋아하는 일인가.

필자가 내린 결론은 내 마음이 가는 일이다. 한 번뿐인 삶이다. 하루의 반 이상을 보내는 내 인생을 그렇게 인상 쓰며 힘들게 보낼 필요는 없다. 어차피 이 세상에 오직 나만을 위한 최고의 직장은 없다. 소위 '신의 직장'이라 불리는 곳들은 대개 높은 연봉과 안정성, 저녁 시간과 노후를 보장한다. 하지만 이러한 곳은 누구나 가고 싶어 한다. 하고 싶은 일을 하고자 해도 내가 하고 싶은 일이 무엇인지 알기 어렵기 때문에 온 신경을 집중해 찾아야 한나.

보통 인생에 3번의 기회가 주어진다고 한다. 그러한 기회는 나도 모르는 사이 내 곁에 와 있는 경우가 많기 때문에 아무런 생각도 준비도 없다면 놓치게 된다.

하고 싶은 일을 쫓다보면 잘하게 되고, 그 일을 잘하게 되면 다시 좋은 성과로 이어져 그 일을 좋아하게 된다. 이것이 바로 '긍정적인 선순환 구조'를 만들어낸다. 끌리는 일을 한다는 것은 생각보다 큰 힘을 가지고 있다. 하지만 그렇게 찾아 헤매도 내게 꼭 맞는 일을 찾아내기란 쉽지 않다. 그렇기 때문에 마치 평생의 반려자를 찾듯이 다각도로 끊임없이 고민해야 한다. 이 사람이 아침을 먹는 스타일인지, 뭘 좋아하는지, 집에 들어오면 양말은 어떻게 두는지 같은 사소한 것들이 중요한 것처럼 내 인생의 배우자를 찾듯이 나를 돌아보자. 하고 싶어서 했더니 잘하게 되고 그 일에 더욱 몰입하고 따져볼 때 비로소 '긍정적인 선순환 구조'를 만들 수 있다.

그렇게 네이버 대표카페의 운영 경험을 바탕으로 카카오의 자회사인 키즈노트라는 회사에 온라인 마케팅 담당 인턴으로 있을 때의 일이다. 비록 인턴이지만 나름의 온라인 경험을 살려 키즈노트라는 어린이집에서 사용하는 스마트 알림장 어플 회사에서 근무할 기회를 얻게 된 것이다. 키즈노트는 어린이집과 유치원에서 수기로 일일이 알림장 쓰는 것을 안타깝게 여긴 대표님이 알림장 쓰는 시간을 획기적으로 줄여 만든 어린이집 알림장 어플이었다.

우습게도 당시 필자는 스스로 온라인 마케팅을 굉장히 잘 한다고 생각하고 있었다. 이 세상에는 정말 수많은 직업이 있음에도, 고작 내가 겪은 좁은 사회에서 분류해놓은 개발, 영업, 마케팅, 경리, 디자인 중에서 '나는 마케팅을 잘한다'라고 일반화를 해버린 것이다. 업의 본질에 대해 생각하기보단 내가 성과를 내고 경험해 봤던 일을 좋아하고 잘한다고 생각한 것이다.

당시 키즈노트는 업력 자체가 오래된 회사라기보다는 스타트업 티를 조금씩 벗어나가는 어플리케이션 개발회사였다. 스마트폰과 관련된 정보기술이 발전하며 누구나 한번쯤은 생각해봤던 그런 아이디어를 실행에 옮겨 구체화해 나가는 자유로운 분위기의 벤처회사였다. 여기서 한 가지 판단착오가 있었다. 온라인 카페 커뮤니티 운영 경험, 그리고 SNS 그룹 및 페이지를 개설하고 성장시켜본 경험을 바탕으로 스스로 온라인 마케팅을 잘한다고 생각해 지원한 회사였는데 이 회사의 주요 타깃은 어린이집과 유치원이었던 것이다.

어린이집과 유치원의 원장님이 종이 알림장 대신 이 어플리케이션을 사용하겠다고 결정내리는 순간 원의 모든 선생님과 학부모는 이 어플리케이션을 사용하는 것이다. 결국 사용자를 늘리기 위해서는 본질적으로 카카오스토리, 페이스북, 각종 커뮤니티를 통한 온라인 마케팅보다 원장들을 설득하는 것의 효율이 높은 상황이었다. 일일이 손으로 쓰기보다 어플리케이션을 활용하자고 선생님과 학부모들이 원해도 원장님이 반대하면 그만이었고, 수기로 작성하길 원해도 원장님이 쓰고자 하면 전체가 써야 하는 셈이었다.

이런 상황에서 나는 온라인 채널을 운영하는 일과 함께 각 지역을 직접 발로 뛰며 알림장 어플리케이션을 소개하는 소위 방문 영업을 병행하게 되었다. 무작정 벨을 누르고 찾아가기보다는 어린이집, 유치원에서 알아두면 좋을 파워포인트 사용법 등을 알려주는 설명회를 한다는 취지로 지역별로 원장님들을 모으고 설명회 끝에 알림장 어플리케이션을 소개하는 방식이었다.

단순하게 생각하면, 알림장을 종이로 쓰는 것보다 어플리케이션을 활용하면 시간이 훨씬 줄어드니 쓰지 않을 이유가 없어 보였다. 하지만 적으면 4, 5명 정도의 원장님이나 선생님들을 만나기 위해 전국 곳곳을 다니며 깨달을 수 있었다. 유치원과 어린이집은 하나같이 작은 전쟁터다. 언제 아이들에게 약을 먹이고 어떻게 낮잠을 재우는지, 학부모와 선생님들은 어떻게 소통하며 지내는지 직접 보지 않았다면 알 수 없는 것들이 많았다. 그 과정에서 한 명 한 명 그들의 이야기를 직접 듣고 그들에게 이 알림장 어플리케이션의 장점을 설명하니 스마트폰 사용에 편견이 있던 원장님들의 생각도 바꿀 수 있었다.

대개 어린이집과 유치원 원장의 평균 연령이 50대 이상인 점을 감안하면 거의 대부분 기존 방식에서 바꾸지 않으려는 경향이 강한데, 나와 이야기를 나눈 원장님들은 열이면 열 모두 사용해보겠다고 했다. 원장님들 눈에 나는 아들 또래로 보였을 것인데, 이때 내가 개발한 무기는 바로 '들어주는 것'이었다. 어머니뻘 네다섯 명이 모이면 이미 필자는 안중에도 없었다. 얼마나 원장의 업무가 힘든지 이야기를 듣다보면 어느새 두 시간이 훌쩍 흘러 있었다. 이러한 시간을 보내면서 내가 진정 좋아하고 잘하는 일은 온라인 마케팅이 아니라 영업이라는 사실을 깨닫게 되었다.

나중에 알게 된 사실이지만 과거 네이버카페를 운영하며 했던 일도 마케팅을 잘 한 것보다 어떻게 커뮤니티를 운영하면 좋을지 고민하고 이에 필요한 영업활동을 즐거워했던 것이다.

이 일이 있고 나서는 좋아하는 일을 해야 할지 잘하는 일을 해야 할지 모르겠다는 사람에게 나는 언제나 '하고 싶은 일을 하라.'고 조언한다. 그러면 열에 아홉은 하고 싶은 일이 무엇인지 잘 모르겠다고 한다. 먼저 무엇이든 끌리는 일을 해봐야 그 일이 진정 좋아하는 일인지 알 수 있고, 하고 싶은 일을 잘하게 되면 다시 좋은 성과로 이어져 '긍정적인 선순환 구조'를 만들 수 있다. 다양한 경험을 하다보면 내가 좋아하고 잘한다고 믿었던 일이 실제로는 다르다는 사실을 깨달을 수 있다.

평생을 함께 할 배우자를 찾듯 집요하게 내가 누구인지 스스로에게 묻고 또 물어야 한다. 처음부터 완벽한 사람은 없다.

젊음은 20대에게 주어진
최고의 기회다

한 분야의 전문가가 되려면 최소한 1만 시간이 필요하다. 그 유명한 1만 시간의 법칙이다. 하루 3시간씩 훈련하면 약 10년, 하루 10시간씩 훈련하면 약 3년이 걸린다.

이 개념이 처음 등장한 것은 미국 콜로라도대학의 심리학자 앤더스 에릭슨(K. Anders Ericsson)이 1993년에 발표한 논문에서다. 세계적인 바이올린 연주자와 아마추어 연주자 간의 실력 차이는 대부분 연습의 양에서 비롯된 것이며, 우수 집단의 연습 시간은 1만 시간 이상이라고 주장한 것인데, 전직 기자이자 작가인 말콤 글래드웰(Malcolm Gladwell)이 그의 저서 《아웃라이어(Outliers)》에서 앤더슨의 논문 내용을 인용하며 널리 알려졌다.

그래서 어느 자기계발서를 보거나 강연회를 가더라도 최소 1만 시간 이상 노력하라는 말을 자주 접하게 되었지만, 말이 1만 시간이지 썩 와 닿지는 않는다. 앞서 생산과 소비 개념에 대해서도 이야기한 바 있지만, 하루 10시간씩 3년을 투자해야 변화된 삶을 살수 있다면 여간한 인내심을 갖지 않고서는 달성하기 힘들 것 같다. 게다가 이 3년이라는 시간을 학업이라고 가정한다면, 하루 10시간을 멍하니 의자에 앉아서 보내는 것이 아니라 완전히 몰입하면서 3년을 보내야 하는 것이다.

단순히 1만 시간을 투자하는 것이 아니라 1만 시간 동안 안락지대(comfort zone)를 포기해야 하는 것이다. 내가 지금까지 살아온 삶의 틀을 벗어나 불편한 상태에서 1만 시간을 견뎌야 진정으로 이루고자 하는 바를 얻을 수 있다. 그 시간 동안 체계적으로 자신의 약점을 파악하고 가로막는 장애물을 넘어서기 위한 방법을 찾는 과정에서 진정한 전문가로 변하는 것이다.

이 과정에 속임수는 통하지 않는다. 누구에게 보이기 위함이 아니라 온전히 나의 의지로 해야 하기 때문이다. 운동, 학업, 업무, 모든 분야를 막론하고 성공한 이들은 1만 시간의 법칙을 강조한다. 필자 역시 10년 간 온라인 커뮤니티의 광고영업, 어플리케이션 방문영업, 그리고 삼성전자판매 대리점에서 B2C 영업을 거치며 1만 시간이 가져다 준 변화를 체감했다.

그러면서 1만 시간의 법칙에 한 가지를 더 추가하게 되었다. 바로 '젊은 시절'이다. '젊어서 고생은 사서도 하라'는 옛말에는 다 이유가 있다.

사실 3시간씩 10년이든 10시간씩 3년이든, 1만 시간을 온전히 자신의 발전을 위해 투자한다면, 그 시도 자체만으로도 삶의 변화를 이끌어낼 충분한 에너지가 될 것이다. 나는 정말 그러리라고 확신한다.

꼭 10년을 도 닦듯 한 치의 흐트러짐 없이 노력해야만 성공을 하는 것은 아니다. 시작이 반이라는 말처럼 다이어트를 하겠다고 말만 반복하는 사람과 일단 헬스장에 등록하고 한 번이라도 운동을 시작하는 것은 엄청난 차이다. 1만 시간의 노력은 하루아침에 이룰 수 없는 것이기에 그 가치가 더욱 빛난다.

가령 중학교를 졸업하고 갓 고등학교에 진학한 학생에게 원하는 대학교의 원하는 학과로 진학할 수 있는 방법을 알려주겠다면, 그는 과연 뭐라고 할까? 아마 간 쓸개 다 빼놓고 악마와 영혼을 거래하겠노라 할지도 모르겠다. 하지만 방법은 의외로 간단하다.

하루 10시간씩 꾸준히 3년간 공부하는 것이다. 허탈한가?

왜 악마와 거래하겠다는 마음은 먹어도 3년 내내 하루도 빠짐 없이 공부하기는 힘들까? 그만큼 내가 안락지대(comfort zone)를 벗어나기 어려운 것이다.

그래서 필자는 하루라도 '젊은 시절에' 노력해서 자기 분야를 일궈나가자고 주장한다. 30대와 40대가 되어 새로운 도전을 한다고 결코 흠이 되리라고는 생각하지 않는다. 오히려 그렇게 독하게 마음먹기까지 수도 없이 고민했을 그 영혼에 진심어린 박수를 보낸다. 하지만 시간이 갈수록, 나이를 먹을수록 책임질 것들이 늘어난다. 앞서 젊은 사람이 스스로 잘한다고 믿는 일은 10년 이상의 경험을 쌓고 연륜이 쌓인 프로들이 보기엔 아마추어 수준에 불과하다고 말했다. 자, 이제 반대의 입장이 되었다.

어린 것이 무슨 장땡이냐고?

그렇다. 어린 것은 무엇이든 도전하고 깨지고 실패해도 괜찮다는 보증수표이다. 다섯 살배기 첫째와 젖먹이 둘째를 키우는 가장이라면 지금 다니는 직장이 힘들다고 쉽사리 사표를 내던질 수 없다. 오히려 신입사원일수록 회사에 대한 기대치가 높아 초기 퇴사 비율이 높다.

20대가 되어 뭘 해야 할지 모르겠다면 일단 집 밖으로 뛰어나가라. 반드시 1만 시간을 투자해 전문가가 되어야만 하는 것은 아니다. 일주일 동안 6일을 밤을 새워 놀며 술 마시고 뻗는 삶을 살지라도 거기에서조차 배우고 느낄 수 있는 시기가 20대이다. 20대는 뭘 해도 배우는 시기이다.

중요한 것은 내가 마주하는 모든 순간순간에 내가 어떤 생각을 하는지 '깨어 있는' 시각을 가지는 것이다. 연애를 해도, 아르바이트를 해도, 가방 하나 들쳐 메고 여행을 떠나도, 만나는 모든 사람과 상황이 생애에 다시없을 가르침을 준다.

이런 생각이 몸에 밴 사람과 그저 남이 부러워하는 학력과 직장 타이틀을 중요하게 여기는 사람 간에는 10년이 지나고 20년이 지나면 삶이 크게 달라져 있을 것이다.

골든글로브를 두 번이나 수상한 전설적인 코미디언 짐 캐리는 미국의 마하리시대학 졸업식에서 이런 말을 남겼다. "저희 아버지는 훌륭한 코미디언이 될 수 있었지만, 본인 스스로 그 가능성을 믿지 않았습니다. 그래서 안전하고 보수적인 결정을 내렸습니다. 회계사가 되겠다고. 그리고 아버지는 제가 12살 되던 해에 직장을 잃었고, 우리 식구는 살아남으려고 무엇이든 닥치는 대로 해야 했습니다. 그때 얻은 소중한 교훈이 '그렇게 되기를 바라지 않지만 누구나 실패할 수 있다.'는 것입니다. 그러니 이왕이면 좋아하는 일을 하는 것이 낫습니다."

많은 사람이 사업은 위험하고 취직이 안전하다고 말한다. 하지만 대다수 사람들이 그렇게 믿는 것과 달리, 안정적인 일과 수입은 절대적이지 않으며, 실제로 그렇지 않은 경우가 많다. 어떤 경우에도 100%란 없다. 회계사가 된다고 평생 해고당하지 않으리란 법 없고, 창업한다고 모두 다 망하리란 법은 없다. 짐 캐리의 말에 저절로 고개가 끄덕여진다.

어떤 일도 결과를 장담하지 못한다. 당연히 실패를 목표로 하는 사람은 없고, 모두가 성공을 목표로 레이스를 펼친다. 일반적으로 공무원이 되면 또는 전문직종의 직업을 가지면 해고 위험이 덜 할 수는 있다. 하지만 이 역시 절대적이진 않다. 이왕이면 좋아하는 일에 도전해야 하는 이유이다. 앞서 좋아하는 일과 잘하는 일 중에서 고민이 된다면 하고 싶은 일을 하라는 것 또한 이와 일맥상통한 이야기다.

짐 캐리는 덧붙여서 이렇게 말했다. "어떻게 하면 세상에 기여할 수 있을까? 세상에 도움이 될 만한 여러분의 재능은 무엇입니까? 그것만 찾으면 됩니다. 여러분이 타인에게 미치는 영향이 가장 가치 있는 일입니다."

방식이 다를 뿐, 우리 모두는 서로 부대끼며 살아간다. 나의 재능을 찾아서 세상을 위해 쓰는 것, 그것이 전부다. 그렇게 할 수 있는 방법 중 하나가 바로 1만 시간을 투자해 내 삶을 송두리째 바꾸는 것이다.

이 1만 시간을 계산함에 있어 간과해서는 안 될 점은 대충 대충이 아니라 평소의 내 행동 패턴에 불편하거나 낯선 시간이 생겨야 한다는 점이다. 당연하지만 학업이라면 의자에 앉아만 있다고 되는 것이 아니라 거울을 보거나 유튜브를 하는 시간을 빼고 온전히 집중하는 시간이어야 한다는 것이다. 집중한다는 것은 평소 버릇처럼 하던 행위가 아니기 때문에 본능적으로 불편한 시간이다. 살아보니 이런 경험은 빠르면 빠를수록 좋다. 어영부영 보내기엔 내게 주어진 시간이 너무도 아름답고 황금과도 같다.

분명 시간이란 자원은 모든 이에게 평등하게 주어지며 이 자원을 어떻게 이용하든 그것은 나의 자유이다. 심지어 고등학교를 졸업하고 친구들과 술을 마시며 시간을 보낸다 하더라도 그 시간조차도 의미 있는 시간이다. 말 그대로 20대에는 무엇을 해도 할지 말지 혹은 이것을 할지 저것을 할지 고민할 필요나 이유가 없다. 모든 경험이 피가 되고 살이 된다. 교과서에서 배우는 죽은 지식이 아니라 나의 참된 자아 형성에 토대가 되는 진짜배기 경험이다. 대학생 시절 배낭여행을 해보라거나 아르바이트를 경험해보라는 조언도 본질은 여기서 출발한다.

하루를 단순한 쾌락으로 보내는 것도 자신에 대한 진정한 탐구를 하는 사람이라면 의미가 있겠지만, 이왕이면 나의 1만 시간을 어디에 투자하면 더 가치가 있을지를 찾는 것에 하루하루를 보낼 수 있다면 더욱 좋을 것이다. 단순히 이력서에 스펙 한 줄을 쓰기 위한 활동을 찾아다니지 말고 교실에서 몰랐던 나의 진짜 모습을 찾아 떠나는 것이다. 물통을 짊어지고 산꼭대기에 올라가 팔아보는 것도 좋고 걸어서 국토종단을 해보는 것도 좋다. 정 감이 잡히지 않으면 학교 동아리나 지역 동아리, 대외활동들을 무턱대고 참여해 보는 것도 좋은 방법이다.

지금 말한 방법들은 모두 필자가 경험하며 톡톡히 효과를 얻은 것들이다. 한 가지만 구체적으로 예를 들면, 물통을 매고 산꼭대기에 올라가 판다는 것은 말이 쉽지 실제로 해보면 보통 힘든 일이 아니다. 혼자 갈 것인지 동료를 구해 같이 갈 것인지, 물만 팔 것인지 초콜릿이나 슬러시 따위도 팔 것인지, 얼마의 단가에 몇 개를 어디서 구해서 어느 산꼭대기에서 얼마에 팔 것인지, 어떤 문구를 적어 팔 것이며, 혹시 그곳이 자릿세를 요구하는 곳은 아닌지, 혹여나 감시원이 순찰을 돌며 판매행위 자체를 막지는 않는지도 확인해야 한다.

이 모든 과정이 기업의 매입, 재고 관리, 마케팅, 정산 등 기업 경영에 필요한 과정을 온전히 담고 있다는 사실을 알기까지란 쉽지 않다. '산에 가서 물을 팔아볼까?'라는 아이디어 자체만 가지고도 이런 엉뚱한 생각을 끌어내는 사람, 구체적으로 기획하고 동료를 모으는 사람, 각자 맡은 바를 구체화하는 사람, 충실히 따르는 사람 등 다양한 부류가 있다는 사실을 깨닫게 된다.

사회생활도 결국 이와 같다. 서너 명이 모여 이루어낸 작은 경험은 모 기업의 작은 프로젝트와 유사한 것이다. 꼭 물을 팔아야 하는 것은 아니다. 다만 이렇듯 물을 팔거나 걸어서 여행을 하는 따위의 뜬금없는 상황에 놓였을 때, 나는 과연 사람들의 마음을 움직여 비싼 값을 받을 수 있게끔 마케팅을 잘하는 사람인지, 호객 행위를 잘해 영업을 잘 하는 사람인지, 하다못해 이런 작은 조직에 있어 웃음이 떠나지 않게 만드는 활력소 같은 사람인지 알 수 있다.

대기업과 같은 조직에 신입사원으로 입사하면 연수과정 중 맨 처음 하는 일 중에 하나가 바로 이런 성향 검사나 팀워크 활동이다. 전문지식을 전달하는 교육은 후순위다. 어차피 사회초년생이 가진 전문성이라고 해야 그 수준이 진짜 전문가들의 눈에는 아직 부족한 수준이다. 이 사회는 나 혼자가 아닌 함께 더불어 살아가는 곳이고, 돈의 흐름을 곰곰이 생각해봐도 수요와 공급이 만나는 지점에서 가격이 형성된다. 제품을 팔거나 서비스를 팔거나, 개발을 하거나 디자인을 하거나, 어떤 종류의 경제활동을 해도 그 경험을 꾸준히 쌓으려면 그 행위의 주체인 내가 그 활동을 할 때 어떤 감정을 느끼는지 알아야 한다. 사람을 대하는 일이 힘들지만 사람을 만나 소주 한 잔에 푸는 사람이 있는가하면, 휴일에 카페에서 조용히 커피 한 잔과 함께 사색하기를 좋아하는 사람도 있다. 내 감정을 알기 위해선 1만 시간의 법칙과도 같이 일생의 배우자를 찾듯 간절히 이루어져야 한다.

강조하지만, 로마는 결코 하루아침에 이루어지지 않았다. 요행을 바라고 노력을 적게 하면, 딱 그만큼만 돌아온다.

5

끝없이 꿈꾸면
이루어진다

성공과 관련된 강의나 도서는 너무나 많다. 성공을 어떻게 보느냐는 관점에 따라 여러 가지로 해석할 수 있는데, 그중 대다수는 결과적인 의미의 성공을 말하는 경우가 많다. 1만 시간을 투자했더니 성공했다거나 어떻게 했더니 어떤 결과를 얻었다는 등. 그래서 여기서는 노력했더니 결과가 어떻게 되었다는 추상적인 성공에 대해서보다는 좀 더 실질적인, 성공으로 가는 과정에 대해 이야기하려고 한다.

고등학교 시절 광고영업을 처음 경험하게 해준 네이버 카페활동을 접고, 그곳에서 연이 닿아 대학 1학년 때에는 한국경제신문사 경제교육연구소에서 인턴 활동을 했다. 당시 필자는 경제학에 푹 빠져서 대학 입학 전에 이미 미시경제학과 거시경제학 원론을 볼 정도였기에 학부전공은 오히려 경영학을 택했다. 조직 운영과 관리에 관심이 꽂혔기 때문이다. 그렇게 택한 경영학인지라 공인회계사 시험을 준비하다 두 달 만에 포기하고, 인턴 생활을 하며, 친구들과 함께 물도 팔아보고, 서울에서 강화도까지 60km 무박 행군도 하며 교과서 밖 공부에 전념했다.

돌이켜보면 필자의 대학 생활은 어떻게 졸업이 가능했는지 모를 정도로 다이내믹했다. 사람들은 시간이 흐른 뒤 지난날을 돌아보며 '그러지 말걸' 또는 '그렇게 할 걸' 하며 후회한다지만, 필자는 대학 4년을 한 점 후회 없이 보냈다. 공부하고 싶으면 공부하고, 사람들과 어울리고 싶으면 어울리고, 해보고 싶은 일이 있으면 그 일을 잘 아는 사람을 찾아서 배웠다. 내가 믿고 사랑하는 사람들과 함께 한다면 무슨 일이라도 해낼 것 같았고 평생 책임져야 할 사람도 없었기에 하고 싶은 일을 하지 않을 이유가 없었다.

2014년, 그러니까 지금부터 약 4년 전의 일이다. 당시에도 페이스북과 트위터, 인스타그램은 폭발적인 상태였다. 물론 현재도 각 SNS 플랫폼을 사용하는 유저들은 여전히 사용하지만 그중에서도 페이스북은 2010년대 내내 10대와 20대의 전폭적인 지지를 받았다. 현재 20대 중반에서 30대까지는 가히 페이스북 세대라고 부를 정도로 페이스북은 스마트폰의 성장과 더불어 초고속 성장을 이루었다. 다양한 꿀팁, 저장소, 유머, 가장 재미있는 페이지 등 각종 단발성 소비콘텐츠나 도움이 될 만한 정보들을 개인의 타임라인에 저장하고 다른 유저들과 공유했다.

콘텐츠를 만들거나 소비하는 데 진입장벽이 거의 없다시피 했기 때문에 그 파급력은 놀라웠다. 스마트폰만 있으면 어느 사이트이든 회원으로 가입하고 이용하는 것은 물론 나의 계정을 만들고 바로 글을 쓸 수 있었다. 여기서 한 가지, SNS가 사회적 네트워크 관계망 서비스인 것처럼 나와 가까운 주변 사람들은 서로 연결되며 하나의 거대한 망이 형성되었다. 이는 일부러 사람들이 모든 것을 연결해낸 것이 아니라 나와 관계한 모든 사람들이 스스로 연결된 것이다. 누가 시켜서 한 것이 아닐뿐더러 계정을 만들고 실시간으로 내가 알고 싶은 사람들의 정보와 재미있는 이야기, 도움되는 정보를 접할 수 있다니 얼마나 매력적인가. 물론 이것만이 페이스북이 이렇게까지 성장한 이유는 아니다.

계정을 만들고 각종 콘텐츠를 접하기도 쉽지만 더 큰 이유는 이런 콘텐츠를 만드는 데 필요한 진입장벽이 굉장히 낮았기 때문이다. 클릭 몇 번으로 비전문가도 글과 이미지를 만들어 올릴 수 있으며 약간의 감각과 사람들의 니즈만 파악할 수 있다면 수천, 수만의 팔로워를 보유하기란 그리 어려운 일이 아니었다.

그러한 네트워크를 구성하는 데에는 한때 산꼭대기에서 물도 같이 팔고 국토종단도 계획하며 지낸 고교 동창의 도움이 컸다. 지금도 가장 믿고 의지하는 친구인데, 우리는 이 친구의 학교 부근 자취방에서 밤을 새워 이야기를 나누며 함께 페이스북 페이지를 만들어보자고 의기투합했다. 4년 전 필자의 생일이었던 2014년 9월 15일이었다.

돌이켜보면 필자는 참 인복이 많다. 그 친구는 섬세한데다가 목표의식이 강하고 자신이 하고자 하는 바를 분명히 알고 있었다. 실행력이 뛰어나고 자신의 전문 분야가 아니어도 필요하다면 자기 것으로 만들어내는 능력을 가진 그 친구와 함께 몇 번의 시행착오를 겪으며 페이스북 페이지를 개설했다. 1인 가구가 늘어나는 추세였고, 마침 둘 다 자취생활을 하고 있었기에 '자취생으로 살아남기'라는 이름을 붙여 넘버원 자취생활 페이지 커뮤니티가 되는 것을 목표로 했다. 당시 피키캐스트로 대표되는 대형 페이지들은 이미 수십만 팔로워를 보유하고 있었고, 자취 관련 페이지는 제일 규모가 큰 것이 수만 명 정도였다.

페이스북은 전통적인 의미의 마케팅 채널이라기보다 트렌디함이 돋보이는 채널로 콘텐츠 소비자들의 니즈를 빠르게 파악하고 반영하는 것이 생명이다. 시기별로 이슈별 1인 가구를 타깃으로 하여 관심을 가질 만한 콘텐츠를 분류하고 제작하며 업로드하는 시기까지 결과를 분석하며 페이지 확장에 매진했다. 그러면서 수없이 시행착오를 겪었다.

좋아요가 처음으로 1만 명을 넘던 순간, 하나의 게시글이 최초로 100만 명에게 도달한 순간, 팔로워 10만 명을 넘기던 순간, 매 순간이 도전이었고 감사의 순간이었다. 함께 시작한 수많은 사람들이 '자생살'을 거치며, 필자도 앞서 말한 키즈노트라는 회사에서 인턴 생활을 시작하며 원년멤버에서 빠지게 되었다. '자취생으로 살아남기'는 현재 90만 명 넘는 팔로워를 보유하고 있으며, 페이스북뿐만 아니라 유튜브와 커머스 등 다른 채널로 그 영역을 넓혀가고 있다. 현재 '노잉 커뮤니케이션즈'라는 회사를 이끌고 있는 허지웅 공동대표와 소현민 공동대표의 이야기이다.

두 사람의 이야기는 네이버 포털사이트 등 여러 매체를 통해 소개되었는데, 정말 멋진 점은 지금도 새롭게 꿈꾸며 하루하루 최선을 다해 살아간다는 것이다. 지금 이 순간도 목표를 달성한 성공의 순간이 아니라 끊임없이 나아가고 있는 하루에 불과한 것이다. 그 친구들이라면 세간에서 말하는 성공에 부합한 인물들이 아닐까? 아니면 마이크로소프트의 설립자로 세계적 부호가 된 미국의 빌 게이츠쯤 되어야 성공한 삶일까?

사람들은 성공을 과정이 아닌 결과라고 말한다. 하지만 필자의 생각은 조금 다르다. 진정한 성공은 결과보다 값진 과정이 수반되어야 한다고 생각한다. 성공에 대한 기준은 가치관이 다르니 사람마다 다를 수 있다. 이야기 초반에 성공에 대한 내용이 아니라, 성공으로 가는 과정에 대해 말하겠다고 한 이유가 여기에 있다.

사실 '자취생으로 살아남기' 페이지를 처음 만들 때 최고의 자취 관련 페이지를 만들자고 다짐했음에도 필자의 기준으로는 페이지 구독자가 10만 명을 넘으면 대성공이라고 보고 있었다. 그렇기에 성공이란 끝나는 지점이 있는 개념이라기보다는 과정이고 순간이라는 개념에 가깝다. 작은 성공의 순간들이 모이고 모여 더 큰 결과물을 만들어내는 것이다.

여러 해 거쳐 크고 작은 성공과 실패를 거듭하며 깨달은 점은 끊임없이 꿈꾸는 일은 어떤 과정을 거쳐도 결국에는 이루어지기 마련이라는 것이다. 하다못해 책 한 권을 쓰는 일도 그렇다.

'나는 전문적으로 글을 써본 적이 없는걸.' '작가는 타고나야 해.' '대단한 업적도 없는 내가 무슨 글을 쓰겠어.'라는 마인드로 내가 해본 일과 해보지 않은 일을 구분하며 마음속에 한계선을 긋는 순간, 그 일은 절대 할 수 없는 일이 된다. 하지만 "왜 안 된다고 생각해? 해보기나 했어?"라는 유명한 고(故) 정주영 현대그룹 회장의 말처럼 불가능하다고 생각치 말고 구체적인 목표에 따라 한줄 한줄 글을 쓰다보면, 포기하고 싶은 때도 수없이 많지만, 결국은 이뤄내고 마는 것이다.

큰 성공을 위해선 작은 성공과 작은 실패들이 모여야 한다. 실제로 수없이 작은 성공과 작은 실패를 겪어야 한다. 필연적으로 작지만 의미 있는 시도들이 끝없이 이어져야 한다. 나의 눈으로 보면 대단한 하나의 성공을 달성해내려면 그것을 위해 세분화된 도전들이 필요하고, 이 세분화된 도전들을 통해 축적된 조그만 성공들이 나에게 할 수 있다는 자존감을 심어주어야 하는 것이다. 이것이 정말 중요하다.

맨 처음 허지웅 공동대표와 함께 페이스북의 '자취생으로 살아남기' 페이지를 개설하던 시절 필자의 기준으로는 솔직히 구독자 10만이면 대박이라고 생각했다. 물론 지금은 더 큰 꿈과 목표를 품고 혼신의 힘을 짜내고 있는 허지웅, 소현민 대표의 노력이라면 100만 명도 불가능한 숫자가 아니라고 생각하지만 처음에는 정말 그랬다. 그때는 10만 명이라는 숫자는 꿈속의 목표였다.

누구나 처음 필드에 나서면 할 수 있을까라는 의구심이 들기 마련이다. 하지만 일단 개설 자체가 작은 시도였고, 콘텐츠를 하나씩 만들어 올리는 것마다 작은 도전이었다. '자취생이 알아두면 좋은 ○○레시피'를 하나씩 올릴 때마다 소통하고 보완하며 좋은 반응을 얻을 때도 있었고, 들인 공에 비해 무참히 묻혀버릴 때도 있었다. 중요한 것은 어떤 결과도 나올 수 있지만, 좋은 결과가 나오면 그 경험에서 '나는 할 수 있다.'는 자존감을 높이는 것이다. 이렇게 높아진 자존감을 통해 나의 그릇의 크기가 몇 배로 커진다.

이 세상에는 훨씬 큰 잠재력을 지니고 있지만 안 된다고, 불가능하다고 단정 짓는 사람들이 대부분이다. 꼭 사업을 하지 않아도, 공부를 하거나 운동을 하든 작지만 의미 있는 도전을 반복하고 거기에서 얻은 자신감으로 내 인생을 바꿀 수 있다.

처음부터 1등인 사람은 없다. 어렸을 때 학교에서 덧셈 문제 한 페이지를 풀고 선생님께 동그라미를 받은 기억 하나, 중간고사에서 처음 반에서 1등 한 기억 하나가 모여 나는 할 수 있다는 자신감이 되고 더 큰 성공을 위해 도전하게 되는 것이다. 그 과정에서 수없이 틀리고 실패를 겪지 않았느냐고 생각할 수 있지만, 그것은 문제를 더 많이 풀어보겠다며 도전하는 과정에 불과하다.

미세한 초 단위 경쟁을 해야 하는 운동도 마찬가지다. 기록 단축을 위해 매일 끊임없이 훈련하며 어제 못낸 기록을 오늘 달성하고 한 발씩 더 큰 성공을 위해 앞으로 나아가는 것이다. 이러한 성공 경험은 이른바 '꿈의 근육'을 길러준다. 운동선수가 근육을 기르기 위해 뼈를 깎는 노력을 하듯, 자신에게 목표가 있다면 내면의 '꿈의 근육'을 기르는 것이 중요하다. 보이지 않아서 알 수 없지만 이른바 성공가도를 달리는 이들은 이 '꿈의 근육'이 튼튼하다. 실패를 두려워하지 않고 작은 도전들을 계속하며 거기서 얻은 성공의 경험들을 내면화해 더 큰 성공을 향한 밑거름으로 삼는 것이다.

결국 이 모든 내용은 처음에 말한 '하고 싶은 일을 하라'는 것으로 요약된다.

스티브 잡스는 스탠포드대학 연설에서 이렇게 말했다. "우리에겐 시간이 한정되어 있습니다. 그러니 나 아닌 다른 사람의 삶을 사느라 시간을 낭비하지 마십시오. 중요한 것은 내 마음의 소리와 직관을 따르는 용기입니다. 마음의 소리와 직관은 내가 진짜로 되고 싶어 하는 바를 알려줍니다. 나머지는 부차적입니다."

잡스의 말처럼 진정으로 만족을 느끼는 방법은 스스로 위대하다고 믿는 일을 하는 것이고, 위대한 결과를 얻는 유일한 길은 내가 좋아하는 일을 하는 것이다. 매일밤 잠자리에 들면서 '오늘은 정말 멋진 일을 했다.'고 말할 수 있는 일을 하자. 연설을 마치며 잡스는 이렇게 말했다. "Stay Hungry, Stay Foolish.(늘 허기를 느껴야 합니다. 미련하게 나가야 합니다.)"

병상에서 손가락 하나 까딱하기 위해 죽을힘을 다해본 뒤로 필자는 자신에게 주어진 시간이 얼마나 큰 행복인지 깨달았다. 대부분 사람은 다른 사람들이 만들어놓은 삶을 사느라 시간을 낭비한다. 하지만 나의 내면 깊은 곳에서는 이미 알고 있다. 내가 진정 바라는 삶이 아니라는 것을. 그럼에도 삶을 사는 데 정답은 없으니, 기존에 만들어진 관습과 체제에 순응하는 것이 위험부담이 적다고 믿는다. 대부분이 경험한 적 없는 것들이니, 안전한 길을 가고자 하지만 실은 그 역시 장담할 수 없다. 안전할 것이라고 믿었던 '회계사'가 되었다가 해고당하는 것처럼 말이다.

20대에는 무엇을 시도해도 괜찮다.

'공무원이 안전하니 공무원이 되어라.' '대기업에 들어가기 위해 필요한 어학연수를 다녀와라.' 따위의 무엇이 되라고 주변에서 말하는 사람들에게 과감히 'NO!'라고 외치자.

틀린 삶은 없다. 서로 다른 삶이다. 내 인생을 통째로 책임져주지 않을 주변 사람의 말에 귀 기울일 필요 없다. 심지어 부모님의 말씀이라도. 어차피 독서실을 가건 PC방을 가건 그 행동에 책임지는 것은 나 자신이다.

올바른 가치관이 정립되기 전, 미성년자 시절에 부모가 보호자로서 자식에게 가지는 책임감과 성인이 된 자신의 행동에 대해 내가 갖는 책임감은 다르다. 자신의 행동과 선택에 책임지는 것에 두려워 말자. 늘 허기진 사람처럼, 미련하게 나아가자.

젊음은 20대에게 주어진 최고의 기회다. 끝없이 꿈꾸면 반드시 이루어진다. 비록 작은 것이라도 매 순간의 선택을 도전한다는 마음으로 임하고, 좋은 결과가 생기면 스스로를 칭찬하자. 정말로 자존감이 높은 이들은 꿈도 크게 꿀 뿐만 아니라 '꿈의 근육'이 강하다. 자기 꿈에 진실하다면, 그 꿈을 입으로만 되뇌거나 생각하는 것만으로는 부족하다. 마음으로 느끼기만 해서는 안 된다. 일생의 배우자를 찾듯 온 힘을 다해 꿈을 이룰 방법을 찾아야 하고, 그 길을 찾으면, 자신의 모든 것, 모든 시간, 모든 생각을 바쳐서 집중하고 노력해야 한다. 꼭 1만 시간을 들여야 성공하는 것은 아니다. 이 세상에 내가 기여할 일을 찾아서 할 수 있는 일이라면, 그 일이 내 가슴을 뛰게 하는 일이라면, 그것으로 족하다.

누구나 두려움을 느낀다. 그 누구도 가본 적 없는 길이고 겪어보지 않은 인생이기에 누구라도 거부하고 싶을 것이다. 삶은 '그냥 한 번' 살아보다가 '아니면 말고' 식으로 다시 세이브 지점으로 돌아오는 게임이 아니기에 더욱 그렇다. 하지만 행복은 목표를 완수해야 얻는 보상이 아니라 기나긴 마라톤 레이스 중간에서도 얻을 수 있는 것이다. 발이 없는 사람을 만나기 전까지는 내게 신발이 없다는 사실에 슬픔을 느낀다는 말이 있다. 내가 행복한 이유는 백 가지도 넘게 있다.

행복은 생각하기에 따라 다른 상대적 개념이다. 그러니 '그저' 살아지는 삶 말고 '힘껏' 살아가는 삶을 살자.

20세에 1시간 걸려 얻은 것은 그 후 60년 간 도움이 되지만, 50세에 1시간 걸려 얻은 것은 이후 30년밖에 도움이 되지 않는다. 이왕 노력하고 살아가고자 마음먹었다면, 오늘이 내 생에서 제일 젊은 날이라고 되새기자. 책상머리에 앉아 공부하는 것 말고도 내가 남을 행복하게 할 일이 무엇이 있을지 고민해보자.

살아보니 이 세상은 결코 나 혼자 잘 먹고 잘 산다고 행복하지 않더라. 더불어 살 때 아름다운 세상이다. 시인 랠프 왈도 에머슨 (Ralph W. Emerson)의 '성공이란?' 시를 보면 어떤 삶을 살아야 할지 생각을 정리하는 데 도움을 준다.

언제나 웃음이 떠나지 않고

현명한 이에게는 존경의 대상이며
아이들에게는 사랑 받는 사람

정직한 비평에 감사할 줄 알고
거짓 친구의 모함을 묵묵히 인내하는 사람

아름다움을 알고
다른 이의 장점을 찾아내는 사람

자식을 바르게 기르든, 한 뙈기의 정원을 가꾸든,
마을 개선에 힘을 보태든
세상을 조금이나마 살 만하게 만들고 떠나는 사람

자신이 여기서 살았다는 이유만으로노
한 생명이라도 더 안도감을 느끼게 해주는 사람

이 정도면 참으로 성공한 삶이다

2

20대에
영업을 꿈꾸면
좋은 6가지 이유

"

세상을 살아가는 모든 순간이 영업이다.

비록 영업사원이라는 명함을 갖지 않더라도

우리 모두는 소속된 조직에서 맡은 바 책임을 다해야 하는 프로다.

직무는 다를 수 있어도 나를 둘러싼 사람들과

수없는 협상을 통해 업무를 이어간다.

세상을 나 홀로 살아갈 수 없다는 사실은 빨리 깨달을수록 좋다.

벗어날 수 없는 현실이기 때문이다.

관계를 파악하고 이해하는 힘은 모든 업의 기본이 된다.

"

인생은 매 순간이
영업이다

삶의 모든 것은 영업이다. 마트에서 오늘만 특별히 만 원에 모신다는 판매사원만 영업하는 것은 아니다. 자신은 영업과 전혀 무관한 일을 한다고 믿는 사람도 알고 보면 영업을 하고 있는 것이다. 우리 모두는 태어나서 죽을 때까지 '영업'이라는 행위를 하고 있다. 어린아이가 장난감을 사달라고 바닥을 구르며 떼쓰는 것도, 소개팅에 나가서 상대방의 환심을 사려고 근사한 말로 자신을 포장하는 것도 영업이다.

사람을 한자로 표현하면 사람 인(人) 자에 사이 간(間) 자를 쓰는데, 그 의미는 사람 사이를 뜻한다. 결국 사람은 사회적인 동물이며, 혼자 살지 못하고 서로 어울려 살아간다. 사람이 태어나 세상을 살아가는 모든 순간이 영업이고, 끊임없이 부딪치고 성장하는 것이 영업이다.

처음 네이버카페 'TESAT 준비위원회'에서 시작해 온라인 광고 영업을 거쳐 페이스북 페이지를 운영하기까지 매 순간이 필자에게는 영업이었다. 이후 카카오 자회사 키즈노트에서 오프라인 방문 영업을 거치며 난공불락이던 어린이집 원장님들을 상대로 어플리케이션을 세일즈했다.

이때부턴 허투로 하루를 보낸 것이 아니라 나만의 영업에 대한 절대원칙을 만들며 기본기를 쌓았다. 걸음걸이만 봐도 그 사람을 읽으려고 노력했고, 옷 입는 법, 상대의 말을 제대로 듣는 법, 상대방의 언어로 말하는 법, 그리고 상대방을 내편으로 만드는 법까지 하루하루를 온전히 진짜배기 실력을 쌓는 데 할애했다.

이 일이 내가 제일 좋아하는 일인지 모르겠지만, 영업을 제대로 배우면 일생에 가장 큰 힘이 될 것이라는 확신을 가지고 키즈노트를 나와서 삼성전자판매에 입사했다. 약 10주의 연수과정을 3위로 수료하고 전속대리점인 디지털프라자 서수원점으로 발령받았다.

발령 후 9개월 연속 매출상승과 입사 1년 이내에 월매출 2억 6600만 원이라는 대기록을 달성했다. 쉬는 날에도 계속 제품을 공부하고 고객을 관리하며 사람 공부를 게을리 하지 않았다. 영업이란 것이 마치 학창시절 대학수학능력시험과도 같아서 끊임없이 노력하지 않으면 조금만 흐트러져도 바로 실적으로 나타난다.

이후 수원의 전자소재연구단지점의 모바일 스토어에서 휴대폰을 팔았고, 지금은 홈플러스 안산점 매장에서 영업을 이어나가고 있다. 짧게는 3년, 길게는 10년의 모든 시간이 영업이었던 것이다. 족히 1만 시간 이상을 나 자신보다는 상대의 삶 속에 들어가 세상을 보며 상대방의 입장에서 사고(思考)하는 법을 배웠다.

얼굴을 맞대고 이야기를 주고받는 대면 영업과 눈에 보이지 않는 온라인 공간에서의 영업, 두 가지 모두 결국은 사람이 하는 일이다. 꼭 필자처럼 하루 24시간을 영업 속에 빠져 살지 않는다하더라도 사무실에서 근무하는 사무직 종사자에게도 영업은 현재진행형이다. 아니 사무실에 앉아 키보드 치는 일이 무슨 영업이냐고?

어떤 회사든 기획, 총무, 구매, 생산, 관리 등 어떤 부서도 혼자서 일하는 경우는 없다. 예컨대 개발 부서에서 일하는 A대리는 기획팀 B과장에게서 전달받은 업무를 이번 주까지 끝내기 위해 같은 팀 C대리와 디자인 부서 D주임을 닦달해야 한다. 오전에는 연관 부서 E차장이 준 긴급 건을 처리해야 하는 데 최우선으로 처리해달라는 본새를 보니 오늘도 일찍 퇴근하기는 그른 것 같다. 들어온 지 한 달 된 신입사원 F와 오후에 새로 들어온다는 인턴사원 G의 교육도 A대리의 임무인데, F는 시키기 전까진 가만히 앉아만 있어서 A대리의 이마엔 주름이 가기 시작했다.

어떤가? 남의 이야기 같은가? 어느 조직이든 작게는 팀원 간의 관계부터 부서 간의 관계, 관계사와의 관계 등 모든 관계가 어디가 더 중요하다고 꼭 집어말하기 어려울 만큼 전부 중요하다. 사람과 사람이 하는 일이기 때문이다.

학교를 다닐 때 보면, 같은 반에 속된 말로 '또라이'가 한 명씩은 있기 마련이다. 옆 자리에 앉은 친구일 수도 있고, 선생님일 수도 있다. 1년만 참고 지내자고 다짐하고 1년이 지나니 꼭 그런 친구는 같은 반에 배정받기 마련이다. 학교를 졸업하면 안보겠지 했더니만 회사에는 다른 또라이가 있다. 그 또라이가 상급자면 고충은 막심하다. '이놈의 회사 때려치우지.' 하고 마음먹고 이직했더니 이건 뭐 더 한 또라이가 있다. 차라리 내 가게를 차리자니 고객들이 또라이다. 어떤 조직이든 일정 비율로 또라이가 존재한다는 '또라이 질량 보존의 법칙'은 어느 정도 일리가 있는 듯하다. 과연 A 대리는 원만한 한 주를 보낼 수 있을까?

비록 영업사원이라는 명함을 갖지는 않더라도 우리 모두는 어느 조직에서나 맡은 바 책임을 다 해야 하는 프로다. 직무는 다를 수 있어도 나를 둘러싼 사람들과 수없는 협상과 커뮤니케이션을 통해 업무를 이어간다.

세상을 나 홀로 살아갈 수 없다는 사실은 빨리 깨달을수록 좋다. 벗어날 수 없는 현실이기 때문이다. 그러므로 필자는 20대에 영업을 경험하는 것이 중요하다고 생각한다. 학교라는 울타리를 벗어나 경제활동에 참여하거나 사회생활을 시작할 때, 아직 한 분야에 대한 전문성이 여물지 않았을 때 영업을 시작해 보라고 권한다. 스페셜리스트가 되어 한 우물을 깊게 파내려가기 이전에 제네럴리스트가 되어 땅을 넓게 파야 T자형 인재가 되어 우물을 더 깊게 팔 수 있다. 편의점에서 아르바이트를 해도 취직을 해도 어떤 경우든 사람을 대해야 한다. 이때 기본기가 탄탄해야 다른 사람에게 상처를 주지 않고, 또 다른 사람에게서 상처받지 않을 수 있다.

관계를 파악하고 이해하는 힘은 모든 업의 기본이다. 사회가 각자의 자아를 가진 사람들로 구성되어 있는 까닭이다. 그렇기에 어떤 상황에 직면해서도 서로 다름과 그 차이점을 깨닫는다면 어떤 일도 원만히 처리할 수 있다.

어떤 일을 하느냐, 어디서 일을 하느냐는 중요하지 않다. 앞에서 A대리 예를 들었지만, '회사'에서 영업직을 택해야만 영업을 하는 것은 아니다. 대학 시절에 조별 과제가 주어지면, 누가 조장이 될지 그 미묘한 분위기의 멋쩍은 웃음 뒤에는 다양한 이해관계가 얽혀 있다. 하다못해 이성 친구를 소개받는 소개팅 자리에서 마음에 드는 상대방에게 멋지게 애프터를 신청하는 '밀당'에도 '영업'이 숨어 있다.

수백억 단위의 전투기를 다루거나 수천만 원짜리 외제차를 계약할 때만 영업이 이루어지는 것은 아니다. 미국의 트럼프 대통

령과 북한의 김정은 국무위원장의 정상회담처럼 세계인의 이목을 잡아끄는 외교영업처럼 수많은 이해관계가 얽히지 않더라도 우리가 살면서 마주하는 모든 만남과 선택의 순간이 영업이다. 처음 보는 사람이라도 겉모습만으로 판단해서는 안 되며, 그 사람이 어떻게 생각할지 어떤 가치관을 가지고 있을지 넘겨짚는 건 더욱 안 될 일이다.

가전 전문매장인 삼성 디지털프라자 서수원점에서 근무할 때의 일이다. 신입사원으로 발령받아 처음 근무하는데 어머니와 딸이 매장을 방문했다. 냉장고를 교체할 때가 되어 방문했다는데 필자는 군기가 바짝 들어 잔뜩 긴장한 상태로 상담에 응했다. 열과 성을 다해 이 제품이 왜 좋은지 설명했더니, 고객은 그 모습을 좋게 봐주고 테이블에 앉아 농담도 주고받으며 결제를 진행했다. 필자를 좋게 봐주신 고객과 두런두런 연말에 딸의 결혼이 있으니 혼수를 마련할 때도 꼭 찾아오겠다며 마무리를 지어갈 때 즈음, 필자는 불쑥 다음에는 아버님도 꼭 함께 오시라고 마무리 인사를 했다.

약간의 정적이 흐르고 알게 된 사실이지만 아버지는 하늘나라에 계셨던 것이다. 꼭 신입사원이라 이런 실수를 하는 것은 아니다. 이 이야기를 베테랑 선배에게 털어놓으니 벌써 수년 간 가전제품 영업을 담당해온 선배도 한 중년부부가 방문했을 때 자녀들이 좋아할 것이라고 제품 설명을 한 적이 있다고 했다. 자녀가 없는 줄 모르고 어림짐작해 실언을 한 것이다.

이날 이후 필자는 어떤 사람의 겉모습이나 걸음걸이, 말투를 접하면 마치 셜록 홈즈처럼 그 사람에 대해 짐작은 하더라도 절대로 그 생각을 바깥으로 드러내지 않는다. 하루에 수십 명을 만나고 멀리서 걷는 모습만 봐도 그 사람이 스포츠를 좋아하는지, 좋아하는 TV프로그램이 무엇일지까지 예상하지만 결코 지레짐작으로 확언을 하지 않는다.

이것이 바로 관계를 파악하는 힘을 기르는 것이고 모든 업의 기본이다. 사람마다 자라온 환경이 다르고, 성향도, 가치관도 다르기에 어떤 순간의 모습은 그 사람의 극히 일부만을 드러낸다. 그러므로 나와 생각, 행동거지, 말 한마디가 모두 다른 사람은 어떻게 생각할지 최소 3번은 생각하고 말을 해야 한다. 내게는 아무렇지 않은 농담이 누군가에겐 '극도로' 불편할 수 있다. 영업마인드를 가지고 있다면 이러한 관계의 기본에 대해 생각할 힘을 기를 수 있다. 그런 이유로, 태어나서 죽을 때까지 모든 순간이 영업이기 때문에 20대에 제대로 영업마인드를 기르라고 권한다.

영업마인드를 기르면 사람들이 어디에 주로 소비하는지 알 수 있다. '무엇을 원하는지' 알 수 있는 것이다. 자신의 시간을 들여가며 어떤 경험을 하고 싶어 하는지, 힘들게 번 돈을 어떻게 지출하는지 배울 수 있다. 이 사실은 매우 중요하다. 일생을 살며 정말 열심히 세상을 돌아다니지 않는 한 내가 접할 수 있는 세계는 매우 한정돼 있다. 하지만 사람의 수요 심리를 알면 세상 구석구석 어디라도 돈이 움직이는 흐름을 이해할 수 있다.

어려서는 한 달, 혹은 일주일에 한 번씩 어머니가 주시는 용돈으로 불량식품도 사먹고 분식집도 가는 것이 전부였다. 명절이면 나름 큰돈이 생겨 평소 가질 수 없었던 장난감을 사는 정도였다. 세상의 크기가 그만큼이었던 것이다.

하지만 이 세상에는 수많은 '거래'가 이루어지고 있다. 현재 서울에서는 거의 쓰이지 않는 CD는 중국과 북한의 접경지대에서는 남한의 최신 드라마가 담긴 채 암암리에 판매된다. 밤 12시 지하철역 앞에는 늦은 귀가를 재촉하듯 사람들을 태우려는 택시기사들이 손님 찾는 모습을 볼 수 있다. 마치 암표상을 보는 듯하다.

돈이 어디에서 어디로 흘러가는지 알면 언어가 통하지 않는 타지에서도 살아남을 수 있다. 전 인류 문명을 통틀어 어느 시대나 어느 지역을 가릴 것 없이 소비욕구가 있는 곳에는 적당한 값을 지불하고 사려는 사람과 비싼 값에 팔려는 사람이 존재한다. 고대에는 물물교환의 형태로 거래했다가 시대를 거치면서 금, 달러 같은 화폐라는 매개수단으로 거래하는 방식으로 발전했다. 이제는 심지어 눈에 보이지 않는 가상화폐까지 등장했다. 가상화폐 거래는 이미 9년 전인 2010년 5월 22일, 파파존스 피자 두 판이 1

만 개의 비트코인으로 판매가 이루어진 이후 점점 확대되고 있다.

수요와 공급이 만나면 그 값이 얼마라도 거래는 성사된다. 누군가는 사냥을 하고 누구는 채집을 하며 서로 잘하는 일을 특화하여 물물교환을 해보니, 한 사람이 혼자서 사냥도 하고 채집도 할 때보다 더 큰 결과(이득)를 만들어내게 되었다. 이러한 원리를 바탕으로 산업혁명이 일어나고 컨베이어 벨트가 만들어지면서 엄청나게 다양한 직업이 생겨났다. 이렇듯 영업마인드를 가지면 내가 이해하는 세상이 확장된다. 단순히 치킨 한 마리 값이 얼마인데로 그치는 것이 아니라 그 값이 책정되기까지 들어간 원가, 배달 아르바이트 비, 마진과 경쟁 업체까지도 생각해볼 수 있는 것이다.

꼭 돈이 오가야 영업이 이루어지는 것은 아니다. 영업력이 좋은 사람은 어려운 상황에서도 문제해결 능력이 뛰어나다. 앞서 말한 디지털프라자에서 근무할 때의 이야기이다.

무더운 여름이었다. 지팡이를 짚은 할머니 한 분이 매장으로 들어오셨다. 누군가를 찾는 듯 두리번거리며 TV코너를 서성였다. 마침 다른 직원들이 모두 상담 중이었기에 할머니를 도와드리고자 나가가 말을 건넸다. "고객님, 찾으시는 분 있으세요?"

그 순간 할머니는 내 얼굴을 한번 쓱 보시곤 그 작은 체구에서 나온 목소리라곤 믿기 어려울 정도로 크게 소리치셨다. "아니, 삼성에서 이래도 돼야?"

갑자기 여러 곳에서 시선이 집중되었다. 도와드려야겠다는 마음으로 다가갔는데 시선이 집중되어 당황스러웠지만 어떤 문제가 있는지 여쭈었다. 차근차근 이야기를 들어보니 할머님의 말씀인즉, 자신이 여기 삼성에서 TV를 샀는데 고장이 나서 40만 원을 돌려받기로 했는데 돈은 안 보내고 나 몰라라 한다는 것이었다. 누가 들어봐도 매장 측의 잘못 같다는 생각에 우선 할머니를 자리로 모시고 언제 누구에게 샀는지 조회를 했다. TV 환불에 40만 원이라니 뭔가 이상한 느낌은 들었지만 목청이 워낙 좋으셨기에 재빨리 음료 한 잔을 자리로 가져오는 것도 잊지 않았다.

그런데 웬걸, 아무리 찾아도 할머니께서 어떤 TV를 누구한테 샀는지 기록이 없는 것이다. 할머니는 여기서 샀다는 말만 반복하셨다. 하지만 판매한 사람도 판매한 모델도 확인이 안 되고, 그저 40만 원짜리 TV를 샀는데 고장 나서 환불해주기로 했다는 말씀만 반복하셨다.

그렇게 30분을 낑낑대고 있으니 할머니께서 자기 아들에게 전화를 한 번 해보라고 휴대폰을 주시는 게 아닌가. 내 생각에도 그게 빠를 것 같아 전화를 걸어보니 아니나 다를까, 할머니께서 정신이 오락가락하여 10년 전 다른 삼성 대리점에서 구매했던 TV 환불을 말씀하셨던 것이었다. 일단은 회사에서 근무 중인 아들도 난감하기는 마찬가지인 터라 할머니를 잘 돌려보내드리겠다고 말하고 전화를 끊었다.

하지만 문제는 지금부터였다. "할머님께선 저희 매장에서 TV를 구매하신 적이 없고 집으로 돌아가시면 아드님께서 퇴근 후 잘 설명해드릴 것"이라고 차분히 말씀드려도 막무가내였다. 할머니는 "삼성이면 소비자를 무시해도 되는 것이냐."부터 "동네 사람들아, 여기 삼성이 힘없는 늙은이 상대로 사기를 친다."고 고래고래 고함을 치다가 바닥에 드러눕기까지 했다.

이런 상황에 어떻게 대처하는지에 대해서는 연수원에서도 배운 적이 없었다. 어떤 영업교본에도 나와 있지 않았다. 아니, 설사 적혀 있다 하더라도 실제 눈앞에서 펼쳐지면 어쩔 도리가 없는 상황이었다. 이제는 주위에서 상담 중이던 다른 손님들도 그 소동에 놀라서 매장을 떠나버리니 결국 경찰에 전화를 했다. 경찰이 오고 나서도 할머니는 한참을 바닥에서 버티다가 끌려 나가다시피 했다.

정말 별의별 일도 다 있구나 하며 잊고 넘기려 했지만 그것으로 끝이 아니었다. 이틀이 지나자 멀리서 그 할머니는 다시 모습을 보이셨다. 그렇게 매장을 뒤집어놓기를 몇 차례 반복되니 고객이 매장을 찾아오는 것을 막을 수도 없고 참 난감한 상황이 되었다.

그때 부지점장님이 기지를 발휘하셨다. 하루는 아예 환불을 해드리겠다고 아들 분을 같이 오시라고 했다. 아들과 동행한 할머니는 진작 돈을 주었다면 서로 이렇게까지 힘들진 않았을 것 아니냐며 의기양양하게 말씀하셨고, 필자는 부지점장님이 아들에게 현금 40만 원을 건네는 모습을 사진으로 찍어 할머니께 보여드렸다. 환불해드렸으니 이제 그만 오시라는 말과 함께. 물론 그 돈은 아들에게서 되돌려 받았다.

인생이란 뜻대로 되지 않는 경우가 다반사다. '어떤 사람을 설득해 판매하는 행위'는 영업의 개념에서도 굉장히 좁은 개념이다. 어떤 유형이든 영업은 세상을 살아가며 교과서에서는 볼 수 없는 수많은 상황들을 의연하게 대처할 수 있게 해준다.

보통 전문직이라면 한 분야에 대해 깊은 지식이 있거나, 박사 학위 정도는 있어야 한다는 인식이 팽배해서 영업직은 몇 년을 일해도 전문성을 기를 수 없다고 말한다. 하지만 오히려 그 반대다.

자신에 대해, 상대방에 대해, 그리고 그 관계를 풀어가는 방식에 대해 고민하며 다양한 상황을 겪어본 경험은 시간이 지날수록 그 힘이 배가된다. 20대에 영업을 해봐야 하는 이유는 이것만으로도 차고 넘친다. 인생은 태어나서 죽을 때까지 모든 순간이 영업이다. 영업이 그저 제품만 파는 것이라면 영업사원은 필요 없을지도 모른다. 미래에는 사람보다 훨씬 똑똑한 인공지능이 고객을 수만 가지 데이터로 분석해 최적의 제품을 추천해줄 수도 있다. 그럼에도 영업직이 중요하다고 말하는 이유는 무엇보다 자신의 가치와 진심어린 마음을 전달하며 세상 돌아가는 이치를 느낄 수 있기 때문이다. 그것만으로도 충분히 가치가 있다.

모든 이들은 살아온 환경도, 기준도 서로 다르다. 일반적인 경우와 그렇지 않은 경우로, 이분법적으로 분류할 수 없는 것들이 너무 많다. 세상에는 75억 개의 관점이 있다. 그렇기에 자신이 본 것만 정답이라 생각하고 고정관념에 갇혀서 세상을 바라보면 안 된다. 내가 틀릴 수도 있다. 이것을 이해하는 게 영업의 시작이다.

2

세상을 바꾼
열일곱살 소녀의 이야기

보통은 어떤 일이든 중후한 인상의 지긋한 나이가 되어야 한 분야에서 인정받을 수 있다는 통념이 있다. 위대한 업적을 남기거나 많은 돈을 벌기까지는 적지 않은 세월이 필요하다는 관념에서 비롯되었을 것이다. 하지만 파키스탄의 소녀 말랄라 유사프자이는 17살에 불과했지만 당당한 여성인권 운동가로서 최연소 노벨평화상을 수상했다.

원래 말랄라가 태어나고 자랐던 파키스탄 북부는 미군에 의해 아프가니스탄에서 쫓겨온 극렬 무장단체 탈레반의 활동 무대이다. 이슬람 원리주의를 신봉하는 탈레반은 여성에게 세속적인 교육을 하면 안 된다는 엄격한 이슬람 율법을 앞세워 점령지역에서 여학생의 등교를 금지하거나 심지어 여학교를 불태웠다. 하지만 오래 전부터 교육활동을 하던 아버지의 영향을 받고 자란 13세의 소녀 말랄라는 탈레반의 이러한 만행을 그냥 지나치지 않았다. 비록 나이는 어리지만 2009년부터 가명을 써서 영국 공영방송 BBC의 블로그에 자신은 학교에 가는 것이 소원이라며 극히 소박한 희망을 밝히며, 당연히 이슬람 여성도 학교에 갈 수 있어야 한다고 주장했다. 자신들의 점령지에 속한 한 어린 소녀의 주장은 이슬람 원리주의 단체인 탈레반의 입장에서는 묵과할 수 없는 도전이었고, 이후 말랄라는 눈엣가시 같은 존재가 되었다.

그로부터 2년 뒤 2012년 10월 9일, 학교 수업을 마친 말랄라가 친구들과 함께 집으로 돌아오기 위해 탄 버스는 괴한들의 무차별 총격을 받았다. 15살의 말랄라는 머리와 목에 치명상을 입었다. 현지에서 응급수술을 받고 영국으로 옮겨진 말랄라는 여러 차례의 대수술과 오랜 혼수상태를 이겨내고 기적적으로 깨어났다.

사건은 급진 이슬람 무장단체인 탈레반의 소행으로 밝혀졌고, 전 세계는 이들의 만행에 규탄과 비난을 보냈다. 비난이 쏟아지자 탈레반은 성명을 통해 "여성이 세속적인 교육을 받는 것은 이슬람 율법에 어긋난다."며 "율법에 어긋나는 세속주의를 설파하면 누구든 우리의 공격을 받을 것"이라고 협박하여 세계의 공분을 자아냈다.

하지만 이 사건은 파키스탄 여성들 사이에 '내가 말랄라다'라는 글을 새긴 티셔츠를 입고 다니는 운동을 확산시켜, 단지 학교에

간다는 이유로 목숨을 걸어야 하는 파키스탄 여성의 현실을 고발하는 '말랄라 신드롬'에 불을 지폈다. 동시에 이슬람 여성의 인권에 대해 국제사회의 주목을 끌어냈다. 뜻하지 않게 세계적인 유명인사가 된 말랄라는 가족과 함께 영국으로 이사하여, 본격적인 인권운동가의 길을 걷게 되었고, 국제무대에서 여성의 교육 권리와 인권에 대해 주장함으로써 세계인의 심금을 울리며 많은 성과를 이루어냈다.

어떤 사람들은 단순히 우연히 벌어진 사건에 의해 말랄라가 유명해졌을 뿐이라고 폄하한다. 과연 그럴까?

필자는 결코 그렇지 않다고 생각한다. 말랄라는 UN연설에서 자신의 생각을 이렇게 말했다. "탈레반은 제 머리를 왼쪽에서 총으로 쐈습니다. 제 친구들에게도 쐈습니다. 총알로 입을 막을 수 있다고 생각했겠죠. 하지만 실패했습니다. 침묵 대신 더 많은 소리가 나왔습니다. 그들이 죽인 것은 유약함, 두려움, 절망이었고, 대신에 불굴의 의지와 힘, 용기가 태어났습니다. 저는 여전히 말랄라입니다. 제 바람은 똑같고, 희망도 그대로이고, 제 꿈도 여전히 같습니다. 우리는 어둠 속에 있을 때 빛의 소중함을 깨닫게 됩니다. 침묵을 강요당할수록 목소리의 소중함을 알게 됩니다. 마찬가지로 저는 파키스탄에서 총보다 펜과 책의 소중함을 느꼈습니다. 우리는 말의 힘과 능력을 믿어야 합니다. 그래서 저는 오늘 특별히 고통당하고 있는 여성의 권리와 소녀들의 교육 받을 권리를 위해 말합니다. 책과 펜을 듭시다. 그것이야말로 가장 강력한 무기입니다. 어린이 한 명, 선생님 한 명, 책 한 권, 펜 하나가 이 세상을 바꿀 수 있습니다."

열일곱살 가녀린 소녀의 말이라고는 믿기 어려울 만큼 뚜렷하고 힘 있는 메시지를 전 세계에 외친 것이다. 여기서 '영업'이 가진 힘의 중요한 구성 요소 중 하나를 알 수 있다. 바로 '진심'이다.

예컨대 노트북을 한 대 팔더라도 영업자의 말 한 마디에 진심이 녹아 있으면 고객도 반드시 그 사실을 느낀다. 그래서 다른 가전제품을 살 때도 그 사람을 찾는다. 영업자가 타 지역으로 옮겨가도 기어코 그 사람을 찾아가 새 제품을 구매한다. 일을 그만두어도 그 사람이 추천해주는 사람에게 구매한다. 이것이 '진심'의 힘이다. 이미 몇 년이 흘렀는데도 아직도 전자제품을 살 때면 꼭 필자에게는 전화를 하는 고객들이 있다. 정말 보람되고 뿌듯한 순간이다. 진심이 담긴 영업은 나이에 구애받지 않는다. 그 경지에 이르는 데 수십 년이 필요한 것은 아니다. 20대에 영업을 하면 좋은 두 번째 이유이다.

나를 믿어주는 사람을 만드는 데 전공이나 성적은 별로 중요하지 않다. 십수년 한 우물만 파서 특별히 남에게 없는 노하우가 필요한 것도 아니다. 젊다고 무시할 순 없다. 영업의 세계는 무서우리만큼 철저하고 냉혹하게 실적으로만 싸우기 때문이다. 정글에도 위계질서가 있듯 영업에서는 숫자가 곧 그 사람을 대변한다. 학창 시절 등수놀이는 애들 장난이다. 잘 파는 사람은 그 숫자를 만들기 위해 1년 365일 쉬지 않고 일을 했건 지인을 활용해 판매했건 그것은 중요치 않다. 사기친 것이 아니라, 정도 영업으로 1위를 했다면 그것으로 장땡이다. 그렇기에 대부분의 업종이 그렇듯 선배들은 갓 들어온 신입사원에게 10년에 걸쳐 쌓아온 자신의 노하우를 쉽사리 알려주지 않는다. 신입사원은 훌륭한 선배들을 따라다니며 실력을 갈고 닦기 위해 노력해야 한다. 이러한 과정들이 20대에 영업을 하면 좋은 이유이다. 영업을 잘하기 위한 '공식'은 있어도 '정답'은 따로 없다. 정답에 가까운 마음가짐과 상대방을 대하는 태도만 있을 뿐이다.

사실 말랄라 유사프자이 말고도 젊은 나이에 위대한 업적을 세운 사례는 수도 없이 많다. 굳이 오래 전으로 가지 않아도 최근에도 얼마든지 찾을 수 있다. 페이스북 창립자인 마크 저커버그는 20대에 억만장자가 됐다. 어떻게 그 나이에 성공이 가능했을까? 하버드 대학을 다닐 만큼 머리가 좋아서?

그의 이야기는 이미 영화로 만들어져 많은 이들이 알고 있지만, 결코 돈을 많이 벌어서 위대해진 것은 아니다. 그저 시대를 잘 타고난 것뿐이고, 그저 돈 버는 것이 목적인 기업가였다면 아마도 그렇게 성공하지 못했을뿐더러 존경받는 리더 또한 되지 못했을 것이다.

　모든 사람에게는 자신만의 이야기가 있다. 꼭 말랄라 유사프자이나 마크 저커버그처럼 위대한 업적을 세우거나 유명세를 타야만 의미 있는 것은 아니다. 각자의 스토리는 모두 다른 색을 가지고 있고, 다른 향기가 난다. 어떤 이야기는 에메랄드처럼 빛나고, 어떤 이야기는 다이아몬드처럼 빛난다. 하루하루를 살면서 아무런 감상이 없는 삶은 죽은 삶이다. 20대에 영업을 해야 한다고 강조하는 이유는 그 나이에 쓸 이야기가 가장 생기가 있고 힘이 넘치기 때문이다. 오십대의 하루가 의미 없다는 뜻이 결코 아니다. 20대는 10대를 갓 벗어나 때 묻지 않고 기존 관습에 얽매이지 않은 채로 생동감 넘치게 세상을 향해 도전할 수 있는 나이다.

　간혹 자신의 삶이 너무 단조롭고 초라하다고 생각할 수 있겠지만 실제론 그렇지 않다. 매일 자신의 마음속 깊은 곳에 대고 물어보라. '오늘 내 가슴을 뛰게 만든 일은 무엇인가?' '오늘 나를 있는 그대로 살아 있다고 느끼게 해준 일은 무엇인가?'

　다람쥐 쳇바퀴 돌듯 학교와 학원을 혹은 회사를 오가고 있지는 않은가? 습관처럼 일어나 학교에 가고 유튜브 보는 것을 낙으로 살고 있지는 않은가? 아니면 주말 이틀 간 소파에 누워 야구경기 보는 맛으로 5일을 억지로 출근하고 있지는 않은가? 아무런 목적의식 없이 생계유지 때문에 '살려면 어쩔 수 없지.'라고 주문을 외듯 스스로를 합리화하며 말이다.

저커버그는 "하루가 다르게 변하는 세상에서 위험을 감수하지 않겠다는 전략이야말로 실패로 가는 지름길"이라고 말한다. 그러면서 항상 자신을 이렇게 훈련시킨다. "매일같이 스스로 묻습니다. '많은 일 중에서 정작 중요한 일을 하고 있는가?' 꼭 해야 할 중요한 문제를 풀지 못했다는 생각에 미치면 '내가 시간만 낭비했구나'라는 생각에 불안감이 엄습합니다." 과연 진정 리더다운 사고방식이다.

세상 사람들은 저마다 다른 하루하루를 살아가지만 '오늘 내가 할 일 중 정작 중요한 일을 했는가?'라며 스스로를 돌아보는 사람은 흔치 않다. 스스로가 자기 인생의 주체인 사람만 가능하다.

겉보기에 큰 차이가 없어 보일 수 있다. 학교 다니며 아르바이트를 구하고, 세월이 흘러 '마지못해' 출근하고 굳이 하지 않아도 되는 야근을 하며 안정적이라고 착각하는 삶, 평생 저축하면서도 끝없이 대출 이자를 갚아나가는 삶. 사실 이렇게 사람 사는 냄새가 나지 않는 삶도 처음부터 그렇진 않았을 것이다. 무한 경쟁의 경주마가 되어 모두가 달려가는 방향으로 앞만 보며 달렸을 뿐이다. 얼마나 빨리 달리고 다른 말들을 제쳤는지가 중요할 뿐 그 길이 어디를 향하고 있는지는 알려고 하지 않는다.

영업은 내가 어디를 향해 달리고 있는지 잠시 고개를 들어 주위를 살필 수 있게 도와준다. 모든 이에게는 자신만의 이야기가 있기 때문이다. 서로 비슷한 것 같지만 실제로는 전혀 다른 이야기들이다. 내 삶뿐만 아니라 상대방 입장이 되어서 그의 인생을 살아보게 된다. 어떤 가치관과 마음가짐을 가졌기에 지금의 모습이 되었는지 상상하게 된다. 이 사람이 생각하는 행복은 어떤 것인지, 앞으로 어떤 선택을 하며 살아갈지 자연스럽게 유추된다.

이런 역량을 길러주는 업종이 바로 영업이다. 결국 이익 추구가 목적인 모든 기업에서 요구하는 역량은 제품을 만들어 팔거나 유무형의 서비스를 제공하는 등 '사람'의 니즈를 파악하는 능력인데, 그 능력을 영업이 길러주는 것이다. 비록 말랄라가 전문경영인이나 기업가는 아니지만 전 세계에 그 이상의 영향을 끼칠 수 있었던 것은 그녀의 진심 어린 이야기를 통해 전 세계인에게 영업했기 때문이다.

영업은 특정 제품이나 서비스 판매가 전부일 것이라고 생각하면 심각한 오해다. 전혀 그렇지 않다. 지하철 노점상이나 보험 가입을 권유하는 사람만이 영업인이 아니다. 자신과 이 사회 구조를 면밀히 관찰하며 그 속에 담긴 이야기를 풀어내는 모든 사람은 영업인이다.

우리는 남 앞에 나서려면 특별한 능력을 가지고 남들에게는 없는 독특한 경험이 있어야 한다고 생각하기 쉽다. 그러면서 스스로 별 볼 일 없는 평범한 사람이라고 말한다. 하지만 아니다. 모든 사람은 자신의 꿈을 실현할 능력을 가지고 있다. 다만 지레 겁을 먹어 해보지도 않고 안 된다고 생각해버리는 것이다.

모든 이에게 24시간이 공평하게 주어진 이상 모든 사람은 각자의 이야기를 가지고 살아간다. 각자의 스토리를 통해 크고 작은 도전을 하며 수많은 선택의 기로에 놓이게 된다. 어떤 선택도 정답은 없다. 작은 성공과 실패를 거듭하며 큰 성공을 가끔 경험하면서 그 사람의 스토리에는 각자의 색깔과 냄새가 입혀지기 시작한다. 그저 살아지는 삶을 사는 사람에게는 도전이 없다. 실패가 두려워 애초에 도전하지 않았기에 실패도 없지만 성공 또한 없다.

한 번 정상에 서 본 사람은 다른 산도 수월하게 정복한다. 맨 꼭대기에 올라본 경험을 통해 자신감도 생기고, 한 번 오른 정상에서 능선을 따라 다른 봉우리로 올라도 되기 때문이다. 하지만 정상에 올라본 경험이 없는 이들은 그 한 번의 등정 경험이 없어 안 될 것이라 생각한다.

20대라면 최정상에 오르기 위해 충분히 도전해볼 가치가 있다. 도전은 내 삶의 주체가 나 자신이고, 내 삶의 이야기는 남들과 다른 빛깔과 향기를 가졌다고 믿는 것에서 시작된다. 그 도전을 도와주는 것이 바로 영업이다.

반드시 판매왕이 되지 않아도 좋다. 꼭 무언가를 팔지 않아도 좋다. 처음부터 대단한 성공을 이뤄내는 사람은 없다. 크건 작건, 무슨 말을 하는지, 무엇을 원하는지, 나는 무슨 말을 할 수 있는지 하나씩 고민해보는 것이 영업의 시작이다. 이러한 도전은 한 살이라도 젊어서 해보는 것이 좋다. 한 살씩 나이를 먹을수록 인생에 책임질 일이 많아진다. 나이 들수록 몸도 예전 같지 않다. 모든 일에는 때가 있으니, 자신이 가진 모든 에너지와 열정을 쏟아부어 이 세상에 기여할 방법을 찾는 것이 20대에 해야 할 일이다. 성공이냐 실패냐는 나중 문제다. 젊어서는 깨어 있는 생각을 가지고 크든 작든 얼마나 많이 시도하고 도전해봤는지가 중요한 것이다.

3

사람이
최고의 자산이다

'삼고초려(三顧草廬)'

중국 삼국시대의 주역 중 하나인 유비는 무너져 가는 한나라의 부흥을 위해 애썼지만 미처 능력을 발휘할 기회를 잡지 못하고 유표에게 몸을 맡기는 신세였다. 도원결의로 의형제를 맺은 관우와 장비 같은 용맹한 장수를 곁에 두고도 매번 조조에게 당하는 것은 지혜로운 참모가 없어서라는 사실을 깨닫고 유능한 책사를 물색하기 시작한다. 과거의 은사인 사마휘를 찾아가서 유능한 책사를 천거해 달라고 하자, 사마휘는 "복룡(伏龍)과 봉추(鳳雛) 중 한 사람만 얻어도 천하를 평정할 수 있다."고 귀띔해 주었다.

유비는 복룡으로 알려진 제갈량을 맞으러 예물을 싣고 양양에 있는 그의 초가집(草廬)으로 찾아갔으나 번번이 만나지 못하다가 세 번째 찾아가서(三顧) 비로소 만날 수 있었다. 유비의 정성에 감복한 제갈량은 이후 유비를 도와 위나라 왕 조조의 100만 대군을 적벽에서 격파하는 등 혁혁한 공을 세웠다.

삼고초려로 널리 알려진 이 일화에는 단순히 인재를 얻으려는 노력뿐만 아니라 유비와 제갈량의 심오한 지혜가 숨어 있다. 만약 유비가 삼고초려로 제갈량을 영입하지 않았더라면 도원결의로 가족보다 끈끈한 관계를 맺고 있던 관우와 장비의 불만을 사지 않고 제갈량에게 그들의 지휘를 맡길 수 있었을까? 나이 어린 제갈량에게 명령을 받고 복종하라고 강요했다면 그들은 아마도 어떤 모함을 씌워 제갈량을 쫓아내려 했을지도 모를 일이다. 결과야 어찌됐든 필요한 사람을 얻기 위해 자신의 몸을 낮추고 세 번씩 찾아간 이 유명한 대목은 훗날 많은 경영자들의 귀감이 된다. 당시 유비의 나이 47세, 제갈량은 27세였다. 20대 후반의 제갈량이 국가 경영의 탁월한 능력을 갖추었다는 사실도 놀랍지만, 유비가 자기보다 20살이나 어린 사람에게 세 번씩 찾아가 허리를 굽힌다는 것도 도통 쉬운 일이 아니다.

세상을 살며 자신이 소유할 수 있는 가장 고귀한 것은 무엇일까? 값비싼 스포츠카? 궁전 같은 대저택? 그런 것들도 중요하겠지만 값으로 측정하지 못하는 것이 있다. '사람'이다. 사실 엄밀히 말하면 사람은 소유의 대상이 아니다. 하지만 소유보다 더 소중한 유대감을 느낄 수 있다. 바로 인간관계의 위대함이다.

'말 한마디로 천 냥 빚을 갚는다.'고 한다. 말 한마디의 주체가 사람이기 때문에 가능한 일이다. 세상에는 설명하기 어려운 일들이 참으로 많다. 필자의 전공은 경제학인데, 모든 인간은 합리적 선택을 내린다는 경제학의 대전제가 현실세계에서는 쉽게 적용되지 않음을 비일비재하게 목격했다.

앞에서 말했듯 필자는 학부 시절 학업 성취도가 뛰어난 편은 아니었다. 중고교 시절에는 목표가 생기면 그것을 이루기 위해 밤을 새워 공부했고, 그에 대한 자부심도 대단했지만 희귀병을 앓게 되면서부터는 그보다는 하고 싶은 일을 찾아다녔다. 마치 영화 '세 얼간이'에서 성적과 취업만 강요하는 교육 시스템을 부정하는 주인공 '란초'의 모습을 떠올리면 이해가 빠를 것이다. 비록 란초 같은 천재는 아니지만, 누구보다 많이 도전하고 언제나 시도하기를 멈추지 않았다고 자부한다.

필자가 학부 재학 시절에 꼭 해보고 싶었던 일 중 하나는 공모전이었다. 당시 네이버카페 운영을 접으면서 공부가 내 길인가 싶어 회계사 시험도 시도해보고 팀을 꾸려 사업도 준비해보았다. 무언가 새로운 것을 시도하지 않으면 안달이 나던 시절, 새로운 것에 도전할 수 있고 심지어 결과만 좋으면 상금과 상장까지 준다니 이렇게 고마울 데가 있나! 게다가 많은 공모전이 대학부와 일반부로 나뉘어 있어, 대학생끼리만 경쟁하면 된다는 것도 나름의 혜택으로 느껴졌다. 종류도 정말 많았다. 창업, 기획, 스피치, 표어, 아이디어, UCC 등의 주제에 대해 수많은 대기업과 공공기관에서 크고 작은 공모전을 주최했다.

내 마음을 잡아끈 것은 바로 UCC 공모전이었다. 내가 UCC를 다루거나 편집할 능력이 없었기 때문에 더욱 마음이 끌렸다. 해본 적도 없고 할 수 없었기에 하고 싶다니 궤변 같지만 살면서 그때까지 해본 적 없어서 더 해보고 싶었다. 사실 도전만 하면 충분히 좋은 결과를 만들어낼 자신 있는 공모전도 많았지만 그다지 흥미가 가지 않았다.

그렇게 UCC 공모전을 준비하게 되었다. 나에게 제대로 된 팀플레이의 위력을 처음으로 깨닫게 해준 사건이었다. 혼자 UCC 공모전을 준비하며, 관련 프로그램을 찾아가며 공부해보려 했지만 이미 머리가 굵어진 상황에서 오로지 책자에만 의존해 영상프로그램을 익히는 것은 결코 쉬운 일이 아니었다. 무료 영상제작 프로그램을 몇 가지 찾아냈지만, 무료인 만큼 단순 작업밖에 할 수 없었고 제대로 된 유료 프로그램은 학생이 감당하기엔 비용이 만만치 않았다. 게다가 빌려온 책을 보면서 프로그램을 제대로 이해하고 활용하기에는 효율이 너무 떨어졌다. 이렇게 하다간 수상은커녕 제시간에 작품을 만들어 제출하기도 벅찼다. 그래서 교내에서 마음이 통하는 컴퓨터공학 전공 친구에게 같이하자고 제안을 했다. 그 친구도 전문적으로 영상제작을 해본 적은 없지만 '파이널

컷 프로'라는 영상프로그램의 30일 무료사용권을 가지고 있었고, 무엇보다 전문적인 툴을 사용해본 경험이 있었다.

도전해보려는 공모전은 환경부에서 주최하는 제2회 녹색성장 저탄소 그린캠퍼스 공모전이었다. 함께 아이디어를 내고 기획하며 촬영하고 편집하기까지 모든 과정이 처음 겪어보는 일이었고, 그만큼 시행착오도 많았다. '3분의 비밀'이라는 콘셉트로 180초짜리 영상을 제작했는데, 샤워 시간을 3분으로 줄이면 물과 에너지를 얼마나 아낄 수 있는지에 대한 내용이었다. 각 장면을 촬영하기 위해 장소를 선정하고 카메라를 빌려 한 컷씩 찍기까지, 기숙사의 공용샤워실 촬영 허가부터 시작해, 하나부터 열까지 한 번에 되는 것이 없었다. 처음 해보는 것이라 더 어려웠다.

결론적으로 보면, 서로 부족한 부분을 채워가며 노력했기에 금상이라는 결과를 얻을 수 있었는데, 지금 돌이켜보면 당시 그 친구의 도움이 없었다면 금상은커녕 제대로 마무리조차 짓지 못했을 것이다. 나와 그 친구, 둘이 각자 맡은 일만 한 것이 아니라 감히 혼자서는 생각조차 못하거나 추진하기 힘들었던 일을 머리를 맞대고 하나씩 해결해나가면서 더 큰 성과를 이루어낸 것이다. 산술적으로 '일 더하기 일은 이'지만, 실제 삶 속에서 한 사람과 다른 한 사람이 모이면 더 큰 위력을 발휘한다.

경제학사를 돌이켜보면, 컨베이어 벨트 같은 기계로 대표되는 산업혁명이 일어나고, 이를 통해 다양한 직업이 만들어진 근본 원인 중 하나는 바로 '특화'이다. 모든 사람은 서로 다른 유전자를 가지고 태어나며, 이에 따라 육체적 능력에도 차이를 보인다. 그래서 원시시대에도 초기에는 모든 사람이 사냥과 채집을 동시에 하였으나 시간이 지나면서 사냥 잘하는 사람은 사냥만 하고, 채집 잘하는 사람은 채집에만 열중하다가 차츰 농사를 짓는 법을 익혀 분업화되어갔다. 그러면서 각자가 얻은 결과물을 교환하거나 공유하는 게 더 이익임을 알게 된 것이다. 이것이 특화와 '비교 우위' 개념이다.

자동차 공장에서 한 명의 직원이 전 라인의 일을 차례로 처리해가는 것보다 누구는 나사를 조이는 일만 하고 누구는 용접하는 일만 반복적으로 할 때 최고의 아웃풋을 낼 수 있다. 짧은 작업을 반복하며 몰입할 수 있고 전문성을 갖게 돼 효율성이 높아지기 때문이다.

요즘 시대에는 누구나 직업이 있어야 하지만, 직업의 본질적 개념도 자신이 잘하는 일에 전문가가 되어 그 일을 가장 잘해낼 때 최고의 결과물을 만들어 낼 수 있는 것이다. 수와 계산에 능한 사람은 은행원이나 회계사가 되는 것이 바람직한 이유이다.

공모전에서 금상이라는 결과를 얻은 것도 프로그램 툴을 다루는 능력이 뛰어난 친구와 일에 대한 기획과 추진 능력이 우수한 내가 만나서 시너지 효과를 발휘할 수 있었기 때문이다. 영업직은 제품 개발이나 특정 제조 기술에 대한 전문성은 떨어질 수 있어도 전체의 본질을 꿰뚫어보고 사람과 사이를 연결해내는 데 있어 뛰어난 능력을 가질 수 있다. 이것은 어떤 능력이 더 중요한지에 대한 것이 아니라 팀을 이끌고 조직을 운영하는 데 있어 꼭 필요한 전문성이다. 게다가 다양한 구성원이 모여 팀을 이룰 때에는 개개인이 가지는 능력이 상호 보완된다.

아이디어들이 모여 다듬어지고 구체화되면, 달성하고자 하는 의지는 배로, 아니 제곱으로 강해져 혼자서는 절대 할 수 없던 일이 현실이 된다. 팀워크가 만들어내는 힘이다. 누군가는 머릿속에서 갖가지 생각이 떠오르지만, 그것을 구체화하는 능력이 부족하고, 누군가는 다른 사람이 생각해낸 것을 들으면 곧바로 현실로 만들어내는 역량을 가지고 있다. 이런 연결고리를 이어나가는 과정이 영업을 통해 가능해진다. 리더는 함께 할 동료들을 모으고 자신의 비전을 공유하는 사람이다. 자신과 함께할 사람들에게 자신의 비전과 꿈을 소개하고 투자자들을 설득해 이상을 현실로 만드는 것, 그것은 바로 나를 파는 영업에서 시작된다.

거창한 표현일지 모르지만, 자신의 재주, 자신의 능력을 팔아 제품을 만들거나 서비스를 제공하고, 혹은 가치를 더하는 일을 통해 조직에 기여하는 것이 진짜 '일'이다. 혼자서 일하면 자신이 가진 재능과 지식이 제한적이지만, 사람과 사람이 모이고 제한된 지식들이 서로 얽히면, 보이지 않던 것이 보이고 불가능하던 것들이 실현 가능해진다. 일 더하기 일은 이가 아니라 십이 되고, 백이 될 수 있다. 물질은 내 것으로 소유하거나 다른 사람에게 소유권을 빼앗길 수 있지만, 사람은 이분법적으로 갖거나 갖지 않는 것으로 나눌 수 없다. 대화를 통해 비전을 제시하고 진심을 전달하면서 상대의 마음을 얻는다면 이성적으로는 이해하거나 설명할 수 없는 일들이 일어난다.

대표적으로 사랑이 그렇다. '사랑'이라는 감정은 절대로 경제학적 관점으로는 설명되지 않는다. 사랑은 합리적이지 않다. 10분을 보기 위해 2시간 거리를 힘겹게 달려가고, 모든 것을 주고 싶은 조건 없는 사랑은 이해관계에 얽매이지 않는다. 연인 간의 사랑이 그렇고, 자식에 대한 부모의 사랑이 그렇다. 그래서 돈으로 가치를 매길 수 없는 위대함이 있다. 일하며 만난 직장 동료, 선후배, 클라이언트, 고객 등이 단순히 공적인 업무 수행을 위해 만나는 관계에 그치는 것이 아니라 인생에 소중한 인연이 되었다면 어떨까? 힘들고 지칠 때 이보다 더 큰 위로는 없을 것이다.

영업을 하다보면 이런 일이 가능하다. 판매직에 종사하는 상담사라면 고객을 설득하여 판매하는 감정노동을 수행해야 하므로 정신적으로 정말 힘이 든다. 물론 쉽지 않은 일이다. 삼성전자판매 전속대리점인 디지털프라자에서 근무할 때의 일이다.

여느 때와 같이 냉장고를 알아보러 온 고객에게 제품을 친절하게 소개하고 테이블에 앉아 금액까지 자세히 상담해준 적이 있다. 무척이나 꼼꼼하게 따지던 고객은 이사를 가거나 새 주택에 입주하려는 것이 아니었고 기존에 살던 집의 전체 인테리어를 교체하려는데, 기왕 하는 김에 냉장고까지 바꿔볼 심산이었다. 장시간 상담을 끝내고 꼼꼼히 그 내용을 확인한 고객은 필자에게 불편한 내색 없이 자세히 설명해주어 고맙다며 세 번의 재방문 끝에 구매를 결정했다.

일주일쯤 지났을까, 쉬는 날 매장으로부터 전화가 왔다. 여러 번, 오랜 상담을 통해 구매를 결정한 고객이었기에 잘 기억하고 있었는데, 돌연 사은품을 들고 와서 취소하고 돌아갔다는 것이었다. 사유는 가족이 모두 해외로 장기간 나가게 되어 집안의 인테리어 공사를 미루게 되었다는 것인데 성심껏 상담해준 필자에게 너무 미안해서 직접 연락도 하지 못하고 다녀갔다는 것이다. 사실 영업을 하다보면 별의별 일이 다 있기에 아쉬운 마음이 들었지만 고객에게 나는 정말 괜찮으니 죄송한 마음 갖지 마시고 건강히 잘 다녀오시라고 문자를 남겼다.

그로부터 몇 달이 지나 그 일을 까맣게 잊고 지내던 어느 날, 그 고객과 가족이 다시 매장을 방문했다. 그날도 필자는 쉬는 날이었는데, 내가 매장에 보이지 않자 다음에 다시 오겠다고 하고는 다음 날 다시 찾아왔다. 해외여행에서 돌아와 집안의 인테리어 공사까지 마치고 다시 온 것이었다. 그리고는 예전에 상담했던 냉장고뿐만 아니라 TV와 인덕션 레인지, 세탁기, 에어컨 등 모두 1천만 원이 넘는 제품을 오직 내가 추천하는 제품들로 그것도 다른 매장과는 비교해보지도 않고 구매해갔다. 단순히 영업사원과 고객의 관계를 넘어 굳은 신뢰가 형성된 것이다.

영업 일을 하다 보면, 영업사원은 마치 조금이라도 마진을 더 남기려 하고 고객은 조금이라도 더 싸게 사려 한다고 생각하기 쉽다. 물론 틀린 말은 아니지만 절대적으로 맞는 말도 아니다. 어떤 관계가 형성되면 판매사원은 단순히 팔기 위해서가 아니라, 자신의 것을 내어서라도 고객에게 선물을 주는 경우가 있고, 고객 역시 조금 비싸더라도 믿음 가는 영업사원에게 구매할 때가 있다. 서로의 마음이 통해 있는 것이다.

단순히 잊지 않고 있다가 내게서 제품을 구매해주어 고마운 것이 전부가 아니다. 영업을 잘하는 사람은 영혼이 말랑말랑하다. 한없이 칼 같은 경우가 있는가 하면, 나를 잊지 않고 찾아주거나 진심으로 고마움을 표하는 고객에게는 한없이 잘해준다. 결국 판매도 사람이 하는 일이다. 어느 위치에서 어떤 일을 하더라도 사람과 사람의 마음이 통하게 되어 진심이 전달되면 계약은 성사된다. 마음과 마음이 서로 통해 있는 '공감' 상태이다.

어떤 유형이든 영업을 배우면 '공감' 능력을 키울 수 있다. 공감 능력을 기르면 사람의 마음을 얻을 수 있고, 그렇게 형성된 인간관계야말로 살면서 느낄 수 있는 가장 소중한 가치이다. 20대에 영업을 배우면, 이 사실을 경험으로 체득할 수 있다.

성공을 향한 질주도 좋지만, 더 중요한 것은 타인을 사랑하는 마음이다. 누군가를 내 것으로 소유한다는 마음가짐이 아니라, 그 누군가와 진심으로 소통하여 마음으로 서로 통하는 상태가 되는 것이다. 가족이나 친한 친구를 제외하고 누군가를 만나 그 사람과 깊이 신뢰하는 관계를 구축하기란 여간 쉬운일이 아니다.

만약 직장에서든 일상생활에서든 사회에 나와 깊은 유대감을 맺고 믿을 수 있는 사람이 셋 이상 된다면 그러한 인생은 적어도 외롭거나 마음이 공허하진 않을 것이다. 그만큼 인간관계는 인생에서 중요하다. 공부를 하거나 회사 업무는 술술 풀리는데 주위 친구나 직장 동료와 다투었거나 오해가 생기면 일에 집중하지 못하는 것은 이런 이유 때문이다.

물론 영업을 배운다고 해서 모든 사람의 마음을 얻을 수 있는 무한한 힘이 생기는 것은 아니다. 하지만 어떤 회사에 속하든, 어떤 종류의 일을 하든, 어떤 사람을 만나게 되어도 상대방을 편안하게 만들고 그 마음을 사로잡는 역량을 기를 수 있다면, 가히 최고의 능력이라 할 수 있다. 그 비밀이 영업에 숨어 있다.

영업에도 여러 종류가 있다. 지하철 영업맨부터 소매상 같은 로드샵, 마트, 백화점 등 리테일 영업, 또는 기업고객을 대상으로 하는 B2B 영업까지. 게다가 일반 서비스업이나 자신의 지식을 세일 즈하는 전문강사나 컨설턴트까지 더하면 그 수는 셀 수 없을 만큼 많다. 영업은 유형이 다르고 취급 제품이나 서비스가 다를 뿐 근본적으론 상대방을 설득하는 것이다.

지피지기면 백전백승이라 하였다. 상대방을 설득하기 위해선 먼저 나와 상대방을 파악해야 한다. 최소한 '내'가 '당신'에게 '무엇을' 말하고자 하는지 명확히 알고 있어야 한다. 이 과정을 반복하다보면 나를 돌아보게 되고 상대방을 관찰하는 힘이 생긴다.

영업의 초보자 시절에는 외향적인 면을 주로 본다. 그러지 않으려고 해도 타고 온 차부터 헤어스타일, 액세서리, 옷, 신발과 시계, 가방의 브랜드 등 겉모습에 눈길이 간다. 조금 더 시간이 지나면 사람에게서 나는 향기나 목소리, 걸음걸이에서 그 사람을 판단하게 된다. 레벨이 높아지면, 그 사람이 살아온 인생을 알 수 있다. 어떤 가치관을 가지고 어떻게 살아왔는지, 무엇을 좋아하고, 어떤 라이프스타일의 사람인지 볼 수 있게 되는 것이다. 그렇게 되면 대화의 주도권을 가질 수 있을 뿐만 아니라 나의 진심을 전달하는 데 많은 도움이 된다.

요행은 없다. 제대로 상대의 말을 듣는 법부터 눈 맞추는 법, 대화를 이어가는 법을 하나씩 배워야 한다. 그렇게 차츰 사람의 마음을 얻을 수 있다. 이것이 살아가며 내가 얻어야 할 최고의 가치이며, 20대에 영업을 제대로 배워야 하는 이유이다.

한 번의 만루 홈런보다
값진 열 번의 안타

야구 경기를 보다보면 주자 만루의 상황에서 역전을 노리는 모습을 볼 수 있다. 하지만 야구를 제대로 즐기는 사람이면 평상시 안타를 꾸준히 내는 선수가 진짜배기라는 사실에 이견이 없다. 커리어를 쌓아나가는 인생도 이와 같다. 커리어를 쌓는 것은 마치 계단을 하나씩 밟아나가는 것과 같다. 한 번에 한 칸, 두 칸은 오를 수 있어도, 한 번에 한 층씩 점프할 수는 없다.

로또 복권을 사면 굉장히 희박한 확률로 천금을 얻을 수 있는 기회가 있겠지만 커리어는 그렇지 않다. 절대 요행이 통하지 않는다. 아무런 노력 없이 무작정 성공하기를 바라는 것은 복권을 사지도 않으면서 로또 1등에 당첨되기를 바라는 꼴이다. 마찬가지 맥락에서 모든 사람에게 똑같이 주어지는 시간 동안 우리는 도전을 선택하지 않을 이유가 없다. 비록 그것이 너무 사소해서 도전이라고 부르기 민망하더라도 말이다.

20대는 어디에 무엇을 도전해도 잃을 것이 없다. 이미 1만 시간, 약 10년 동안 한 우물만 파왔기 때문에 다시 다른 우물을 파야 할 상황에 놓일 일도 없다. 설사 그렇더라도 언제든 다시 시작할 수 있는 시기다. 마치 깨끗한 도화지 같다. 중요한 시험에 도전해 합격하지 못해도 괜찮다. 1년을 꼬박 아르바이트로 모은 돈으로 장사를 시작해서 몇 개월 만에 본전을 모두 잃어도 좋다.

이렇게 극단적인 예시가 아니더라도 하루 동안 무엇을 할 수 있는지 선택해보자. 오랜만에 십년지기 친구를 만나 술 한 잔에 회포를 풀 수도 있고, 편의점 아르바이트를 마치고 돌아오는 길에 쇼핑을 할 수도 있다. 공무원 시험에 대비하느라 하루종일 고시원에서 되지 않는 공부를 할 수도 있고, 대학원 연구실에서 밤새 리포트를 준비할 수도 있다. 어떠한 분야라도 좋다. 직업에 좋고 나쁨이나 귀천은 있을 수 없다.

지금 하고 있는 내 행동 하나가, 내 인생의 가장 젊은 날인 오늘 하루가 나비효과를 일으켜 십 년 뒤 내 인생을 바꿔놓을 것이다. 낭상은 부의미하며 낭비로 보이는 시간을 선택할 것인지 언젠가는 내게 도움이 될 것으로 보이는 시간을 선택을 할 것인지는 지금 당장 알 수 없다. 최고의 주식회사는 바로 나 자신이다. 자신에게 투자하며 스스로 브랜드 가치를 키워나가는 것이야말로 가장 성공적인 투자다. 어떤 외적 요인이 발생하더라도 이 세상에서 그 누구보다 나를 정확히 알고 믿을 수 있는 사람은 '자신'이기 때문이다.

물론 아무런 노력 없는 과도한 자기맹신은 독이 될 뿐이다. 인생이 상승장일 때도 있고 하락장일 때도 있지만, 한 가지 분명한 것은 아무것도 하지 않고 하루하루 시간을 죽이는 것이야말로 최악의 선택이다. 오늘 하루가 어떻게 지나갔는지 모르고 보낸 하루는 없는 하루와 마찬가지다.

누구나 인생을 사는 동안 세 번의 기회가 찾아온다고 한다. 언제 어떻게 찾아올지 몰라도, 늘 준비하고 잡을 자세가 된 사람이라면 그 기회를 놓치지 않을 것이다. 설사 이번 기회는 잡지 못해도 다음 기회는 반드시 잡게 될 것이다. 중요한 것은 이번 기회를 잡으려고 눈에 불을 켜지 않으면, 다음 기회 역시 그냥 지나쳐버릴 것이라는 사실이다.

혈기왕성한 20대에 영업을 하다보면 수없이 많은 거듭된 도전을 통해 성공과 실패를 경험할 것이다. 대개는 실패일 확률이 훨씬 높다. 영업이건 어떤 분야에서건 아마추어이기 때문에, 경험과 노하우가 부족하기 때문에 일어서서 걸으려면 자꾸 넘어지는 어린아이와 유사하다. 그러나 넘어져 무릎이 까지더라도 20대에는 계속해서 일어나 넘어지고, 다시 걸어야 한다. 걷는 과정도 없이 처음부터 뛸 수는 없다. 야구에서 타자가 아웃이 두려워 방망이를 휘두르지 않는다면 발전할 수 없는 것과 같다. 그렇기에 한 번의 만루 홈런보다 열 번의 안타가 더 값지다. 열 번 안타를 치는 선수가 홈런도 많이 칠 수 있다. 아니, 열 번의 안타를 쳐보지 못한 사람은 만루 홈런을 칠 수 없다. 그만큼 작은 것이라도 해보려는 자세가 중요하다. 가만히 있으면 아무도 나를 위해 떠먹여 주지 않는다.

학교를 벗어나 사회에 나가보면 절실히 느낄 수 있다. 내가 잘되라고 힘써주는 사람은 오직 부모님밖에 없다. 가족이 아니고서야 수동적인 자세로 서 있는 나에게 아무도 도전을 권하지 않는다. 무언가 얻으려고 노력하고, 궁금증을 품고 사람들을 만나 소통하는 행위는 오직 내가 주체가 되어야 가능하다. 그 처음과 끝이 바로 영업이다. 영업으로 시작해 영업으로 끝이 난다. 가장 열정적으로 도전하고 손쉽게 나를 파악해볼 수 있는 것이 영업이다. 단순히 시간이나 노력을 들여 무엇을 소유하게 되더라도 그것은 언제든 빼앗길 수 있지만, 경험은 내 존재의 일부이므로 그 누구도 빼앗지 못한다. 돈을 주고도 살 수 없는 것이 경험이다. 영업을 하다보면 열 번 넘어져도 툴툴 털고 다시 일어날 수 있는 건강한 마음을 갖게 된다.

하루에 스무 곳씩 강남역과 역삼역 일대 사무실 문을 두드리던 사람이 있다. 그는 준비해온 말로 자신을 소개하며 사무실의 TV 인터넷을 새로 출시된 결합상품으로 바꾸라는 제안을 했다. 수없이 문전박대를 당하며, 스무 곳을 찾아가면 한 곳에서 이야기를 들어줄까 말까 하던 것에서 한 곳 두 곳 명함을 보고 연락이 오기 시작했다. 이 영업사원은 시간이 지나 강남 일대를 주름잡는 B2B 솔루션 영업사원으로 성장했다. 만약 이 영업사원이 단지 한 번의 '대박'을 노리며 자기관리와 고객관리를 게을리 했다면 이렇게 성공할 수 있었을까? 비록 희박한 확률이라도 꾸준히 안타를 치며, 한 건 한 건 상대방의 니즈를 새롭게 파악하려는 노력을 하지 않았다면 그 분야에서 이름을 날릴 수 없었을 것이다.

처음에는 누구도 쉽지 않다. 하다못해 마트나 백화점에서 영업하는 것도 결코 쉬운 일이 아니다. 이미 10년, 15년을 한 매장에서 근무한 왕고참이 그 지역의 손님들을 장악하고 있는 경우도 허다하다. 손님들이 오기만 하면 그 선배를 찾는데 어떻게 새로 들어와 아무것도 모르는 신참인 내가 그 틈에서 실적을 만들어 낼 수 있겠는가. 처음에 하루 스무 곳씩 무작정 사무실에 찾아가며 인터넷 결합상품을 소개하던 영업사원도 똑같은 상황이었다. 그러므로 처음부터 큰 것 한 방을 꿈꾸기보다는 기본기를 충실히 쌓아야 한다.

영업의 기본은 상대 의도를 파악하는 것이다. 의도는 말이나 행동보다 본질적이므로 누군가 말하는 것으로 판단하지 말고, 그가 '원하는 것'이 무엇인지 헤아려야 한다. 이는 비단 영업에서뿐만 아니라 모든 업과 사회생활의 기본이다. 그렇기에 학교라는 울타리를 갓 벗어났을 때 제대로 영업을 배우면 평생 도움이 될 수 있다.

간혹 세일즈는 전문기술이 필요하지 않으므로 전문성을 기를 수도 없을뿐더러 다른 일을 시작할 때 별 도움이 되지 못한다고 생각하는 경우가 있다. 휴대폰을 팔거나 냉장고를 파는 일이 새로운 일을 시작하는 데 무슨 소용이냐면서 말이다. 하지만 사실은 전혀 다르다. 야구방망이를 휘두르며 안타를 치고 홈런을 치면서 생긴 팔 근육은 전혀 다른 일을 하는 데에도 큰 도움이 된다.

커리어를 쌓는 것은 사다리를 오르는 것이 아니라 정글짐을 오르는 것과 같다. 위아래로만 오르내리는 것이 아니라 이 길이 아니다 싶으면 다른 길을 찾아 옆으로 방향을 바꿀 수도 있다. 일을 하다 보면 다양한 전문성을 쌓게 된다. 예컨대 세탁기나 에어컨 같은 가전제품을 판매하는 사람은 가전제품 전문가가 될 수 있을 뿐만 아니라 뛰어난 커뮤니케이션 역량의 소유자가 될 수 있다. 전문가는 제품에 대한 전문지식과 커뮤니케이션 능력을 합해 놓은 것과 같다. 여기서 커뮤니케이션 능력이라 함은 아이디어나 의견을 표현하는 능력이나 회사원으로 필요한 중간보고 능력도 포함된다. 단지 이 에어컨을 왜 사야 하는지 얼마나 시원한지에 대해서뿐만 아니라, 고객의 이야기를 듣고 고객에게 필요한 부분을 어필해 설득하는 능력이다. 왜 오늘 다른 사람이 아닌 나에게, 저 제품이 아닌 이 제품을 구매해야 하는지 말이다.

이러한 과정을 통해 숙달되는 관찰력과 통찰력, 화술, 하다못해 제스처를 취하고 맞장구치는 법은 영업뿐만 아니라 업종이 바뀌어도 여전히 나만의 자산이 된다. 누가 빼앗거나 모방하려 해도 오직 내 무기인 것이다. 영업을 하면서 이렇게 되지 못하는 경우는, 그 사람이 처음부터 자신이 몸담은 곳에서 최선을 다하지 않은 경우뿐이다. 배우려는 의지가 부족하고, 내가 무엇을 잘하고 무엇을 좋아하는지 알아보려는 노력을 게을리 한 채 죽은 듯이 하루하루를 보내왔기 때문이다.

무엇을 어찌해야 할지 모르겠고, 자신의 재능을 찾지 못할 때 성공으로 이끌어주는 가장 확실한 방법은 '지속하는 힘'을 기르는 것이다. 하다못해 하루 열 줄씩이라도 내 생각을 글로 정리해보자. 정말 별 것 아닌 것들, 아주 작은 것부터 지속하는 힘을 기르면 나도 모르는 사이에 안타를 칠 수 있는 힘이 생긴다.

작은 성공에 필요한 작지만 의미 있는 시도는 실패에 대한 두려움이나 부담이 적다. 크기에 상관없이 무언가 시도해 마무리 짓고 완수했다는 경험이 중요하다. 자신의 뇌에서 변화라고 생각하지도 못할 정도로 아주 작은 것에서 시작해 계속 타석에 들어서기 위해 노력해보자. 한 번 두 번 점수를 내다보면 성공의 경험이 축적되어 성공하는 습관이 몸에 밴다.

일상생활에서 일어나는 선택들 중 사소하지만 성공적인 선택은 어떤 것들이 있었는지 되돌아보자. 사소하지만 성공적인 선택들로 하루하루를 채울 때 인생 전체가 행복해진다. 나의 행복에 세상의 모범답안은 필요 없다. 내가 어떤 선택을 하는지, 나의 선택의 성향은 어떤지 영업을 통해 깨우쳐보자.

'나는 너보다 낫다.'가 아닌 '나는 나로서 족하다.'는 마음가짐을 갖자. 나는 누구와 비교당하거나 싸우기 위해 이 세상에 존재하는 것이 아니다. 영업 역시 과도한 경쟁의식을 발휘해 다른 사람보다 우위에 서고 누군가를 이기고 승리하기 위해 해야 하는 것이 아니다. 야구선수가 안타를 치든 만루 홈런을 치든 그것은 오롯이 내 삶을 위해서지 남을 이기기 위함이 아니다.

한 터미널에서 출발한 버스들은 처음에는 같은 길을 가겠지만 결국에는 각자 다른 곳을 향하게 된다. 도중에 버스에서 내리지 않고 계속 가야 남들을 모방하는 단계에서 벗어날 수 있고, 내가 처음 목적한 곳으로 갈 수 있다. 중요한 것은 버스를 내리지 않고 내 길을 찾아가는 것이지 남들보다 빨리 다른 버스를 추월하는 것은 의미가 없다. 만루 홈런을 치지 못해도 좋다. 영업을 통해 수많은 사람을 겪어보고 다양한 상황을 경험해보자. 그리고 나만의 안타와 적시타를 치며 성공을 체질화하자. 작은 일에서 성공한 사람이 큰일을 해도 성공한다. 꼭 대박이 아니어도 좋으니 습관처럼 도전해보고 부딪치는 모습이 나를 바꾼다.

천재는 1%의 영감과 99%의 노력으로 이루어진다는 말을 남긴 발명왕 토마스 에디슨을 떠올려본다. 살아생전 보유한 특허의 수가 1,000개를 넘을 정도로 노력의 대가였던 그는, 85년이라는 긴 생애 동안 꾸준히 발명을 이어나갔다. 그의 모든 발명이 축음기와 백열전구처럼 우리 삶에 엄청난 변화를 가져온 것은 아니다. 하지만 첫 번째 발명의 순간과 경험이 그에게 길잡이가 되어준 것은 분명하다.

영업을 평생의 업으로 삼을 필요는 없다. 다만 '안타'의 경험, '작은 성공'이 습관처럼 체질화된다면, 첫 걸음을 떼는 것에 그치지 않고 계속 걸어갈 수 있는 원동력이 될 것이다. 필자는 영업으로 내 길을 찾았다. 비단 영업뿐만 아니라 이 세상에는 수많은 길이 놓여 있다. 과연 당신은 어떠한가?

5

상대 입장에서 생각하는 힘은
평생을 간다

세상에 존재하는 모든 사람은 단순하게 나와 나 아닌 사람, 두 가지로 나눌 수 있다. 우리 모두는 태어나 주위의 보살핌을 받으며 작게는 가족을 이루고, 나와 다른 사람들로 이루어진 세계에서 살아간다. 이때 필연적으로 '나'는 나를 중심으로 세상을 바라본다. 갓난아기가 공공장소건 어디에서건 주위가 떠나가라 목청껏 울어대는 것도 그런 이유이다. 내가 세상의 중심이기 때문에 상대방은 고려하지 않고 행동하는 것이다. 그렇기에 유년 시절에 부모가 어떻게 교육하느냐에 따라 파란 불이 되면 손을 들고 도로를 건너는 아이가 될지 무단 횡단을 하는 아이가 될지 결정된다. 그리고 이렇게 굳어진 습관과 가치관은 평생을 간다.

나이 서른, 마흔까지 몸에 밴 태도와 습관을 바꾸기란 좀처럼 쉽지 않다. 비단 예의범절뿐만 아니라 상대방을 마주할 때의 표정이나 태도, 자세 또한 그렇다. 나이 스물을 넘겨서도 자신을 중심으로 세상을 보는 사람은 자기중심적 태도가 행동에서 드러난다. 굳이 말을 섞어보지 않아도 멀리서부터 '이리 오너라.'하는 몸짓을 느낄 수 있다. 이런 사람을 고객으로서 만나게 되면 모든 대화의 주체이자 세계의 중심이 자신인 것처럼 이야기하는 모습을 느낄 수 있다. 이런 사람은 매장에서도 환영받지 못할 뿐만 아니라 자신과 가까운 주변 사람들에게도 결코 환영받을 수 없다.

그렇다면 반대의 경우는 어떨까? 상대방의 입장에서 생각하고 행동하는 것이 몸에 밴 사람은 모든 사람이 좋아하기 마련이다. 왜냐하면 그런 사람은 늘 웃고 있기 때문이다. 상대방의 입장에서 생각하는 사람은 상대의 얼굴이나 기분부터 살피는 것이 습관화되어 있어 기본적으로 늘 웃는 얼굴을 하고 있다. 가볍게 미소 띤 얼굴로, 먼저 말하기보다는 상대방이 말하는 것을 듣고 고개를 끄덕이며 상대방이 말하는 화제에 공감한다. 이런 태도는 판매를 전문으로 하는 영업직에서는 꼭 필요한 마인드라고 생각할 수 있다. 맞는 말이다. 더 정확하게는 늘 상대방의 입장에서 생각하고 말하는 태도는 모든 사람이 환영하며 영업 직무에서는 필수적이다.

영화표를 판매하는 곳은 표 파는 곳이 아니라 표 사는 곳이다. 표를 파는 것은 판매자 입장을 드러낸 것이지 고객의 입장을 배려한 것이 아니다. 고객의 입장에선 표를 파는 것이 아니라 사는 곳이다. 고객의 입장에서 생각해야 한다.

"이 TV는 REAL 8K 해상도로 더 선명하게 보실 수 있는 TV 로 인공지능 플랫폼 딥싱큐를 탑재한 TV인데요. TV 화질의 정점 에서 인공지능을 탑재한 알파9라는 화질센서로 한 단계 더 업그 레이드되었습니다. 알파9는 입력영상을 분석해 4단계 노이즈 제 거 기능을 스스로 구현할 수 있어요. 1, 2단계에서 영상의 깨진 부분이나 잡티를 제거하고, 3, 4단계에서 영상에 줄이 생기는 밴 딩 노이즈나 색상의 뭉개짐 현상을 완화시키기 때문에 사물과 배 경을 분리해 최적의 명암비와 채도 값을 조정하게 됩니다. 어떤가 요? 최고의 화질을 감상하실 수 있는 TV죠?" 무슨 말인지 도통 알아듣기 힘든 설명이다.

상대방의 입장에서 생각한다는 것은 말만의 친절뿐이 아니다. 정말로 그 사람의 상태로 빙의해야 한다. 대화를 통해 얻어낸 정 보를 배경으로 그 사람의 세계관 속으로 몰입하여 진짜 그 사람 이 쓰고 이해할 수 있는 말로 이야기해야 한다.

사람들은 대부분 자신만 이해하고 있는 말이나 용어를 계속 쓰 는 경향이 있다. 판매를 정말 잘한다고 소문난 판매왕조차도 어떻 게 상담하는지 옆에서 듣다보면, 외계어 같은 전문용어가 난무하 기 일쑤다. 다른 능력이 월등하여 불친절한 설명이 커버될지는 몰 라도, 정말 고객을 편하게 대하는 사람은 어려운 내용을 쉽게 설 명하는 사람이다.

어린이집이나 초등학교 교사는 아이들에게 다가가기 위해 무릎도 꿇고 아이의 눈높이에서 아이가 이해할 수 있는 말로 풀어서 설명한다. 고객의 입장에서 비전문적인 부분은 나이가 성인이라도 아무것도 모르는 초등학생과 같다. 초등학생을 가르치듯 쉽게 설명할 줄 아는 사람이 진정 영업을 잘하는 사람이다. 그런 의미에서 영업사원은 남의 입에서 나오는 말보다 내 입에서 나오는 말에 귀 기울여야 한다.

과도하게 친절한 어투를 사용하고 억지웃음을 짓는다고 상대방의 입장에서 생각하는 것은 아니다. 오히려 고객은 부담스러워한다. 상대방을 편안하게 하는 미소 띤 얼굴로 상대방이 원하는 것을 정확히 잡아서 쉬운 말로 풀어서 설명해주는 것, 그것이 진짜 영업을 잘하는 실력자이다.

비단 이것은 영업을 하지 않는 사람에게도 모두 통용되는 말이다. 상대방의 입장에서 생각하고 말하고 행동하는 사람을 싫어할 사람은 이 세상에 없다. 20대에 갓 사회에 나와 이렇듯 상대방의 입장에서 생각할 줄 아는 힘이 생긴다면, 그 힘은 평생을 간다. 누구도 빼앗을 수 없고, 값으로 매길 수 없는 최고의 역량을 가지게 되는 것이다.

상대방 입장에서 생각할 줄 알게 되면 자연스럽게 상대방을 칭찬하게 된다. 칭찬은 고래도 춤추게 한다. 이 세상은 결국은 사람

간의 관계이고, 그 관계에서 행복을 느낀다. 사람에 대한 나의 진정성이 상대방에게 전해지면 마음을 움직일 수 있다. 그 진정성이란 다름 아닌 기쁨과 즐거움이다. 그 기쁨과 즐거움은 사랑스런 눈빛과 밝은 미소, 온화한 얼굴, 다정한 목소리, 상대방의 내면의 아름다움을 칭찬하는 것이다.

칭찬을 잘하는 것은 아주 어려운 스킬이다. 뻣뻣한 표정으로 눈에 보이는 혹은 가식적 칭찬은 하지 않느니만 못하다. 칭찬에는 고난이도 기술이 필요하다. 첫째, 상대가 가진 것보다는 상대의 안목을, 둘째, 현재의 결과보다 그 과정을, 셋째, 상대의 재능보다는 의지를 칭찬해야 한다.

예를 들면, 상대방이 누구나 아는 브랜드의 명품 가방을 가지고 있을 때 가방이 멋지다고 칭찬하거나, 자식이 잘나가는 대기업에 취직했다는 걸 알았을 때 똑똑한 자녀를 둬서 얼마나 기쁘냐는 식의 칭찬은 하수의 방식이다. 만약 상대방이 명품 브랜드의 시계나 가방을 가지고 있다면, 직접적으로 그 사실을 언급하기보다는 그 브랜드를 선택한 뛰어난 안목을 칭찬하는 것이다. 그저 값비싼 것을 지니고 있어서 좋겠다는 칭찬은 좋지 않은 방법이다. 그런 것을 가지고 있지 않을 때에는 별 볼 일 없는 사람으로 보인다는 뜻과도 같다. 하지만 직접 브랜드 명칭이나 제품을 언급하기보다는 스타일이나 세련미를 칭찬하면 뻔히 보이는 말이라도 받아들이는 입장에서 차이가 있다. 칭찬을 받는 주체가 물건에서 '나'로 옮겨오기 때문이다. 영업을 할 때 매우 중요한 스킬 중 하나이다.

두 번째는 결과보다 그 결과를 얻기까지의 과정을 칭찬하는 것이다. 예컨대 한 고객이 같이 온 자녀가 이번에 명문대학에 진학해 선물로 노트북을 사주기 위해 매장에 방문했다고 가정해보자. 그저 명문대학에 합격한 사실을 칭찬하는 것은 누구라도 할 수 있다. 하지만 최종 합격이 발표되는 순간까지 얼마나 힘들었을지, 그 노력과 끈기를 칭찬한다면 효과는 배가 된다. 진심이 담겨 있기 때문이다. 이것이 바로 상대방의 입장에 빙의되어 말하는 방법이다. 빈말로 축하한다고 한 마디 하는 것보다 훨씬 구체적이고 마음에 착 와닿지 않는가.

세 번째도 이와 비슷한 맥락이다. 타고난 재능보다는 그 사람의 의지를 칭찬하는 것인데, 이는 현상 그 자체보다 노력으로 이뤄낸 것에 대해 박수를 보내는 것이다.

상대방의 안목을, 결과가 아닌 과정을, 의지를 칭찬할 때에는 주관적으로, 공개적으로, 그리고 구체적으로 칭찬하는 것이 효과적이다. 이 모든 것은 기본적으로 나 중심이 아닌 상대방 중심으로 사고할 때 가능한 것이다. 그렇지 않으면 상대에 대해 구체적으로 칭찬하기 어렵다. 두루뭉술하게 '좋겠다!'는 식의 칭찬은 그냥 부러움을 내비치는 것밖에 되지 않는다. 귀가 듣고 입이 말하는 것이 아니라 눈과 귀, 나의 모든 오감으로 상대방이 말하는 것을 듣고 구체적으로 칭찬하는 것이 제대로 된 소통이다.

논쟁은 져주고 칭찬은 이겨라. 상대방의 시선에서 바라보고 그 사람의 언어로 말하고 나보다 우월하게끔 느끼게 하면 나도 모르는 사이에 상대방의 마음을 얻을 수 있다.

이렇듯 20대에 영업을 통해 처세술의 기본기를 다지면, 기회는 반드시 찾아온다. 내가 하고 싶은 이야기가 아닌 상대가 듣고 싶은 이야기를 하다보면 자연스럽게 사람이 모이게 된다. 바다는 낮은 곳에 있기 때문에 물이 모여든다. 자신을 낮추는 태도가 오히려 나를 최고로 만든다. 상대가 스스로를 대단하게끔 느끼게 해주고, 상대방이 듣고 싶은 말을 해주면 나를 좋아하지 않을 수 없다. 나를 좋아하게끔 하다보면 어느새 내 주위의 모인 사람들로 얽혀 수많은 일을 가능하게 할 수 있다. 이때 꼭 무언가 목적을 가지지 않더라도 20대 젊은 시절부터 사람들이 나를 좋아하게끔 하는 기술을 익혀두면, 이것은 평생에 걸쳐 도움이 된다.

인간은 전 생애를 통틀어 오직 현재만을 살아간다. 과거는 뒤늦은 발견이며, 미래는 두뇌의 부차적인 활동에서 빚어지는 산물일 뿐, 내가 지금 살아가는 '현재'에 아무 영향을 끼치지 못한다. 고로 언제 찾아올지 모르는 미래를 기약하며 천천히 상대방의 입장에서 생각하는 태도를 갖도록 노력하겠다고 미적대는 자세는 하등 도움이 되지 않는다. 지금 이 순간, 나의 태도를 바꾸자. 가볍게 웃으면서, 당신이 최고라는 사실에 동의하자. 웃을 수 있다면 무서울 것이 없다. 칭찬은 구체적으로 하며 베푼 것은 생색내지 말고 헌신짝처럼 버리자.

상대방 입장에서 생각할 때는 말 그대로 그 사람의 사고방식대로 생각하는 것이지, 다른 사람들이 나를 어떻게 생각할지 고민하라는 의미가 아니다. 남의 시선을 의식하는 순간 타인의 의견에 마음이 흔들린다. 행복의 본질적인 요소는 '마음의 만족과, 안정, 독립'이기 때문에 이러한 생각은 버려야 한다.

한 가지 명확히 알아두어야 할 것은 아무리 무의미한 현재일지라도 가장 의미 있는 과거보다 낫다는 사실이다. 20대라면 지금 이 글을 보고 있는 순간, 과거에 얽매이지 말고 지금부터라도 영업의 정석을 배워보기를 바란다. 그 시작은 상대방의 입장에서 생각할 줄 아는 것에서 시작한다.

6

100세 시대에
평생직장은 없다

기대수명 100세 시대가 다가오고 있다. 세상이 가파르게 변하고 있는 것이다. 십 년이면 강산도 변한다는 옛말이 있는데, 20대에 첫 직업을 가지고 50년 간 일한다고 해도 강산이 다섯 번 변하는 셈이다. 과거에는 평생직장이라는 개념이 통했다. 하지만 요즘에는 산술적으로 계산해도 하나의 직장 또는 직업에 10년 간 몸담는다고 하더라도 최소 4번을 바꿀 수 있다. 예상 기대수명은 역사상 유례없이 길어지며 한 회사에서 뼈를 묻는다는 것은 옛말이 되었다.

2017년 발표한 통계청의 자료에 의하면, 1975년 우리나라 사람의 평균 수명은 63.8세였다. 그리고 42년이 지난 2017년에는 82.7세가 되었다. 국내 총인구 역시 통계청의 자료를 살펴보면, 1946년

1936만 명에서 계속 증가하여 2018년 5180만 명을 정점으로 이후 2050년에는 4234만 명으로 서서히 감소할 것으로 예측하고 있다.

요약하면, 지난 반세기 동안 인구는 폭발적으로 증가해 정점을 찍고 수명도 길어졌지만, 출산율 감소로 앞으로는 인구가 줄어드는 시기가 찾아온다는 것이다. 이에 따라 라이프 스타일 역시 과거 20년 전과 크게 달라졌다.

가장 크게 달라진 것 중 하나는 결혼과 자녀 계획에 대한 생각이다. 결혼하지 않겠다며 '비혼'을 선언하고, 또 굳이 결혼하더라도 애를 낳지 않아도 그만이라는 젊은이들이 늘어나고 있다. 그야말로 '욜로족'다운 모습이다. 나 역시 같은 20대인 '욜로족'의 일원으로서 굳이 힘들게 애를 낳아 길러야 할까라는 그들의 생각에 고개가 *끄덕여진다*.

마찬가지로 한 직장에 들어가서 평생 한 회사만을 바라보고 살아야 한다는 것은 과거 세대의 이야기일 뿐이다. 경제 부흥기와 격변의 IMF 시대를 거쳐온 40대 이상이 볼 때는 20대 젊은이들은 회사에 대한 충성심과 애사심이 떨어진다고 볼 수도 있다.

하지만 요즘 젊은이들은 자신에 대한 투자와 워크 앤 라이프 밸런스를 매우 중시하는 특징을 가지고 있다. 일도 중요하지만 그에 못지않게 내 삶도 중요하다. 그렇기 때문에 직장을 고를 때 급여 수준뿐만 아니라 퇴근 후 여가시간이 얼마나 보장되는지를 따진다. 쉽게 말해 저녁 시간이 있는지, 짧게나마 해외여행을 즐기거나 카페에서 커피 한 잔 즐길 여유가 되는지 따져보는 것이다. 아무리 취업이 어렵고 바늘구멍을 통과해 간신히 붙었다 하더라도 채 1년을 넘기지 못하고 퇴사를 반복하는 이유이다. 화장실 들어갈 때 모습과 나올 때 입장이 다른 것이다. 면접을 볼 때는 평생 뼈를 묻을 것 같이 뽑아만 달라던 신입사원들 열 명 중 세 명이 한 해를 넘기지 못하고 다른 길을 찾는 모습은 참 아이러니하다.

나 자신도 희귀병으로 죽음에 가까운 고통을 겪고 난 뒤 내가 좋아하는 일을 찾고자 많은 노력을 기울였다. 고등학교 시절에는 네이버카페 활동에 푹 빠지기도 했으며, 대학에 다니면서부터 졸업 후까지 세 번의 인턴을 거쳐 현재는 삼성전자판매라는 전자제품 유통회사에서 매장영업을 하고 있다. 네이버카페와 페이스북 페이지의 온라인 광고영업, 한국경제신문사 연구소 인턴, 소셜커머스 마케팅팀 인턴, 스타트업 마케팅 인턴을 거치며 마침내 '영업' 분야에서 나의 적성을 찾았다. 이후 디지털프라자 서수원점, 삼성 모바일스토어 수원소재 연구단지점, 홈플러스 안산 매장을 거치며 가전제품과 휴대폰을 세일즈하고 있다.

앞서 여러 차례 강조했지만, 사람마다 기질이 모두 다르므로 자신에게 맞는 일을 찾기 위해서는 숱한 노력이 필요하다. 그렇게 다양한 경험을 통해 찾아낸 적성임에도 불구하고 근본적으로 인간의 욕심은 끝이 없어서 100% 나만을 위한 최적의 직업이란 존재하지 않는다. 따라서 약간씩 변형된 형태로 내가 가장 이상적으로 그리는 업종에 종사할 뿐이다. 그것이 어떤 업종의 어떤 직장인지를 찾아내기도 보통 일은 아니지만, 힘들어도 간절한 마음을 가지고 찾아야 한다.

그러기 위해 20대 초반에는 다소 직업을 자주 바꾼다는 생각이 들더라도 내 가슴을 뛰게 해줄 일을 찾아야 한다. 적어도 가슴을 뛰게 하진 못해도 이 일이라면 전문성을 쌓아가며 사명감을 가지고 해보고 싶다는 생각은 들어야 한다. 설사 선배들이 지금 힘든 것을 못 견디고 한 번 두 번 이직하는 사람은 앞으로도 계속 이직을 하게 된다는 핀잔을 주더라도 소신 있게 행동하자. 본인이 경험한 업무가 회사조직에서 어떤 위치에 있는지, 그 일을 하면서 나는 조직에 얼마나 기여하고 무엇을 배울 수 있는지 등이 포인트이다.

단편적으로 상사가 너무 힘들게 해서, 야근이 잦아서, 급여가 적어서 등의 이유는 직장을 옮긴다고 해결될 문제가 아니다. 20대라면 그런 이유로 이직을 고려하는 것과 자신이 선택한 일에 사명감 혹은 비전을 가질 수 있는지 구분할 역량은 충분하다. 만일 아르바이트부터 여러 가지 일을 시도해보아도 어떤 일이 자신에게 맞는지 답을 얻지 못했다면 영업을 해보라고 추천한다. 100세 시대에 평생직장은 없고, 무엇을 해야 한다는 정답은 더더욱 없다.

남녀노소를 막론하고 영업은 누구에게나 결코 쉽지 않은 일이다. 그럼에도 사회생활의 첫 스타트를 영업으로 시작한다면 다른 업종보다 훨씬 본질적으로 사람에 대해 공부할 수 있다. 나중에 새로운 업종으로 바꾼다 하더라도 20대에 배운 영업의 기본기는 평생에 걸쳐 도움이 된다. 결국 인생이란 관계에 의해 시작하고, 관계로 마무리 지어지기 때문이다.

우리는 대개 다른 사람들과 비슷해지기 위해 애쓰다 삶의 상당 부분을 놓치고 있다. 다른 사람과 비슷한 선택을 내리면 그 길이 정답인 양 안심되기 때문이다. 처음 가본 여행지에서 알려진 맛집을 검색하거나 줄이 긴 곳을 따라가는 것도 비슷한 맥락이다. 하지만 원본보다 나은 복사본은 존재할 수 없다. 나는 '나'로서 존재한다. 다수가 가는 길이기 때문에 정답이리란 보장은 어디에도 없다. 나자신에 대한 충분한 고뇌와 성찰이 없어서 내리는 선택일 확률이 더 높다. 물론 많은 사람이 간 길을 따라간다고 해서 무조건 잘못된 것은 아니다. 그러나 다른 생각이 다른 결과를 낳는 법이다.

오직 나만이 할 수 있는 것을 찾아내자. 하다못해 사업 아이템을 구상해보아도 어느 정도 그럴듯한 것들은 이미 존재하거나 개발 중인 것들이다. 그럼에도 여전히 새로운 수요를 바탕으로 한 틈새시장은 존재하고 있으며, 이를 잘 찾아내어 구체화할 역량이 있다면 그 또한 좋은 길이다. 나의 이름을 건 새로운 브랜드가 되도록 가치를 끌어올려야 한다.

이런 모든 길에 적합한 것이 결국 영업으로 귀결된다. 상대방의 입장에서 생각하는 힘을 기르고, 작지만 의미 있는 도전을 거듭하며 사람 간의 관계를 쌓다보면 어느새 그 새로운 인연을 통해 시야가 넓어진다.

싫든 좋든 우리는 100세 시대를 살아야 한다. 오래도록 내가 즐겁고 행복할 수 있는 일을 찾기 위해서 20대에는 최대한 부딪쳐보고 느껴보는 것만이 남는 일이다. 꼭 100세까지 산다는 보장은 없지만 20대의 10년은, 모든 것을 경험해보기에 충분히 값진 시기다.

어떤 선택을 내려도 그것은 개인의 자유이지만 여러 가지를 경험한다는 핑계로 충분히 겪어보지 않고 조금만 힘들어도 포기하지는 말아야 한다. 어느 길이든 갓 시작해 발을 담그게 되면, 어느 정도 궤도에 올라가 숙달되기 전까진 제대로 판단을 내리기 쉽지 않다. 울창한 숲속의 나무들을 생각해보자. 숲속의 나무는 다른 나무들과 높이가 같을 때 바람을 적게 맞는다. 다른 나무보다 머리 하나만큼 더 자랐을 때, 거센 바람을 맞을 수도 있지만 따뜻한 햇볕을 쬘 수도 있다.

내가 선택한 그 길이 감흥 없이 단조롭게 다니는 길이라면 남들보다 한 걸음 더 노력해야 한다. 가만히 있으면 아무 일도 일어나지 않는다. 일단 가보겠다고 선택한 길이라면 철저히 집중하자. 그래야 가도 되는 길인지 아닌지 답이 나온다. 이것이 올바른 전략이다.

전략이란 선택하지 않은 것들을 버릴 줄 아는 용기다. 다른 사람들과 차별화하고, 이전의 나와 다르게 차별화하는 것이다. 무엇인가 해보겠다고 마음은 먹었지만, 친구들 만나서 놀 것 다 놀고 남는 시간에 한 번 해보는 것이 아니라, 그 분야, 그 주제에 관해서 저지를 수 있는 모든 실수를 저질러보자.

편의점에서 아르바이트를 시작했다고 가정해보자. 대부분 사람들은 정해진 시간동안 계산을 하고 재고를 채워 넣고 시재를 맞추는 등 지시 내린 업무만 한다. 하지만 이것도 영업을 배운다는 마인드로 다가서면 더 많은 일들을 시도해볼 수 있다.

우선 사람과 상권에 대해 배울 수 있다. 편의점이 위치한 곳에 따라 직장인이 많을 수도 있고 취객이 많을 수도 있고 거주민이 많을 수도 있다. 마음먹기에 따라 그냥 단순노동만 반복할 수 있지만 어떤 사람들이 오고, 어떻게 입고, 무엇을 사며, 어떻게 말하는지 나름대로 분석해볼 수 있다. 고객과 가장 접점에 있는 사람으로서 그들의 라이프스타일을 들여다볼 수 있고 사람을 대하는 법을 배울 수 있다는 점에서 의미가 있다. 한낱 아르바이트생이 할 수 있는 게 얼마나 되겠냐고 생각할 수도 있지만, 그렇지 않다. 고객들이 소위 '갑질'을 하고 '진상'을 떤다고 생각하기 전에 먼저 밝은 미소를 띠고 고객을 맞이해보자.

필자의 경우, 한 카페의 직원이 정말 친절하고 미소 띤 모습이

보기 좋아서 조금 멀어도 수고를 들여 그 카페를 찾아다녔던 기억이 있다. 다른 사람들도 마찬가지이다. 누구나 자신을 향해 웃음을 보이며 도와주려는 사람에게 호감이 간다. 고작 아르바이트라고 생각하는 사람이 있는가 하면, '고작' 아르바이트를 하면서도 나름 업계에 대해 분석해볼 수도 있고 사람과 관계에 대해 배울 수 있다.

기대수명 100세 시대는 현실로 다가오고 있다. 20세가 되면 법적으로나 사회적으로 성인이다. 남은 80년 중 직업을 바꿀 기회는 충분하다. 20년을 한곳에서 직장생활을 하고도 다시 새 출발을 시도할 수 있는 시대가 온다. 하지만 젊은 세대는 여전히 혼란스럽다. 갈수록 고학력에 스펙은 좋아지지만 만족을 주는 직업을 찾았다는 이들은 줄고 있다.

생각의 틀을 바꾸어야 한다. 대학을 갓 졸업하고 사회에 나와 처음부터 억 단위의 돈을 받고 사회적으로 인정받는 것은 불가능에 가깝다. 로마는 하루아침에 이루어지지 않았다. 일생 동안 노력으로 나의 길을 개척해가야지, 마치 복권에 당첨되는 것 마냥 해서는 전문성을 기를 수 없다. 그러기 위해선 사회의 첫걸음을 영업으로 떼길 권한다.

가히 불확실성 시대이다. 태어나 죽을 때까지 만나는 모든 사람과 '밀당'을 하며 결국 매 순간이 영업이라는 사실은 변함이 없다. 직장을 가지고 직업을 갖는 것은 내가 세상에 기여 할 수 있는 바를 하기 위함이다. 한 분야의 전문가가 되는 것은 내가 세상에 더 많은 기여를 할 수 있는 길이다. 그 과정에서 주어지는 수입은 부수적인 것이다. 목적과 수단이 뒤바뀌어 주객이 전도되면 안 된다.

20대에 영업을 하면 좋은 이유는 이렇게 많다. 어떤 일을 하더라도 열정을 가진 사람은 빛이 나는 법이다. 굳이 영업이 아니어도 좋다. 오늘이 인생의 마지막 날인 것처럼 살자. 조직에 크게 필요하지 않은 인턴에 불과하다는 생각이나 그저 아르바이트일 뿐이라는 생각은 잘못이다.

누구나 시작은 미약하다. 다른 사람에게 없는 나만의 꿈을 만들자. 내가 그 꿈에 진실하다면 머릿속에 생각만 해서는 안 된다. 내 모든 것을, 모든 시간과 생각을 집중해서 노력해야 이룰 수 있다. 지금까지 꿈도 없고 하고 싶은 것도 없었다면 이제 이 세상에 나 자신을 내던져보자. 그저 친구를 사귀는 것과는 달리 조직 속에서 한 부분을 차지하며 새로운 관계를 형성하고 사람들과 소통하는 경험은 앞으로 나 자신에게 많은 도움이 될 것이다. 이왕이면 로봇이나 컴퓨터가 대체할 수 없는 일을 찾자.

4차 산업혁명 시대에는 3D 프린터, 드론, 로봇 같은 것들이 산업 현장에 본격적으로 등장하여 직업생활에 혁명적 변화를 가져오고, 1인 가구의 증가와 함께 실버산업의 비중이 점차 커질 것이다. 그럼에도 여전히 사람만이 할 수 있는 일은 있다. 아무리 인공지능이 발전해도 사람이 될 수는 없다.

영업은 사람과 사람 간의 관계에서 비롯되는 일이다. 시대가 바뀌어도 그 본질은 변하지 않는다. 인터넷이 발달하고 전자상거래가 비약적으로 발전해 온라인이 훨씬 저렴한데도 불구하고 여전히 사람들이 오프라인 매장을 찾아 구매하는 데는 충분한 이유가 있다. 사람을 대신할 수 없는 영역이 있기 때문이다. 그렇기에 나중에는 다른 업종에 종사하더라도 첫 스타트는 영업으로 해보길 권한다.

온라인과 오프라인 채널은 서로 독립적이라기보다 상호 보완적인 채널로 제자리를 잡고 있다. 사람들은 인터넷에서만 제품을 보고 바로 구매하거나 오프라인 매장에서만 제품을 보고 구매하지 않는다. 오프라인 매장에서 실제로 어떻게 생겼는지 살펴보고 체험하길 원하며, 온라인 매장에서 구매 후기 등 실제 구매자들의 의견도 참고하는 경향이 강해지고 있다. 이렇게 변화하는 트렌드를 몸으로 직접 체감할 수 있는 것이 영업이 가진 또 하나의 매력이다.

중요한 것은 아무런 생각 없이 타성에 젖어 살면 안 된다는 점이다. 어느 직장, 어떤 업종이든 자신이 하는 일에 자부심을 가진 전문가가 있는가 하면 그렇지 않은 사람도 있다.

건물 공사현장을 지나던 사람이 인부들에게 무엇을 하고 있는지 물었다. 인부 중 한 명은 대뜸 '벽돌 쌓고 있는 게 안 보이쇼.' 하며 짜증을 냈다. 두 번째 인부에게 같은 질문을 했더니, 그 인부는 차분한 목소리로 "마을 사람들을 위해 교회를 짓고 있습니다."라고 답했다. 그 사람은 고개를 끄덕이며 세 번째 인부에게도 역시 같은 질문을 했다. 그 인부는 얼굴이 땀범벅이었지만 행복한 표정으로 답했다. "사람들이 자신의 영혼을 치유할 수 있는 공간을 만들고 있습니다." 이것이 바로 자신의 업에 대한 사명감이자 타인과 나를 구분 짓는 '꿈'이다.

내가 하는 일에 만족하는 사람은 그 일을 잘하게 된다. 그리고 여기서 필요한 사람은 저기서도 필요한 법이다. 지금 당장 눈앞에 100억 원이 생긴다 해도 현혹되지 말고 자신이 하고 싶은 일을 찾자. 그 일이 내가 평생을 몸담을 일이다.

유소년기와 청소년기를 갓 벗어난 20대에는 그 일이 쉽사리 눈에 보이지 않는다. 무한 경쟁에 익숙해져 남들보다 좋은 점수를 받아 명문대학에 진학하고, 졸업 후에는 높은 연봉의 대기업에 취직하는 것이 유일한 선택지인 것 같은 분위기는 자신의 올바른 진로를 찾는 것을 더욱 어렵게 한다.

하지만 이 세상에는 수없이 많은 직업과 할 수 있는 일들이 있다. 70억 명이 넘는 인구가 수천, 수만 가지 직업에 몸담고 있다. 한 해에도 수많은 직업들이 사라지고 생겨나고 있다. 내가 성장하는 기쁨을 주는 일을 하자.

인생은 길다. 어제보다 나은 오늘이라면 그 하루는 충분히 값진 하루다. 빈손으로 왔다가 빈손으로 가는 세상이다. 무시할 수는 없지만, 돈과 물질적인 것은 시간이 지나면 사라지는 것이다. 나와 가까운 사람의 건강과 내가 선택하는 사소한 일상의 선택들이 행복을 가져다줄 때 인생 전체가 행복해진다. 영업은 그 선택을 도와주고 관계를 파악하는 힘을 길러주는 조력자다.

지금 하는 일이 재미없고 따분한가? 왜 해야 할지 모르겠는가? 지금 내가 하는 일을 사랑하지 않는다면 바로 떠나라. 떠나지 않을 것이라면 사랑하라. 그것이 다가올 100세 시대에 후회 없는 삶을 사는 방법이다.

3

업무 스킬을
늘려주는 9가지
영업 노하우

66

얼마나 간절하게 꿈꾸느냐 독기를 품었느냐에 따라
결과는 확연히 달라진다.
잘 파는 영업사원은 독기를 품고 있다.
자신의 꿈에, 이루고자 하는 목표에 간절하다.
그 간절함을 이루고자 누가 시키지 않아도
단계별로 목표를 정하고 실천한다.
그리고 남들과 다른 한 걸음을 내딛는다.
이 작은 한 걸음의 차이가 1년 뒤, 10년 뒤에는
엄청난 차이를 가져온다.

99

따라만 해도 중간은 가는
MOT 7단계

Moment Of Truth. 직역하면 '진실의 순간'이지만, 원래는 스페인의 투우 경기에서 유래된 말로, 투우사가 투우와 밀고 당기는 싸움을 하다가 칼을 뽑아 소의 급소를 찌르는 찰나의 순간을 의미한다. 대부분 소가 죽긴 하지만, 투우에서 소가 죽는지 사람이 죽는지 그 죽음의 진실이 가려지는 순간이라는 뜻이다. 마케팅에서는 중요한 사태에 직면해 모든 것이 시험대에 놓이게 된 결정적인 순간을 뜻한다.

이 용어를 주로 쓰는 곳은 광고업계이다. 광고 용어로 MOT는 소의 급소를 찌르는 찰나의 순간과 같이 '소비자에게 기업이나 제품의 첫인상을 심어주는 순간'을 의미한다. 연간 800만 달러의 적자를 내던 스칸디나비아 항공을 1년 만에 7,100만 달러 흑자로 전환시킨 얀 칼슨(Jan Carlzon) 사장은 MOT에 대해 이런 말을 남겼다. "기업이 고객과 만나는 15초 동안이 고객을 평생 단골로 만들 수 있느냐를 결정하는 '진실의 순간(MOT)이다."

경영학이나 마케팅 전공자라면 한 번쯤 배웠을 내용인데, 보통은 구직자가 면접에 들어가서 의자에 앉기까지 7초 만에 합격과 불합격이 결정된다는 '초두효과'로 잘 알려져 있기도 하다. 미국의 리서치 연구소 Marketing Experiments의 '명료함이 설득력보다 우선'이라는 연구보고서에 의하면 온라인 시장에서 고객이 맞는 첫 7초가 가장 중요하다고 한다. 웹사이트에 처음 들어와 7초 이내에 '내가 지금 어디에 있는가?' '내가 여기서 무엇을 할 수 있는가?'라는 질문을 해결할 수 없다면 고객은 주저 없이 그 웹사이트를 나가버린다는 것이다. 이를 통해 오프라인이든 온라인이든 아주 짧은 순간이지만 고객은 첫 만남의 순간에 무의식적으로 서비스를 판단한다는 것을 알 수 있다.

대면(Face to Face)이든 비대면(Non Face to Face)이든 영업은 고객이 서비스를 받고 있다고 느낌을 줄 수 있게끔 하는 것이 시작이다. 소비자는 서비스를 제공하는 조직과 어떤 형태로든 맞닿게 되고 이런 순간의 기억들이 모여 그 브랜드에 대한 이미지가 형성된다.

영업의 유형에도 대면이냐 비대면이냐, 기업고객을 대상으로 하느냐 일반고객을 대상으로 하느냐, 온라인 플랫폼을 이용하느냐 오프라인 플랫폼을 이용하느냐에 따라 수없이 다양하다. 그중 가장 보편적인 일반고객을 대상으로 한 오프라인 대면영업을 가정하고, 따라만 해도 도움이 되는 '영업의 정석'과도 같은 MOT 7단계를 소개한다.

거리의 오프라인 매장에서 판매를 담당하는 영업사원들이 여기에 해당한다. 백화점, 마트, 각종 대리점, 할인점 등의 판매직원들에게 해당 되는 내용이다. 사실 영업의 본질은 플랫폼에 관계없이 동일하기 때문에 누구나 이 내용을 참고해도 무방하다. 각 단계는 고객을 맞는 준비 단계인 '고객맞이'부터 관계를 형성하고, 니즈를 파악한 뒤 제품을 설명하고, 구매를 결정하면, 고객을 배웅하고, 이후의 사후관리까지 총 7단계로 이루어져 있다.

소위 '판매왕'이라 불리는 직원들은 대부분 이 7단계를 충실히 따르고 있다. 모방은 창조의 어머니이다. 시험장에서 1등의 답안을 베끼면 규정 위반이지만 영업의 세계에서는 정답이 따로 없기 때문에 정답에 가장 가까운 사람을 따라하는 것이 효과적이다. 남의 뛰어난 점은 내 것으로 만들어 나만의 영업 스킬을 만들도록 하자.

1단계. 고객맞이

세일즈의 첫 단추는 고객을 마주하기 전에 고객을 맞을 준비를 하는 것부터 시작된다. 흔히 영업은 고객을 만나는 순간부터라고 생각하기 쉽지만 실제론 고객을 만나기 이전 자신의 용모와 복장을 단정히 하는 것부터 시작되는 것이다. 이를 통해 첫인상을 결정짓기 때문에 MOT 7단계에서 가장 중요한 단계라고 할 수 있다.

똑같은 사람이 한 번은 제복을 입고 거리에 쓰러져 있고 한 번은 노숙자 차림으로 같은 장소에 쓰러져보았다. 거리를 지나는 사람들이 과연 얼마 만에 이들을 도왔을까? 놀랍게도 제복을 입고 있을 때는 평균 1분 9초 만에, 노숙자 차림은 평균 9분 51초 만에 구조가 이루어졌다. 생명을 구하는 데도 골든타임이 존재하듯 고객을 맞이할 때 역시 골든타임이 존재한다.

아무렇게나 편하게 입는 것이 아니라 깔끔하고 단정하게 입는 것이 용모복장의 기본이다. 유니폼은 어느 직업에서도 자신의 역할과 위치를 나타내기 때문에 직장에서 착용하는 통일된 유니폼을 올바르게 입는 것이 영업의 시작점이라고 할 수 있다. 또한 겉으로 보이는 것뿐만 아니라 옷이나 몸에서 날 수 있는 냄새도 고객맞이 단계에서 관리해야 하는 중요한 항목이다. 옷차림은 겉으로 드러나기 때문에 어느 정도 거울을 보거나 주위 사람들의 도움으로 챙기는 경우가 많지만 담배냄새와 입냄새는 따로 말해주지 않는 경우가 많다. 여름에 옥외에서 일을 하고 들어와 땀이 배거나 점심식사 후 자신에게서 나는 냄새 때문에 고객이 불쾌하지 않도록 본인 스스로 신경을 써야 한다.

어느 직장에서나 영업직은 특히 자기 관리가 생명이다. 단정한 몸가짐과 마음가짐이 준비됐다면 고객을 만났을 때 가벼운 미소, 눈 맞춤과 함께 반가움을 표시하자. 처음에 매장에 들어오는 고객뿐만 아니라 매장 동선이나 계단에서 마주칠 때도 가볍게 목례를 하는 것이 긍정적인 인상을 남길 수 있다.

2단계. 관계 형성

고객을 맞이할 준비를 마치고 실제로 고객을 마주하면서부터는 2번째 단계인 관계 형성의 단계이다. 영업을 처음 시작한 초보자는 이때 무슨 말을 해야 할지, 어떻게 대화를 이끌어가야 할지 난감해지는 가장 어려운 순간이기도 하다.

하지만 반대로 생각해보면 고객도 마찬가지 입장이다. 무언가 목적을 가지고 매장을 방문하기는 했지만 따지고 보면 매장 안은 영업사원에게 더 친숙하다. 오히려 고객은 낯선 장소에 낯선 사람과 만나는 셈이다. 확실한 구매의지를 가지고 찾아왔을 수도, 그저 관심 있는 제품을 둘러보기 위해 가벼운 마음으로 들어왔을 수도 있다. 이러한 고객의 심리를 잘 파악하여 적정한 거리를 유지하며 스몰토크로 시작하는 것이 좋다.

만약 텅 빈 지하철에서 모르는 사람이 수많은 빈자리를 두고 내 옆에 앉는다면 어떨까? 대부분의 사람은 불편한 감정이 생기게 된다. 그만큼 심리적 안정감을 주는 약 50cm에서 150cm 사이의 거리를 유지하는 것이 제일 좋다. 혼자 편하게 둘러보길 원한다고 할 경우에도 고개를 돌려 무언가 궁금한 점이 있을 때는 바로 다가갈 수 있는 거리에 있는 것이 좋다. 고객과 대화할 때는 반말이나 유행어, 사장님과 같은 격을 떨어뜨리는 표현은 사용하지 말고 존대어와 표준어 사용을 원칙으로 해야 한다. 나이가 어리다고 학생이라고 칭하거나 고객 간의 관계를 넘겨짚는 행위는 불쾌감을 줄 수 있으므로 주의해야 한다.

영업을 잘하는 사람은 첫 인상도 좋을 뿐만 아니라 관계 형성의 달인인 경우가 많다. 처음 대화를 시작하면서부터 바로 판매하려고 한다는 뉘앙스를 주기보다는 아이스 브레이킹을 통해 날씨나 고객의 관심사로 대화를 시작하거나, 고객에 대한 칭찬을 하는 것이 좋다. 지나치게 사적인 질문을 하는 것은 오히려 역효과가 날 수 있으니 반드시 고객에게 신뢰를 줄 수 있는 선에서 가벼운 주제로 이야기를 시작하는 것이 관계 형성에 도움이 된다.

3단계. 니즈 파악

긍정적인 첫인상과 스몰토크로 대화를 시작했다면 이미 절반은 성공한 셈이나 다름없다. 다음 단계는 사회의 전반적인 시장 흐름과 고객이 추구하는 삶의 모습을 알아보고 고객이 선호하는 제품을 알아보는 것이다. 매장에서 상담하는 대다수의 고객은 당장 제품을 구매하려는 손님도 있지만 그저 관심을 가지고 알아보기 위해 들리는 경우가 더 많다.

간단한 스몰토크를 통해 마음의 문을 열기 시작한 고객에게는 열린 질문을 통해 어떤 목적을 가지고 있는지, 취향, 소비성향, 관심사 등을 파악하도록 한다. 이때 기억해두면 좋은 방법이 바로 1/2/3화법이다. 1분 간 질문하고, 2분 간 경청하며, 3분 간 공감하는 방법이다. 질문할 때도 Yes or No로 답변이 돌아오는 폐쇄형 질문을 하면 대화가 끊기게 된다. 고객이 자신의 이야기를 스스로 하도록 유도하는 개방형 질문을 하는 것이 좋다. 그렇게 하면 고객이 자신의 숨겨진 니즈까지 이야기할 확률이 높아진다.

제품을 상담할 때 고객에게 강의하듯 해서는 안 된다. 영업사원 혼자 이야기하는 것이 아닌 쌍방향 소통을 해야 고객 또한 존중받는다는 느낌을 받게 된다. 그러려면 짧은 질문을 통해 대화의 주도권을 고객에게 넘기고 고객의 말을 '주의 깊게' 경청하는 것이 중요하다. 고객이 이야기하고 있는데 듣지 않아도 안다는 표정을 지으며 어영부영 고개를 빠르게 끄덕이거나 고객의 말을 한 귀로 듣고 한 귀로 흘린다면, 그 영업사원은 상담 준비가 되지 않은 사람이다. 경청과 공감이 어렵다면, 연애를 할 때 이성친구의 말의 끝만 따라 해도 된다는 우스갯소리를 기억해보자. 상대방의 말을 듣고 공감하는 것은 생각보다 어렵기 때문에 의도적으로 충분히 연습해야 한다.

4단계. 제품 설명

고객이 어떤 애로사항이 있고 무엇을 원하는지 파악했다면 그에 꼭 맞는 제품을 추천하는 것이 판매사원의 역할이다. 이때도 역시 고객의 말을 끝까지 듣고 눈 맞춤을 통해 지속적으로 신뢰감을 주어야 한다. 사소하지만 몸을 고객 쪽으로 살짝 기울여 고객에게 집중하고 있다는 인상과 함께 맞장구를 치는 리액션이 필요하다.

고객의 말을 듣고 제품을 설명할 때는 '얘는', '쟤는'과 같이 제품을 의인화하는 표현은 영업사원의 자질을 떨어뜨리는 행동이다. 그러면 안 된다는 것을 모두 알지만 실제 상담을 하다보면 은연중에 제품을 의인화하는 경우가 더러 있다. 제품을 설명할 때에는 고객의 집중도를 높이고 제품의 가치를 높일 수 있도록 세련되고 정중한 제스처를 취해야 한다. 손끝을 위에서 아래로, 왼쪽에서 오른쪽으로 천천히 이동하면 고객은 편안하게 제품에 집중할 수 있다. 또한, 제품을 보고 만져보고 시연하며 체험하도록 유도해 당장 제품을 구매하지 않더라도 경험할 수 있도록 하는 것이 중요하다.

고객은 어떤 제품이든 온라인을 통해 이미 가격대와 제품의 특징, 타사 브랜드 제품, 후기 등 여러 정보를 접하고 오는 경우가 많다. 그럼에도 불구하고 매장을 방문하는 이유는 제품을 직접 보고 체험해보겠다는 의도인데, 이것이야말로 오프라인 매장이 가지고 있는 가장 큰 강점이다.

5단계. 구매 결정

고객의 니즈를 충분히 파악해 꼭 맞는 제품을 소개하고, 그에 따라 고객이 제품을 구매하기로 결정했다면, 끝이라고 생각하는 영업사원이 많다. 하지만 진정한 영업은 지금부터 시작이다. 고객이 구매결정 의사를 내비쳤다고 하여 바로 결제하라고 유도하는 것은 하수 중의 하수이다.

대부분의 고객은 구매의사를 내비친 뒤에도 이것이 잘 결정하는 것인지 마지막 순간까지 고민하는 경우가 많다. 그러므로 최종 혜택 금액이 나오기까지 고객과의 신뢰를 위해 재차 확인을 해주는 것이 좋다. 얼마의 금액을 부담해야 하는지, 결제수단과 방법, 바로 가져가는 제품이 아니라 배송을 받는다면 언제 어떻게 받게 되는지, 추가 문의사항은 없는지 고객이 먼저 묻기 전에 확인해야 한다.

한 고객이 구매하는 총액이 얼마인지에 따라 '얼마짜리 고객인지' 따지는 행동은 생각조차 해선 안 된다. 진짜배기 영업사원은 고객을 만나기 전부터 떠나는 순간을 넘어 언제든 사람 대 사람으로서 케어를 해준다. 단순히 얼마의 매출을 하고 판매가 끝났다고 끝맺음을 짓는 것이 아니라 쌓아놓은 신뢰를 바탕으로 제2, 제3의 판매를 시작하는 것이다. 고객의 진짜 마음을 얻은 영업사원은 지인도 추천할 뿐만 아니라 매장을 이동해도 찾아오게 되어 있다.

6단계. 고객 배웅

고객이 결재를 하여 구매를 완료해도 MOT의 7단계는 남아 있다. 고객만족의 마무리 단계인 고객 배웅 단계가 그것이다. 흔히 배웅이라면 잘 가라고 인사하는 것이라고 생각하기 쉽다. 맞는 말이다. 매장에 들러 짧게는 몇 분, 길게는 몇 시간에 걸쳐 상담을 끝낸 고객에 대해 다시 와달라는 감사의 의미를 담아 배웅인사를 하는 것이다.

고객은 어떠한 것에 대한 이미지는 첫 만남에 형성하고, 기억의 회상은 가장 마지막 순간을 기억한다. 이것이 초두효과와 최신효과이다. 맨 처음 만났을 때 7초의 순간에 그 사람에 대한 이미지가 생성되고, 마지막 순간의 모습을 간직하는 것이다. 특별한 이유가 없다면 고객이 문 밖을 나가는 순간까지 진심을 담아 문 밖 3보 인사를 해야 하는 이유이다.

나의 경우, 이름이 독특했기 때문에 떠나는 순간에 '집 가훈 할 때 이가훈 상담사'라고 나 자신을 한 번 더 각인시켰다. 시간이 지나면 고객은 자신이 접한 정보가 너무 많아 대다수를 까먹기 때문에 영업사원 자신을 다시 한번 어필하는 것은 굉장히 중요하다. 상담을 시작하거나 끝낼 때 자신의 명함을 전달하는 것도 이 때문이다. 고객이 나 한 명만을 찾도록 하기 위해서 기억하기 쉬운 남들과 다른 독특한 경험을 남기는 것도 좋다. 예컨대, 향수냄새가 나는 명함을 전달하는 방법이 있다. 언제든 이 향과 함께 라이프스타일 매니저, 행복 혼수 전문 상담사 '이가훈'을 찾아주세요. 라고 말한다면 고객은 '이가훈' 이름 석 자를 잊고 싶어도 잊을 수가 없게 된다.

7단계. 사후 관리

고객이 매장을 벗어났다고 끝이 아니라. 영업사원에게는 고객이 나를 믿고 구매한 것이므로 언제 어디서 다시 연락이 오더라도 그에 충실하게 답변해줘야 할 책임이 있다. 그중에는 상담만 끝낸 고객도 있고, 구매까지 마친 고객도 있다. 어떤 고객이든, 나에게서 상담만 받았건 구매까지 했건 간에 꾸준히 연락을 함으로써 관리 받고 있다는 느낌을 줘야 한다.

제품을 구매한 고객 중 신규고객의 비율은 20%밖에 되지 않는데, 첫 구매 고객에게 제품을 판매하는 것은 충성고객에게 제품을 판매하는 것보다 5배 이상 어렵다. 따라서 제품을 구매한 뒤 3일 이내 구매하신 제품을 잘 사용하고 있는지, 제품 활용 팁이나 생활 정보를 공유해드리는 것이 좋다. 유선통화로 하되 마치 직접 대면하는 것처럼 친절하게 먼저 통화 가능 여부를 확인하고, 전화를 받지 않는 경우에는 문자 메시지를 활용하면 된다. 이때도 친구에게 전화하듯 거는 것이 아니라, 보내는 이, 인사, 본론, 맺음

말, 수신 거부 안내 등 양식과 격을 갖춰 전화하되, 너무 이르거나 늦은 시간을 피해야 한다.

구매한 고객뿐만 아니라 상담을 받고 간 고객이 연락처를 남기고 갔다면, 정성을 담은 감성문자를 보내는 것 또한 좋은 방법이다. 필자의 경우에는 '고도원의 아침 편지'를 본 따 좋은 글이나 어록 등을 '아침 편지'라는 이름으로 보냈다. 특가 행사를 진행하니 꼭 방문해달라는 내용 등은 배제하고 오로지 '이가훈'이라는 사람을 기억 속에 남기기 위해 보낸 것이다.

이처럼 꾸준한 관리는 추후 고객의 불만 사항이 발생했을 때에도 영업사원의 신뢰에 있어 큰 역할을 한다. 영업의 특성상 판매사원의 불친절이나 배송상의 문제, 제품 자체의 결함 등 다양한 이유로 고객은 불만이 생길 수 있다. 이때는 고객의 마음을 녹이는 'HEAT' 법칙을 기억해두면 좋다. 먼저 H는 경청(Hear)이다. 왜 고객이 화가 났는지 차분히 듣고 문제점을 정확히 파악하는 것이다. 두 번째 E는 공감(Empathy)이다. 고객이 처한 상황을 듣고 그러한 감정을 같이 공감하는 것이다. 세 번째 A는 사과(Apologize)다. 진심어린 표정과 태도로 사과의 메시지를 고객이 느낄 수 있도록 정확하게 전달하는 것이다. 마지막 T는 대안 제시(Take action)이다. 고객이 왜 화가 났는지 파악하고 진심어린 사과 후 이에 따라 조치를 취하는 것이다. 이 순서를 정확히 기억한다면 어떤 상황에 처한다 하더라도 고객의 마음을 풀 수 있다.

지금까지 소개한 방법은 영업을 처음 시작해서 어려움을 느끼는 이들을 위한 정석이다. 사람은 각자 다르지만, 친절하게 상담해주면 기분 좋고 상담도 제대로 안 해주면 기분 상하는 것은 매한가지다. 위 과정을 꼼꼼히 살펴본 사람이라면 결국 경청하고, 공감하는 것이 영업의 기본임을 알 수 있다. 감동받은 이라면 누가 시키지 않아도 제2, 제3의 고객을 끌어오기 마련이다. 이 점을 명심하고 위 7단계를 통해 사러온 고객이든 생각 중인 고객이든 결국에는 판매에 성공해 고객의 마음과 신뢰를 얻도록 하자.

2

저는 만 원짜리 합격사과를 파는
스토리셀러입니다

세상을 살다보면 수없이 많은 결정의 순간에 놓이게 된다. 점심 메뉴로 무엇을 먹을지 결정해야 하는 사소한 고민부터 직장에서 일하고 번 수입을 어디에 어떻게 소비할지까지 실로 끊임없는 선택의 연속이라 할 수 있다. 내 통장에 남아 있는 돈과 경제 활동을 통해 매달 받게 되는 기대수익, 그리고 정형화된 소비패턴에 따른 생활비, 목돈이 필요한 부분까지. 이 모든 것을 고려해 나름의 재무설계를 하는 것 또한 개인의 선택이라고 볼 수 있다. 이런 것들을 고려하지 않고 먹고 싶은 것, 갖고 싶은 것을 모두 산다면 금방 빚쟁이가 되거나 파산하게 될 것이다.

그렇기 때문에, 사람들은 계획적으로 소비하려 하고, 계획에 없던 소비, 예컨대 병원비나 가전제품 고장으로 생각지 못했던 큰돈을 쓰게 됐을 때 생활이 어려워진다. 이러한 상황까지 대비해 비상금 항목으로 따로 돈을 관리하는 것을 보면 사람은 정말 합리적인 판단만 내리는 것 같다. 하지만 실제로는 개인이 소비를 할지 말지 결정할 때 놀라울 만큼 비합리적이고 비이성적인 선택을 하는 경우가 있다. 이 경우의 대부분은 감성이 이성에 앞서 내가 합리적인 판단을 했다고 착각하는 경우이다. 영업사원이라면 고객이 소비하려고 고민 중인 제품이나 서비스를 그 이상의 값어치를 느끼게끔 해 올바른 선택을 내렸다고 판단하게끔 해야 한다. 영업을 잘하는 사람은 그것이 무엇이더라도 지불하는 금액보다 큰 가치를 받았다고 느끼게끔 하는 재주가 있다.

이러한 재주와 관련해 아주 훌륭한 사례가 있다. '안동합격사과'다. 2017년 경상북도 안동에서는 가뭄과 호우, 우박의 3중고를 이겨내고 수확한 안동지역 사과 중 특품을 'Victory 2017 안동합격사과'라는 브랜드로 한정 출시했다. 여기에는 한 가지 이야기가 더해졌는데, 안동에서는 그 한 해 동안 봄 가뭄과 6월 이후 집중호우 및 세 차례의 우박으로 재배 중이던 사과의 40% 가량이 피해를 입게 됐다. 천재지변으로 수확에 어려움이 생겼지만, 험난한 환경을 이겨내고 출하된 행운의 사과인 만큼 이 사과를 먹으면 치열한 경쟁에서도 승리를 쟁취할 수 있다는 스토리를 담았다.

당신이 만약 좌판을 펼쳐놓고 사과 1개에 천 원을 받고 팔고 있다고 가정해보자. 어떤 말로 호객행위를 할지 감이 잡히는가? 감이 잡히지 않는다면 시장이나 마트의 과일코너에 가서 한 번 귀기울여보자. 어떤 이는 사과가 싸다고 할 것이고 또 어떤 이는 사과가 맛있고 달다고 할 것이다. 하지만 정말 지나가는 고객의 마음을 움직이는 한 마디는 사과에 담긴 이야기이다.

"가뭄도 폭우도 우박까지도 견뎌낸, 특별한 합격사과가 1개에 만 원! 한 박스밖에 남질 않았습니다." 무슨 사과에 얼마나 대단한 이야기가 담겼겠느냐고 생각할 수도 있다. 그러나 그런 생각은 잘못된 것이다. 모든 영업에는 이야기가 있다. 사과 하나에서부터 가전제품, 화장품, 패션용품, 의류, 자동차, 부동산에 이르기까지 이 세상 모든 물건에는 당신이 나에게 지금 이 순간 돈을 지불해야하는 이유가 있는 것이다. 그 이유를 이야기로 만들어 풀어나가는 것은 영업사원의 몫이다. 제품 혹은 서비스에 담긴 이야기를 풀어 고객에게 소개하는 것과 허황된 거짓말로 고객을 기만하는 것은 천지차이이다.

스토리텔링. '스토리(story)와 텔링(telling)'의 합성어로서 말 그대로 '이야기하다'라는 의미이다. 상대방에게 알리고자 하는 바를 재미있고 생생한 이야기로 설득력 있게 전달하는 행위이다. 스토리텔링은 원래 문학이나 영화, 교육학 등에서 활용되던 방법이다. 말하고자 하는 바를 이야기에 담아 설명하면 집중도가 배가 되기 때문이다. 이를 영업에 접목시킨 것이 바로 '스토리셀링'이다. 제품을 단순히 판매하는 것이 아니라 상대방에게 재미있고 집중할 수 있는 이야기를 통해 판매하는 것이다.

"임금님 귀는 당나귀 귀" 이야기를 기억하는가? 왜 늙은 노모를 봉양하는 마음 약한 이발사는 자신의 목숨을 걸면서까지 임금님의 비밀을 말하려 한 걸까? 커뮤니케이션, 유언비어를 포함해 무수히 많은 소문과 뒷담화의 이면에는 그것을 전달하고 싶어 하는 원초적 본능이 숨어 있다. 우리가 살아가는 사회는 냉철한 이성에 의해서만 작동하는 것이 아니라 낭만적인 감성에 의해서도 움직인다. 이성적 계산에 의해서만 작동하는 과학기술이 발전할수록 미래 사회는 감성적 가치를 소중히 여기게 될 것이다. 그런 사회에서 생존하는 브랜드가 되기 위해서는 제품 혹은 서비스에 담긴 꿈과 비전, 그리고 이야기가 있어야 한다. 머나먼 이야기가 아니다.

삼성 디지털프라자에서 가전제품을 영업한지 1년여쯤 되었을까. 여느 날들과 다를 것 없는 평범한 평일 오후. 내 나이 또래쯤으로 보이는 젊은 남녀가 쭈뼛쭈뼛 매장을 들어와 경계심 가득한 걸음걸이로 재빠르게 직원들이 없는 코너로 이동했다. 그리고 한 명은 휴대폰을, 다른 한 명은 냉장고 문을 열었다 닫았다하며 가격표를 보고 놀라기를 반복하고 있었다. 누가 보더라도 어린 예비 신혼부부 느낌이 났다. 이런 손님은 상담을 받고 싶은 니즈와 이미 온라인을 통해 어느 정도 정보를 얻은 제품을 조용히 살펴보고 싶어 하는 니즈를 모두 가지고 있다. 보통 20대가 가전제품 매장에 혼자 와서 상담을 받고 결제까지 하는 경우는 드물뿐더러 제품을 살펴보고만 가는 경우가 많아 영업사원이 적극적으로 다가가지 않는다. 나 역시 이런 마음을 잘 알기 때문에 먼발치에서 조금씩 다가갔다.

매장에 방문했다는 것은 어떤 이유에서건 제품에 관심이 있어서 온 것이므로 직원이 너무 부담스럽게 해서도 안 되지만 방치해서도 안 된다. 고객이 무언가 궁금한 점이 있어 고개를 돌리면 다가갈 수 있는 거리에 있어야 상담이 자연스럽게 연결된다. 아니나 다를까 무언가 궁금한 점이 생긴 고객이 조심스럽게 나를 불러 제품에 대해 물어보기 시작했다.

일반적으로 백화점, 마트 등 오프라인 매장은 주말에 손님이 많고 평일에는 한가한 경우가 많다. 마침 매장에는 그 젊은 남녀를 제외하곤 한, 두 팀밖에 없었기 때문에 나는 동갑나기 친구와 이야기를 나눈다는 심정으로 웃으며 상담을 시작했다. 이럴 때 하수인 영업사원은 제품을 살 손님과 안 살 손님을 스스로 구분짓고, 안 살 손님에게는 최선을 다하지 않는다. 특히 가전제품 매장은 나이 어린 사람이 냉장고 혹은 에어컨 등을 스스로 결정하고 결제까지 하는 경우는 드물어 영업사원들이 최선을 다하지 않는 경우가 많다.

젊은 고객과 이야기를 나누어보니 역시나 혼수를 준비 중인 고객으로 인터넷과 마트, 백화점, 타 매장 등 여러 경로에서 제품을 알아본 고객이었다. 나는 이들에게 고객이 아닌 마치 친구라는 마음으로 내 이야기를 시작했다. 나 역시 오래 사귄 이성친구와 미래를 준비하고 있는데 나라면 어떤 제품을 쓰고 싶은지, 연령대와 결혼, 집 마련이라는 공통의 큰 범주를 가지고 이야기했다. 개인사를 이야기하면 대뜸 거부감이 들 수 있지만, 제품을 상담하는 와중에 진심을 담아 내 경험을 스토리로 풀어 설명하는 것은 강한 신뢰감을 줄 수 있다. 이미 제품에 대해 충분히 알아본 고객들이었기 때문에 제품을 설명할수록 스펀지처럼 잘 빨아들였다.

한 시간 남짓 지났을까. 말하는 사람 역시 듣는 사람이 잘 들어줄수록 신이 나서 설명하기 마련인데, 여성고객이 특히나 열심히 설명을 들었다. 예비신랑은 다소 과묵한 편이었는데, 설명이 모두 끝난 후 여성고객과 조금 더 둘러보고 오겠다는 형식적인 인사말과 함께 돌아갔다.

솔직히 말하자면 돌아오지 않을 줄 알았다. 그 주 주말에 젊은 남녀는 부모님과 함께 돌아와 혼수용 가전제품을 구매했고, 나중에는 그 여성고객의 동생까지 나에게서 혼수용 제품을 구매했다. 나중에 들은 이야기지만 이미 다른 매장에서 가전제품을 구매하기로 한 상태에서 우리 매장이 집 근처라 한 번 더 확인 차원에서 방문한 것이었는데, 과묵한 남성고객이 나에게서 사자고 강력히 주장했다고 한다.

제품 하나를 팔더라도 제품을 파는 영업사원의 이야기가 있고, 제품이 만들어진 과정의 이야기가 있고, 제품을 사고자 하는 고객의 이야기가 있다. 이렇게 수많은 이야깃거리가 있는데, 어느 것 하나라도 이용하여 소통하려 하지 않고 딱딱하게 제품의 가격만 설명한다면 영업사원은 머지않은 미래에는 자판기로 대체될 것이다. 장사는 싸게 사서 비싸게 파는 것이 기본이다. 그만한 값어치를 느끼게 만들지 않으면 고객은 지금 이 순간 지갑을 열 이유가 없는 것이다.

정보화와 인공지능의 발달이 점점 가속화하는 시대이다. 손가락 몇 번만 움직이면 영업사원의 머릿속에 있는 지식보다 무궁무진한 정보를 훨씬 정확하게 검색할 수 있다. 합리성만 따진다면 높은 인건비를 들여 불완전한 영업사원을 더 이상 고용할 이유가 없게 되었다. 하지만 정보화가 이루어지면서 가치대비 성능을 따지던 고객들이 이제는 패러다임이 변해 가치중심 소비를 하고 있다. 제품의 가성비만 따지던 고객들이 소위 '가중비'를 따지기 시작한 것이다. 과거에는 100만원을 주고 제품을 구매해 200만원의 효과를 내는 것과 90만원을 주고 200만원의 효과를 내는 선택지가 있다면 모두 후자를 택했다. 그것이 가진 성능 대비 돈이 얼마나 들었는지를 고려한 것이다.

그렇지만 이제는 제품이나 서비스가 가진 '가치' 자체에 집중하는 시대가 되었다. 굳이 소유의 필요성이 없다고 느낀다면 구매하지 않고 빌려 쓰며, 한 순간의 경험이라도 가치가 있다고 느낀다면 큰돈을 지불하는 데 망설이지 않는다.

일례로 최근 3년 사이 필수가전으로 등극한 가전제품이 있다. 의류건조기이다. 과거에는 건조기라고 하면 보통은 식기건조기만을 생각했으나 이제는 의류건조기를 생각하는 사람이 더 많아졌다. 100만원은 우습게 넘어가는 이 건조기는 왜 이슈가 되었을까? 그동안 옷을 말리지 못하고 살아온 것도 아닌데. 사실 의류건조기가 없다고 해서 생활에 큰 불편이 생기는 것은 아니다. 하지만 이 제품의 탄생배경에도 스토리가 있다.

건조대에 옷을 널면 햇빛으로 자연스럽게 마르는데 왜 비싼 돈을 주고 의류건조기를 구매할까? 그저 다른 사람들이 좋다고 하니까 구매하는 시대는 지났다. 내가 만족하고 그만한 가치가 있다고 느껴야 지갑을 여는 시대다. 최근 몇 년 사이에 황사부터 미세먼지까지 가히 대한민국의 공기 질이 상당히 나빠졌다는 사실은 모두가 피부로 느낄 것이다. 그러다보니 창문을 열어 환기를 시키지 못하는 경우가 잦아졌다. 게다가 외출하고 들어와도 옷에 냄새나 먼지가 많다고 느껴지는 경우가 많다. 따로 창문을 열지 않고 건조대를 펼쳐 빨랫감을 이리저리 옮기지 않고도 빨래한 뒤 먼지까지 모두 잡아줄 수 있는 제품이 있다면 어떨까? 거기에 태어난

지 얼마 안 된 갓난아기의 건강이 걱정되고, 기술이 좋아져 의류의 1회 건조비용이 100원대 수준이라면? 진정한 영업사원이라면 제품의 특장점만 강조하는 것에 그치지 않고 이 제품이 고객에게 가져다줄 변화에 대해 스토리를 통해 생생히 느끼도록 전달해야 한다. 그것이 진정한 '스토리셀링'의 힘이다.

새로운 가치중심 소비 사례로 '방 탈출 카페'나 '양궁 카페'가 있다. 아니, 스스로를 방에 가둬놓고 여기서 빠져나오기 위해 돈을 쓴다니 이성적으로 생각하면 이 얼마나 말이 되지 않는 행위란 말인가. 아마도 연세가 지긋하신 분들은 도무지 이해하지 못할 가능성이 높다. 하지만 이제는 가치와 신념을 팔고 경험을 공유하는 시대다. 스토리 역시도 한 방향으로 가는 것이 아닌 참여와 공유가 보편적인 질서로, 쌍방향으로 소통하는 세상이 되었다. 이러한 세상일수록 이야기는 더욱 힘을 발휘한다. 저명한 미래학자인 롤프 옌센은 '드림 소사이어티'라는 저서의 첫 장에서 덴마크 사람들의 달걀 소비에 관해 자료를 제시하며 앞으로 전개될 미래를 다음과 같이 그렸다.

덴마크에서는 방목하여 기른 암탉이 낳은 달걀이 전체 달걀 시장의 50% 이상을 차지한다. 소비자들은 좁은 닭장 안에 갇혀 자란 암탉보다는 자연에서 뛰놀며 자란 암탉을 선호한다. 즉 할아버지 할머니 시대의 방식으로 생산된 달걀은 비싸지만, 소비자들은 15~20% 정도 비싼 가격을 기꺼이 지불한다. 달걀이 생산되는 과정의 이야기에 기꺼이 비용을 지불하는 것이다. 소비자들은 동물윤리라는 가치와 목가적 낭만주의에 더 높은 가격을 지불할 용의가 있다.

롤프 옌센은 소비자들이 무조건 가격이 저렴한 물건을 사는 데에만 혈안이 되지 않고, 제품이 가진 의미와 상징을 소비의 중요한 요소로 고려한다고 말한다. 이야기 속에 담긴 무언가 보이지 않는 '상상성'을 자극해 물질 이상의 의미를 찾는 것이다.

뛰어난 영업사원은 고객으로 하여금 제품 자체로서의 유용성뿐만 아니라 그 안의 또 다른 신념을 판매한다. 롤프 옌센은 미래 사회의 주된 소비 수요는 이처럼 감성시장에서 어떤 기업이 더욱 탁월하게 공감할 수 있는 윤리적, 정치적 신념을 판매할 줄 아느냐에 좌우된다고 말한다.

일개 영업사원에게만 적용되는 것이 아니라 성공적인 기업의 리더는 위대한 기업의 문화와 이미지를 만들어내는 이야기꾼이다. 그렇기에 자신을 한낱 영업사원이라고만 생각하지 말고 하나의 브랜드 정체성을 가진 스토리셀러라는 마음으로 영업에 임해야 한다. 2015년 창업한 '포테이토 파르셀'이라는 회사는 월마트에서 파는 감자에 글을 써서 보내주는 회사이다. 문구는 사용자가 정할 수 있는데 사진까지 붙이면 추가 요금이 붙는다. 여느 감자와 다를 것 없는 똑같은 감자에 글 몇 자 써서 보내주는 것에 누가 돈을 지불할까 싶지만 창업 3개월 만에 3000개가 팔리면서 월매출

1만 달러를 기록했다. 서비스 지역도 영국, 캐나다, 호주, 유럽까지 확장하며 억만장자 케빈 오리어리로부터 5만 달러의 투자 유치까지 성공한다. 울퉁불퉁 감자에 '생일 축하해!', '사랑해!' 같은 메시지를 새겨 보내주는 이 아이디어는 창업자인 알렉스 크레이그의 여자친구에게 '세상에서 가장 멍청한 아이디어'라는 혹평까지 받았다.

감자편지에서부터 합격사과, 자연에서 뛰어노는 암탉의 달걀, 이 모든 사례에는 그만한 값어치가 있다고 판단한 소비자가 있다. 우리는 어쩌면 정보시대가 아닌 감성의 시대에 살고 있다. 스토리텔링은 이러한 시대의 가장 효과적인 유혹 장치이다. 버락 오바마의 미국 대통령의 당선을 이끈 정치 캠페인이 그랬다. 코카콜라에 '사랑해', '우리 가족', '힘내자', '친구야', 등의 스토리 문구로 묶음 판매를 유도한 코카콜라 캠페인이 그러했다.

내가 팔고자 하는 무언가의 값은 내가 정할 수 있다. 그렇게 정한 값을 받기 위한 이야기는 그럴 만한 값어치를 해야 한다. 물론 그 이야기에는 진심이 담겨야 한다. 그것만이 고객으로 하여금 정량적인 수치와 정보의 홍수 속에서 당신의 목소리에 귀 기울이게 하는 유일한 수단이다. 앞서 소개한 MOT 7단계가 고객을 대하는 영업의 기본이라면, 스토리셀러가 되는 것은 커뮤니케이션의 기본이라 할 수 있다.

3

불완전한 고객의
비합리적 선택을 파고든다

경제학은 인간이 합리적이라는 대전제 아래 모든 것을 설명한다. 하지만 인간이 합리적이지 않다면?

예컨대 달콤하고 맛있는 초콜릿이 있다고 가정해보자. 누구나 초콜릿을 좋아하지만, 이 초콜릿이 바퀴벌레 모양이라면 감히 손을 대기 힘들 것이다. 논리적으로 생각하면 모양에 관계없이 내용이 초콜릿이므로 그런 반응을 보일 필요가 없다. 하지만 바퀴벌레에 대한 관념에 역사나 문화가 깃들어 있다고 가정하면 다른 문화권의 사람들은 이렇게 반응하지 않을 수도 있다. 이처럼 인간의 실제 행동을 심리학 관점에서 바라보고 이로 인한 결과를 규명하려는 행동경제학이 대두되고 있다.

행동경제학은 주류경제학의 '합리적인 인간'을 부정하는 데서 시작하지만, 그렇다고 인간을 비합리적이라고 단정 짓는 것은 아니다. 다만 무조건 합리적이라는 주장을 부정하고, 이를 증명하려는 것이 행동경제학의 입장이다.

뜬금없이 웬 경제학이냐고? 행동경제학자들은 인간이 제한적인 상태에서만 합리적이며 때론 감정적으로 선택하는 경향이 있다고 주장하는데, 판매를 잘하는 영업사원은 고객이 이렇게 감정적인 선택을 하는 상황을 파고든다.

이성적 결정도 감정의 영향을 받는다는 것은 영업사원들에게 굉장히 중요한 사실이다. 여전히 주류경제학에서는 행동의 결과가 불확실한 상황에서 경제주체는 결과에 대한 기대치에 입각해 합리적 판단을 내린다는 '기대효용 이론(Expected utility theory)'을 주장한다. 그러나 '전망 이론(Prospect theory)'을 중시하는 행동경제학자들은 '사람은 절대 가치에 반응하기보다는 그 변화에 예민하게 반응한다.'고 믿는다. 예를 들면 우리가 건강할 때에는 건강의 가치를 잘 모르고 지내지만, 큰 병에 걸리고 나면 비로소 건강의 소중함을 깨닫게 되는 경우이다. 영업을 업으로 삼은 판매사원들이 이런 이론들 중 어느 것이 정확한지까지 분석할 필요는 없겠지만, 분명한 것은 인간은 불완전한 선택을 하는 경우가 많으며, 잘 파는 영업사원은 이러한 심리를 판매에 십분 활용한다는 점이다. 대표적인 사례를 몇 가지 살펴보도록 하자.

1. 보유 효과

특정 대상을 소유하거나 소유할 수 있다고 생각하는 순간 그 대상에 대해 애착이 생겨나서 객관적인 가치 이상의 의미를 부여한다.

이 효과는 일단 소유하게 되면 더 소중하게 느껴지는 심리와 관련된 것이다. 이는 의사결정을 해야 하는 사람은 현 상황을 고수하려는 경향을 띤다는 것을 의미한다. 예컨대, 의료보험이나 연금 등을 선택할 때에는 이미 가입되어 있는 것을 다른 것으로 잘 바꾸려하지 않는다. 자신이 오래 살아왔던 동네를 쉽사리 떠나려 하지 않는 것이나 자주 가던 식당을 바꾸지 않으려는 것도 같은 맥락이다. 어쩌다 구입한 특정 브랜드의 빵이나 커피를 수십 년 간 계속하여 구입하기도 한다. 어떤가? 공감이 가는가?

보유 효과는 반품 보장 서비스 같은 체험 마케팅에도 적극 활용된다. 대형마트인 홈플러스는 고객이 구입한 신선식품의 품질에 만족하지 못하면 7일 이내에 영수증과 상품을 가지고 오면, 1회에 10만 원 한도에서 월 10회까지 교환·환불 받을 수 있다. 일단 체험해보면 그 제품에 대한 가치평가를 높게 매기기 때문에 계속 보유하려는 경향이 생겨서 반품 사례가 생각보다 적다는 사실을 이용한 것이다.

코넬대학 경제학부 학생들의 실험은 이러한 보유 효과를 잘 보여준다. 학생들을 무작위로 2그룹으로 나누고, 한 그룹에만 대학의 로고가 그려진 머그잔을 주었다. 그리고 머그잔을 가진 그룹과 머그잔을 가지지 않은 그룹 사이에서 머그잔 경매를 실시했다. 머그잔을 가진 그룹이 팔려는 금액은 머그잔을 갖지 않은 그룹이 사려는 금액의 약 2배였다.

이러한 사례에서 드러나는 보유 효과를 영업전선에서는 어떻게 활용하면 좋을까? 바로 체험이다. 가전제품을 예로 들면, 매장을 방문해 냉장고나 세탁기를 여닫아본 고객과 눈으로 보기만 한 고객이 제품을 구매할 확률은 어느 쪽이 높을까? 설사 고객이 팔짱을 낀 채 수동적이고 방어적인 태도를 보인다고 해도 영업을 잘 하는 사원은 고객이 문을 열어보게끔 유도하고 안을 들여다보고 만지게 하는 것을 볼 수 있다. 세탁기 안으로 손을 넣어 깊이가 얼마나 깊은지, 김치냉장고 내부가 얼마나 차가운지 직접 느끼게 하는 것이다.

이렇게 체험을 유도하면 고객은 본능적으로 그 제품에 애착이 생겨 객관적인 가치 이상의 의미를 부여하는 것이다. 영업을 잘하는 사람은 누가 시키지 않아도 이처럼 고객의 체험을 이끌어낸다. 자동차의 시승 체험이나 무료 화장품 증정도 비슷한 맥락으로, 보유 효과를 활용한 것이다.

2. 닻 내림 효과

사람들은 출발점에서 너무 멀리 벗어나지 않으려 한다.

앵커링 효과라고도 불리는 이 효과는 특정한 숫자나 기준점으로 작용하여 이후의 판단에 영향을 미치는 현상을 일컫는다.

사람들은 정보나 지식이 충분하지 않은 상황에서 행동하거나 결정을 내려야 할 때 직관적 사고에 의존하는 경향을 보이는 것을 휴리스틱(Heuristic)이라고 하는데, 앵커링 효과는 이러한 휴리스틱 사고의 일종이다. 행동경제학의 창시자인 카너먼과 트버스키는 실험에서 참가자들에게 1에서 100까지 적혀있는 룰렛을 돌려 나온 숫자가 유엔 가입국들 중 아프리카 국가가 차지하는 비율보다 높은지, 적은지 추측해보라는 질문을 던졌다. 예를 들어, 숫자 30이 나오면 아프리카 국가의 UN가입률이 30보다 높은지 낮은지 추측해보는 식이다. 그 결과 실험참가자들은 실제 아프리카 국가들의 가입률과는 관계없이 자신이 뽑은 숫자를 기준으로 거기에 가까운 숫자를 정답으로 제시하였다. 관련 정보가 없는 상황에서 룰렛을 통해 뽑은 숫자가 닻의 역할을 한 것이다.

이와 유사하게 미국 시카고대학 교수 크리스토퍼 시(Christopher Hsee)는 실험참가자들에게 자신의 전화번호 뒷자리 세 자리를 적게 한 후 로마제국의 멸망 시기를 추측하도록 하였는데, 대부분의 참가자들은 자신의 전화번호와 유사한 숫자를 정답으로 제시하였다. 이는 로마제국의 멸망 시기가 언제인지에 대한 구체적인 정보가 부족한 상황에서 전화번호가 기준점 역할을 한 것으로 볼 수 있다.

이러한 닻 내림 효과는 일반매장에서도 쉽게 찾아볼 수 있다. 명품매장의 전면 쇼윈도에 몇 천만 원을 호가하는 고가의 가방을 진열해놓는 것이 대표적이다. 판매자는 진열된 가방이 실제 구매로 이어지기를 기대하기보다는, 제시된 금액이 기준점으로 작용하여 소비자가 상대적으로 저렴한 다른 제품들에 대하여 '살 만한 가격'이라는 느낌이 들게 하는 역할을 기대하는 것이다. 백화점의 가전제품 매장에서 88인치 최고급 대형 TV가 수천만 원의 가격표를 붙이고 있는 것도 비슷한 이치이다.

이와 유사하게 마트에서 할인가로 판매되는 제품들 역시 기존의 가격정보가 기준점 역할을 하여 소비자들이 더 쉽게 지갑을 열 수 있게 심리적 안도감을 제공한다. 품목별로 다양하게 30%, 50% 같은 파격할인을 하고, 이것도 모자라 '원 플러스 원' 행사와 '덤 증정' 같은 이벤트를 계속 진행하는 편의점, 마트 등이 그렇다. 한꺼번에 살 필요가 없음에도 1만원을 주고 4캔의 맥주를 구매하는 것도 그러한 이유이다.

영업사원이 상담할 때도 마찬가지이다. 일반적으로 협상을 할 때에는 원하는 조건 또는 가격을 먼저 제시하는 쪽이 유리하다고 한다. 이는 먼저 제시된 조건이 기준점 역할을 한다는 원리를 적용한 것으로, 처음부터 자신이 기대하는 것보다 조금 높은 조건을 제시하여 상대방에게 기준점으로 인식되게 만든 후, 중간 지점에서 타협하여 이익을 얻을 수 있기 때문이다.

하지만 처음부터 패를 전부 보여선 안 된다. 고객이 새 아파트에 입주하며 가전제품을 모두 바꾸게 되었다고 가정해보자. 냉장고와 TV, 세탁기, 에어컨만 바꿔도 1천만 원은 훌쩍 넘어간다. 한 번 구매하면 10년 이상을 쓰는 고관여 제품이므로 패스트푸드점에서 불고기버거를 먹을지 새우버거를 먹을지 하듯 결정할 수 없다. 고객은 충분한 고민 끝에 제품을 결정하려고 여러 매장을 둘러볼 확률이 높다.

그런 고객이 찾아오면 당신은 제품가격을 어떻게 협상할 것인가? 실제로 최대로 할인하여 판매할 수 있는 가격이 800만 원이라면, 고객에게 처음에는 990만 원을 이야기할 수 있을 것이다. 전 품목을 합치면 천만 원이 넘지만, 나름 본인에게 주어진 권한으로 할인가를 적용해 천만 원 이하로 해드리겠다는 말과 함께. 하지만 고객도 이미 여러 매장을 들르며 상담 받았기 때문에 이전 매장에서도 비슷한 금액으로 이야기를 시작했을 것이고, 최종적으로는 830만 원까지 할인해주겠다는 말을 듣고 당신을 찾아왔다. 이런 사실을 처음부터 말하는 고객도 있지만 그렇지 않은 경우가 더 많다. 이제 당신과 고객이 상담을 시작하여 처음 앵커링된 금액은 990만 원이다. 당신은 단계를 밟아나가며 830만 원보다 낮은 선에서 고객과 합의점을 찾을 수밖에 없다. 매장마다 제품과 프로모션이 상이하므로 단적인 예시에 불과하지만, 영업사원은 모든 고객이 완전한 선택을 내리지 않는다는 사실을 알아야 한다.

3. 프레이밍 효과

동일한 사안도 그것이 제시되는 방법에 따라 사람들의 해석이나 의사결정이 달라지는 인식의 왜곡(cognitive bias) 현상을 말한다.

물을 절반쯤 채운 컵을 보며, '물이 절반이나 남았다.'는 사람과 '물이 절반밖에 남지 않았다.'고 말하는 사람이 있다. 긍정적 틀을 적용하면 긍정적인 결론이, 부정적 틀을 적용하면 부정적인 결론이 내려질 가능성이 높은 것이다.

행동경제학자 카너먼과 트버스키는 두 그룹의 참가자들에게 똑같이 다음과 같은 질문을 했다. "600명이 질병에 감염됐다고 전제할 때, 다음 두 가지 치료법 가운데 이들을 살릴 수 있는 것을 선택하시오."

첫 번째 그룹에게는 다음 두 가지 중 선택을 지시했다. 치료법 A는 200명이 살 수 있고, 치료법 B는 환자 전체가 살 수 있는 확률이 33%, 아무도 살지 못할 확률이 67%이다.

두 번째 그룹에게는 다음 두 가지 중 선택을 지시했다. 치료법 C는 400명이 죽고, 치료법 D는 아무도 죽지 않을 확률이 33%, 모두가 죽을 확률이 67%이다.

과연 이들은 어떻게 대답했을까?

놀랍게도 A, B와 C, D는 같은 내용의 질문이었음에도 첫 번째 그룹은 A를 선택한 사람이 72%인 반면에 두 번째 그룹에서 C를 선택한 사람은 22%에 불과했다. 즉 긍정적인 생각을 심어줄 경우, 사람들은 불확실한 이득보다 확실한 이득을 선호하고, 부정적인 생각을 심어줄 경우, 확실한 손실보다 불확실한 손실을 선호하는 경향이 나타난 것이다. 동일한 사안에 대해 어떻게 제시하는 지가 그 사람들의 선택에 영향을 주는 것으로 부작용을 무릅쓰고 검증되지 않은 민간치료법을 시도하는 것도 이 때문이라고 풀이할 수 있다.

마치 생존 가능성이 희박하다고 판정받은 환자가 수술 생존율이 80%인 경우 사망할 확률이 20%라고 말하는 것과 성공할 확률이 80%라는 답변은 같은 결과이지만 해석은 정반대일 수 있다.

말 한 마디가 '어'다르고 '아'다르다는 것이 바로 그렇다. '이 수술을 받은 환자 100명 중 80명이 수술 후 5년이 지났는데도 건강하다'와 '이 수술을 받은 환자 100명 중 20명은 수술 후 5년도 못 살고 죽었다.'는 천지 차이인 것이다. 두 가지 경우 과연 환자는 어떤 선택을 할까? 고객과 이야기를 할 때도 이러한 프레임을 잘 전달하는 영업사원이 실력 있는 영업사원이다.

당신이 자동차를 판매하는 영업사원이고 팔고 싶은 자동차가 2천만 원짜리 C라는 자동차라고 가정해보자. 그렇다면 고객에게

이 자동차가 비싸지 않다는 프레임을 제공하기 위해서는 1천만 원짜리 자동차 A와 1천5백만 원짜리 자동차 B를 함께 보여줘서는 안 된다. 1천5백만 원짜리 자동차 B와 2천5백만 원짜리 자동차 D를 함께 보여주어 자동차 C가 비싸지 않게 느껴지도록 하는 것이 이러한 프레이밍 효과를 적절히 활용한 것이다.

가끔 식당에 방문했을 때 누가 이런 것을 주문할까 싶을 만큼 비싼 메뉴가 존재하는 것은 그보다 한 단계 저렴한 가격대의 메뉴를 잘 팔기 위한 장치라는 점을 기억하자. 틀을 어떻게 제시하는지에 따라 고객의 최종 결정은 하늘과 땅 차이를 오갈 것이다. 한 달 가전제품으로 인한 전기세 혹은 어느 재단의 후원금을 이야기할 때 커피 한 잔 값에 빗대어 이야기하는 것 또한 영업사원이 프레임을 제공해 선택을 도운 것으로 볼 수 있다. 마치 고객이 마법에 걸린 것 같은 기분이 들 정도로 자연스럽게 선택의 프레임을 제공하는 것, 그것은 영업사원의 역량에 달려있다.

4. 심적 회계

머릿속에도 소비항목들에 대한 계정이 있다.

할인판매 때 따지지도 않고 쉽게 지갑을 열지만 정작 입어보지도 신어보지도 않은 옷이나 신발을 산 경험이 있기 마련이다. 또 새집으로 이사하면서 냉장고를 교체할 때, 평소엔 생각지도 않던 자질구레한 세간도 함께 바꾸곤 한다. 이 때문에 파생소비가 더 커지는 경우가 있는데 그 이유가 바로 돈에 대한 심리적 편견 때문이다. 이러한 편견을 잘 파고들어야 훨씬 수월하게 '딜'을 성공시키는 영업사원이 될 수 있다. 직장인들의 경우 뜻밖의 상여금일수록 정기적금이나 예금보다는 일반통장 계좌에 넣을 가능성이 높을 뿐 아니라 공짜로 얻은 돈이라는 생각이 강해 당장 써버리기 쉽다. 지난 명절 상여금을 어떻게 사용했는지 생각해보면 이해가 빠를 것이다. 이처럼 소액의 공돈이 마중물이 되어 지갑을 열게 만드는 대표적인 사례로 백화점 상품권이 있다. 백화점에서는 할인행사보다 상품권을 주는 경우가 많다. 고객들에게 구입금액 10만원마다 지급되는 1만 원권 상품권은 모두 임시계정에 있는 공돈이라 여기게 된다. 백화점의 입장에서 현금할인은 백화점으로 다시 되돌아오기 어렵지만 지급된 1만원 상품권은 백화점이 아닌 다른 곳에서 사용하기 어렵기 때문에 그 백화점에서 사용되기 쉽다. 이 때 소액의 상품권은 종자돈이 되어 예상치 않게 지갑에서 더 많은 돈을 사용하도록 부추긴다. 또한 현금으로 지불하는 것보다 신용카드로 결제할 경우 그 비용에 대해 상대적으로 덜 부담스럽게 생각하게 되는데, 이는 당장 돈이 내 수중에서 나갔다는 생각이 덜하기 때문이다. 무의식적으로 신용카드와 현금결제 비용을 서로 다른 심적 회계 계정에 집어넣어서 신용카드를 이용할 땐 상대적으로 소비하기 훨씬 쉬워진다. 이처럼 물건을 사거나 주식투자를 할 때 혹은 심지어 내 지갑 속 돈을 평가할 때 경험하는 독특한 심리를 '심적 회계' 즉 '멘탈 어카운팅(mental accounting)'이라 한다. 우리는 머릿속으로 이득과 손실을 서로 다른 계정에 두고 각각 따로 따로 다룬다. 마치 기업에서 회계처리를 할 때 비용, 지출, 수입 등을 구분하여 기록하는 것처럼 말이다. 예를 들면, 자동차 가격이 2~3000만 원할 때, 추가로 100만 원하는 선루프나 내비게이션 옵션은 쉽게 받아들인다. 반면에 5년 된 중고차에는 몇 십만 원하는 내비게이션을 옵션으로 선뜻 선택하기 어렵다. 왜냐 하면 소액의 옵션비용은 신차구입 총비용에 포함시키기 때문에 선루프 비용이 과하다고 느끼지 않기 때문이다. 반면 중고차인 경우 옵션비용을 별도의 비용계정으로 구분하게 되고, 이중지출로 간주되어 망설이게 된다. 백화점 신사복매장에서 와이셔츠, 넥타이 등을 함께 구매하는 경우 또한 유사한 사례다. 몇 십만 원하는 신사복에 비해 상대적으로 소액인 와이셔츠나 넥타이에 대해서는 별개의 구입비용으로 간주하지 않게 된다. 모두가 잘 알고 있는 매몰 비용 역시 고객이 내리는 심적 회계상 비합리적 선택의 단적인 예다. 일주일 전 구매한 구두가 발에 맞지 않아 불편하지만 바꿀 수 있는 기간이 지났다면 잘못 산 것으로 간단히 처리하고 넘길 수 있을까? 이미 회수할 수 없는 비용임에도 불구하고 여러 차례 신어보려다 전전긍긍 앓고 시간이 한참 지나서야 버린 기억이 있을 것이다. 영업은 사람을 진정 이해해야 그 빛을 볼 수 있다. 이처럼 합리적이라는 가정 하에는 보일 수 없는 고객의 모습을 캐치하고 치밀하게 공부해야 비로소 잘 파는 영업사원으로 거듭날 수 있다는 점을 명심하자. 사소한 말 한 마디 단어 선택 하나부터 신중을 기해 고객에게 유리한 프레임을 제공하고 체험을 통한 보유 효과와 닻 내림 효과 모두 영업의 성패를 좌우할 수 있다는 점을 기억하자.

4

숫자로
제대로 말한다

수많은 비즈니스의 성공을 결정하는 요소는 바로 협상이다. 비단 매장에서 근무하는 영업사원에게만 해당되는 것이 아니라, 여러 기업이 크고 작은 협상의 테이블에서 상대방의 마음을 어떻게 움직이느냐에 따라 성패가 결정된다.

깐깐한 고객의 마음을 사로잡기 위해서, 혹은 상사나 거래처에 대해 내 생각을 정확히 전달하기 위해서는 말 속에 명확한 의도가 담겨야 한다. 한 치도 더 더하거나 빼지도 않고, 불필요한 내용 없이 핵심을 정확히 전달하는 것이 중요하다. 그럴 수 있는 가장 쉬운 방법으로는 핵심을 숫자로 이야기하는 것이다. 실제로 이름깨나 날린 영업사원은 모두 말하고자 하는 바를 명확하고 간결한 숫자로 전달한다는 것을 알 수 있다. 이번 장에서는 뛰어난 영업사원이 숫자를 어떻게 제대로 활용하는지에 대한 이야기를 소개하도록 하겠다.

첫째. 숫자를 잘게 쪼개 이야기한다.

영업을 시작하면 숫자로 시작해 숫자로 끝나는 삶을 살아야 한다. 고객이나 바이어에게 제품이나 서비스를 설명할 때뿐만 아니라, 오늘 하루의 실적, 제품 품목별 판매량, 월간 목표, 현재 팀 내 판매 등수까지 말 그대로 숫자가 인생의 전부인 삶이 시작된다. 이것이 부담스럽다면 첫 단추를 잘 끼워야 한다. 어떤 마음가짐으로 이를 어떻게 해결해나갈지 도움을 구하고 충분히 생각하고 고민해야 한다.

이때 첫 번째로 기억하면 좋은 방법은 숫자를 잘게 쪼개는 습관이다. 여기에는 크게 두 가지 의미가 있다. 하나는 주어진 영업 목표를 연간, 월별, 주간, 일별, 그리고 시간대별로 쪼개는 것이다. 이는 세일즈의 세계에서뿐만 아니라 시험을 준비하는 학생의 학습계획 수립부터 기업의 대형 프로젝트 조정까지 목표를 수립하고 실행해가는 모든 아젠더의 기본이 된다.

예를 들어, 1년 안에 책 한 권을 집필하겠다는 목표가 있다면, 몇 월까지 초고를 작성할 것이고, 그러려면 한 달에 몇 개의 꼭지를 작성해야 하는지, 한 주에 몇 페이지를 쓰고 하루에 몇 줄을 써야 하는지까지 자세히 쪼개는 것이다. 이는 영업하는 이들에게 분명한 목표의식을 전달하는 효과가 있다.

이번 달 나의 목표량은 전년 대비 얼마만큼 성장한 목표인지, 이것을 달성하기 위해 주간, 일간 단위로 달성해야 할 실적을 가시화하는 것이다. 올해는 몇 건의 계약을 체결하겠다, 얼마를 팔겠다, 몇 대를 팔겠다와 같이 너무 길게 기간을 정하면 당장 오늘 하루 할당된 양이 쉽게 감이 잡히지 않는다.

두 번째로 기억하면 좋은 방법은 숫자를 잘게 쪼개면 고객에게 분명하게 전달할 수 있다는 것이다. 고객이나 거래처에서는 왜 우리 제품이나 서비스를 구매해야 할까? 왜 다른 곳, 다른 사람이 아닌 나한테, 그것도 하필이면 오늘 구매해야 할까? 내가 이점에 대해 고객을 충분히 납득시키려면 숫자로 잘게 쪼개는 방법을 강구해봐야 할 것이다.

"원장님! 종이 알림장을 활용하는 대신 키즈노트 알림장 어플을 사용하시면 보육교사들의 알림장 작성 시간이 1인당 평균 7분에서 2분으로 줄어들어 업무 부담이 크게 감소됩니다!" "고객님, 이 의류건조기를 사용하면 표준 건조 1회 사용 시 전기료가 164원으로, 하루 두 번씩 일주일에 5일을 써도 약 6,500원밖에 안 됩니다. 식구가 많아서 의류건조기를 자주 사용하면 전기세가 많이 나올까 염려스러우시겠지만 실제로는 빨래방이나 세탁소 비용을 비교하여 따져보면 훨씬 더 절약이 됩니다."

어떤가? 단순히 종이 알림장 대신 스마트 알림장을 사용하라는 말보다, 이 의류건조기는 전기세가 많이 나오지 않는다는 말보다 훨씬 신뢰가 가지 않는가?

고객에게 제품이나 서비스에 대하여 설명할 때에는 항상 정확한 근거를 바탕으로 비용이나 특징을 잘게 쪼개서 소개하는 것이 훨씬 쉽게 와닿고 신뢰가 간다. 홈쇼핑에서 제품 가격을 바로 이야기하지 않고 무이자 36개월 할부를 통해 부담하는 금액이 적은 것처럼 설명하지만 실제 36개월 동안 내는 돈을 합쳐보면 결코 적은 돈이 아님을 알 수 있다.

두 번째. 고객은 구체적이고 근거 있는 숫자에 안심한다.

이미지를 구체적으로 떠올릴 수 없는 숫자는 의미가 없다. 어떤 고객을 마주하더라도 와닿지 않는 숫자를 제시하는 것은 고객에게 아무런 감흥도 주지 못한다. 고객을 대할 때뿐 만이 아니라, 직장 상사에게 보고하는 경우에도 마찬가지다. 같은 내용이라도 "사전 조사를 마쳤으니 곧 보고 드리겠습니다."라는 두루뭉술한 보고보다는 "사전 조사가 100% 완료된 상태이며, 현재 보고서를 작성 중입니다. 보고서는 70%쯤 진행됐는데 내일까지 완료해 보고하겠습니다. 혹시 내일 오후 2시쯤에는 검토하실 시간이 되실까요?"와 같이 숫자를 동원한 보고는 더욱 신뢰를 준다. 단적으로 '오늘 저녁에 전화할게.'보다 '오후 7시쯤 전화할게.'가 더욱 믿음이 간다.

고객에게도 제품이나 서비스를 설명하는 경우에도 그 특징에 대하여 막연히 설명하는 것은 전달력이 떨어진다. 이 제품을 사용하면 어떤 기능으로 인해 과거에는 시간이 이만큼 들던 것에서 이만큼이나 감소시켜주므로 효율이 몇 퍼센트나 개선되고 어떤 도움이 된다고 구체적으로 설명할 수 있어야 한다.

이처럼 숫자를 활용해 말하는 것만으로도 전문가다운 인상을 줄 수 있지만, 숫자로 상대방의 머릿속에 그림을 그려넣을 수 있으면 더욱 효과적이다. 이는 곧 설명하고자 하는 것의 원인과 결과, 문제점과 개선사항까지 숫자로 도출할 수 있음을 뜻한다.

일반적으로 어떤 고객이든 제품을 구매할 때에는 부정적인 생각이 함께 들기 마련이다. "이 제품을 고르는 것이 과연 올바른 선택일까?" "돈을 좀 더 모아 다음에 사는 게 유리하지 않을까?" "이 돈을 들여 살 정도로 꼭 필요할까?"

모든 소비자가 대범하게 '그래, 꼭 필요한 데 쓰는 돈이고, 어차피 이 정도 조건이면 나쁘지 않아!'라고 생각하지는 않는다. 오히려 잘못 사면 어쩌나 하고 불안해지고, 나중에라도 더 싼 곳이 있으면 성급한 결정에 후회할 것을 걱정하는 경우가 많다. 이때 영업사원이 "괜찮습니다. 별 문제 없으면 바로 결재하시지요.'라고 권했다면 고객은 안심하기는커녕 도리어 최종 결정을 보류했을지도 모른다. 이럴 때 근거 있는 숫자와 함께 긍정적인 확신을 건네야 고객을 안심시킬 수 있다.

세 번째. 1분보다 55초의 호소력이 강하고, 2배보다 1.2배가 설득력 있다.

고객과 상담할 때는 아주 작은 표현의 차이만으로도 진정성 있는 말이 되기도 하고 전혀 신뢰를 주지 못하기도 한다. 말 속에 담긴 작은 숫자 하나가 그 역할을 한다. 일본의 전설적인 영업 컨설턴트 기쿠하라 도모아키는 한 주택건설회사 영업사원의 사례를 통해 1분이라고 표현하는 것보다 55초라고 말할 때 호소력이 높다고 주장했다. 그가 만난 영업사원은 고객에게 온돌마루를 추천하는 일을 했는데 영업팀도 고객도 온돌마루가 좋다는 점에는 이견이 없으나 가격 문제로 고객에게 차선책을 권했다.

"요즘은 에어컨디셔너의 성능이 좋아져서 온돌마루를 설치하지 않아도 괜찮습니다. 00사의 00이라는 에어컨디셔너는 전원을 켜면 55초 만에 따뜻해진다더군요." 만약 영업사원이 1분 만에 따뜻해진다고 했다면 딱 떨어져서 오히려 신뢰성을 떨어뜨렸을 것이다. 게다가 '1분'이라지만 어차피 '더 걸리겠지'라는 인상을 주기 때문에 오히려 현실감이 없다. 그러나 '55초'라고 말하면 '1분'보다 오히려 더 현실적으로 느껴진다.

게다가 그는 이런 말을 덧붙였다. "그에 비해 온돌마루는 가동시키고 난 뒤 30분 이상은 지나야 따뜻해집니다." 55초를 학습한 고객에게 '30분 이상' 걸린다고 하면 앞의 숫자에 앵커링되어 터무니없이 길게 느껴진다. 이 말을 들은 고객이라면 미련 없이 온돌마루를 포기할 것이다. 비록 온돌마루를 세일즈하는 사람에게 이 숫자 하나가 다는 아니겠지만, 항상 고객의 상황에 맞게끔 제안해야 하는 영업사원이 같은 숫자를 가지고도 어떻게 표현하느냐에 따라 고객이 느끼는 감정은 천지차이이다.

숫자를 활용한 세일즈에서 비슷한 사례로, 2배라고 표현하느냐와 1.2배라고 하느냐에도 큰 차이가 있다. 기쿠하라 도모아키는 신문지 사이에 따라오는 리모델링 광고지의 한 문장을 보고 이를 체감했다.

"도배를 다시 하면 방이 1.2배는 넓어 보입니다." 만약 이 숫자를 1.2배가 아니라 2배로 했다면 어땠을까? "도배를 다시 하면 방이 2배는 넓어 보입니다." 어떤 느낌이 드는가? 믿음이 가는가?

'우와 2배나 넓어 보인다니!'라는 느낌보다 '에이 설마 도배를 바꾼다고 2배나 넓어 보일까. 도대체 이 사람은 무엇을 기준으로 그런 말을 할까?' 하는 의심이 앞선다.

이것이 숫자의 디테일이 가져다주는 신뢰감의 차이다. 고객이 자연스럽게 고개를 끄덕일 수 있는 숫자를 제시하여 바로 그림이 그려지게 하는 것이다. 실제로 이런 마케팅 사례는 실생활에서 수없이 많이 등장한다.

예컨대, 시리얼 같은 과자류에서는 '20% 추가'란 스티커와 함께 더 많은 용량이 담겨 있음을 강조하는 마케팅으로 인기를 끄는 모습을 볼 수 있다. 만약 '100% 추가'라면 어땠을까? '이 상품에 무슨 문제가 있는 걸까?'라는 의문이 먼저 들 것이다. '지금보다 2배 더 날씬해 보입니다.'라는 광고 카피 역시 '지금 보다 20% 더 날씬해 보입니다.'가 훨씬 현실감 있는 느낌을 준다.

비단 영업이나 마케팅뿐만이 아니다. 이런 사소한 숫자가 주는 느낌의 차이를 아는 것은 회사에서 보고를 하거나 발표하는 자리에서도 아주 중요하다. 실생활에서 순간의 단어 선택이 결과에 영향을 주고 결과를 좌우하게 되는 것과 마찬가지다. 고객이나 거래선을 설득하거나 상사에게 보고서를 올릴 경우에도 항상 이 점을 기억하고 무조건 큰 숫자로 올리지 말고 집중할 수 있는 작은 단위로 이야기하자.

네 번째. 한 가지 숫자를 반복해 고객의 머릿속에 각인시켜라.

현대인들은 수없이 많은 광고에 노출되어 있다. 가히 광고의 홍수 속에 산다고 봐도 과언이 아니다. 어디서 동의를 받았는지 전자우편으로 날아오는 광고메일이며, 신문 사이의 광고지, 문을 나설 때 문틈에 껴 있는 광고지를 마주하며 하루를 시작한다. 각양각색의 전단지를 보면 내용도 하나같이 결산, 연말, 특별 세일을 한다는 내용으로, 새해가 되면 한정 수량의 신년 특별 이벤트 행사가 진행되리라는 것을 믿어 의심치 않게 된다. 이는 영업 현장에서도 마찬가지다.

올 여름 에어컨 성수기를 앞둔 '10대 한정' 특별 폭탄세일!'이라는 이벤트에는 금세 솔깃해 하는 고객이 있는가 하면, 말은 그렇게 해도 더 있겠지 의심하는 고객도 있다. 이처럼 너무 많은 정보로 오히려 선택이 어렵고 주어진 정보 자체가 믿음이 가지 않는 경우라면, 한 가지 숫자를 반복해서 고객에게 노출시키는 것이 좋다.

요즘 시대는 정보가 너무 많아 오히려 소비자들이 피로감을 호소하는 경우가 많다. 예컨대 자동차를 상담받기 위해 매장을 방문할 때, 해당 차량 브랜드에 대해 전혀 알아보지 않고 들은 바도 없이 바로 매장으로 직행하는 경우는 드물다. 주위에 친절한 딜러는 없는지 알아보거나 각종 커뮤니티를 통해 다른 차와 비교해 보고 실제 차량 후기를 충분히 많이 알아보고 매장에 가는 경우가 대부분이다.

요즘엔 인터넷이 발달해 2, 30대만이 온라인을 통해 정보를 본다고 생각하면 오산이다. 4, 50대 이상에서도 지역별 인터넷 카페나 SNS를 통해 많은 정보를 접하고 있으며, 그렇게 접하는 정보를 영업사원의 말보다도 더 신뢰하는 경우가 대부분이다. 그렇기에 자동차 매장뿐만 아니라 모든 영업사원은 고객과 만나는 순간에 나누게 되는 말에 굉장한 공을 들여야 한다. 요즘 고객은 굳이 내가 아니어도 제품이나 서비스에 대해 제공받는 정보가 너무 많기 때문에 고객을 만난 몇 십초에서 몇 분 동안에 신뢰를 얻어야 한다. 그렇기 때문에 일관된 숫자를 언급해 고객의 시선을 잡아끌고 믿음을 줘야 한다. 다음과 같은 영업사원의 말을 듣고 고객이 어떻게 리듬을 타게 되는지 생각해보자.

"고객님! 이 에어컨은 하나의 실외기로 스탠드와 벽걸이를 동시에 사용하는 '2 in 1' 제품입니다. 올여름 최고 성수기를 맞아 이번 주말 '이틀'간만 진행하는, 딱 '20대' 한정으로 진행되는 행사입니다. 이 제품은 특별히 작년도 제품보다 전력 사용량이 '20%'나 감소되어 전기세 부담 없이 사용하실 수 있습니다."

'2'라는 숫자를 지속적으로 사용함으로서 암묵적으로 고객의 머릿속에 각인시키는 것이다. 실제로 굴지의 대기업에서 제품이나 서비스를 영업할 때 활용하는 교안 자료에는 대부분 이렇게 일관된 숫자를 가이드 함으로서 영업사원도 기억하기 쉽고 고객도 쉽게 기억하도록 만든다. 이렇게 일관된 메시지를 줄 때 각인효과가 뛰어나다는 점을 이용해 아예 제품 이름에 숫자를 넣은 경우도 있다. '2% 부족할 때', '몸이 가벼워지는 시간 17차(茶)', '치약 2080' 등이 그렇다.

숫자를 영업전선에서 활용하는 사례는 무궁무진하다. '비타 500', '베스킨라빈스 31', '11번가'처럼 브랜드 네이밍을 통해 숫자 자체를 각인시키기 위해 노력한다. 한국창업전략연구소 이경희 소장은 "숫자는 단순, 명료해서 눈에 잘 띄고 특징과 이미지를 함축적으로 전달할 수 있다는 장점이 있다. 특히 고객의 호기심을 자극하고 빠르게 인지되기 때문에 기업은 물론, 소점포에서도 숫자마케팅이 활발하다."고 그 중요성을 강조한다. 롯데유통산업연구소 백인수 소장도 "숫자는 대중들이 연상할 수 있는 가장 쉬운 수단으로 프로모션의 단순화가 필요한 유통업체의 판촉 전략과 맞아 떨어지기 때문에 특히 기념일이나 사회적 이슈 등을 기업 이미지와 결부해 숫자로 표현하는 마케팅은 소비자들의 인지적 잔상속에 오래 남는 효과가 있다."고 말한 바 있다.

'11번가'에서 최대 11개월 무이자 할부 혜택을 준다거나, 11만 원짜리 쿠폰 북을 배포하는 이벤트가 아니라도, 각종 소점포에서숫자 9를 가격정책에 활용하는 것도 이제는 보편화된 방법이다.

영업전선에서 제품 판매를 위한 상담 시에도 숫자는 제품의 특징이나 기능을 차별화되게 제시할 수 있으며 고객 입장에서 쉽게이해할 수 있다. 하지만 이렇게 숫자로 설명한다 해도 숫자를 사용해 정보를 전달하거나 주장을 펼칠 때는 각별한 주의가 필요하다.왜냐하면 나뿐만 아니라 다른 영업사원도 마찬가지로 말을 할 수있기 때문이다. 대부분 비슷한 숫자와 비슷한 장점을 가지고 자기회사 제품이 최고라고 자랑하기 때문에 고객 입장에서는 누구 말이 맞는지 피로도만 쌓이는 것이다. 때문에 숫자로 말 할 때는 주의에 주의를 기울여 핵심만 정확히 전달해야 한다.

그저 숫자를 제시함으로서 경쟁사 제품에 비해 우리 제품이 얼마나 좋은지 이야기하는 것만으로는 부족하다. 한 가지 숫자를 반복해 제시하며 구체적이고 근거 있는 숫자를 잘게 쪼개 설명하는 연습을 계속해야 한다. 필요하다면 샘플 이미지를 만들어둬도 좋다. 고객이 머릿속에 쉽게 상상할 수 있는 멘트를 의도적으로 준비하면 더욱 좋다. 이러한 사전준비 없이 영업을 잘하고 싶다고 의욕만 앞세우면 체계적인 준비 없이 어려운 시험을 통과하겠다고 고집부리는 것과 똑같다.

각 숫자는 그 수 자체로 의미하는 바가 있다. 100은 깔끔하게 딱 떨어지는 강력한 전달력을 지니고 있다. 다양성이나 풍부함이 중요한 제품을 어필할 때는 아주 많지도 적지도 않은 100이 최적의 숫자이다. 반면에 상대방에게 기억되길 바라는 정보가 있다면 가급적 세 가지 범주로 묶는 것이 좋다. 애플의 스티브 잡스는 프레젠테이션에서 3이란 숫자를 잘 활용해 항상 친숙하면서도 인상적인 발표를 했다. 한 개나 두 개는 부족해보이고, 다섯, 여섯 개를 넘어가면 요점을 파악하기 어렵다. 막연한 2배, 3배보다는 1.2배, 1.3배가 와 닿는다. 이런 점을 잘 파악하고 있는 영업사원은 어떤 제품을 판매해도 실적이 흔들리지 않는다. 사람과 사람이 소통하는 데 중요한 본질을 깨우치고 있기 때문이다.

5

중요하지 않은 일을
포기할 줄 안다

정신없이 출퇴근을 반복하다보면 주말이 어떻게 흘러갔는지 모르는 경우가 종종 있다. 일주일 중 5일은 다람쥐 쳇바퀴 굴러가듯 정형화된 삶을 살고 주말이면 늦잠 자느라 집에서 조금만 빈둥거려도 벌써 하루의 반이 지나가 있다. 세상 모든 일이 내 선택으로 흘러가기 마련이지만, 지금 이 순간의 편안함을 즐기려는 자연스러운 욕구로 '조금만 더' 누워 있게 된다.

새해가 시작되면 금연 혹은 다이어트를 올해 목표로 다짐하는 경우도 마찬가지다. 오죽하면 3일마다 작심삼일하면 목표를 달성할 수 있다는 말까지 나올까. 몸에 밴 습관을 바꾸는 것은 그만큼 어렵다.

사실 어느 업종에 종사하든 게으르고 나태한 습관을 바꿀 정도의 열정과 노력을 생각에만 그치지 않고 실행으로 옮기는 사람이라면 그 어떤 일을 해도 성공할 것이다. 영업도 마찬가지이다. 잘 파는 영업사원은 어떤 일을 하든 중요한 일과 긴급한 일로 우선순위를 나누어 처리한다.

여타 업종도 마찬가지겠지만 정신없이 일하다보면 마감 일정에 치어 한 두 가지씩 놓치기 마련이다. 하지만 소위 일 잘하는 사람은 바쁜 와중에도 일정을 꼼꼼히 기록하고 우선순위를 정해서 지금 당장 할 일과 꼭 해야 할 일들의 마감기한을 정한다. 전화벨은 울려대고, 고객은 눈앞에서 기다리고, 발주 넣고, 제품과 창고 정리, 실적 기록 등을 해야 하는 수많은 업무 속에서 늘 신속하게 일을 처리하는 사람은 남들과 다른 무언가 '한 방'이 있다.

이것은 중요한 일과 중요하지 않은 일을 구분할 수 있는 '메타인지'의 능력이다. 메타인지란 자신의 인지상태나 과정을 '인식'하고 있다는 뜻이다. 좀 더 정확히 말하자면 자신이 아는 것과 모르는 것을 자각하는 능력이다.

이 능력의 중요성이 널리 알려진 것은 EBS에서 메타인지에 관해 '0.1%의 비밀'이라는 다큐멘터리를 방송한 것에 힘입은 바 크다. 이 프로그램에서는 상위 0.1% 인재들의 특출한 능력을 가리기 위해 여러 가지 조사가 진행되었다. 실험은 상위권 학생들과 평범한 학생들로 집단을 나누고, 여행, 우산 등 아무 연관 없는 단어들을 여러 개 보여준 뒤, 학생들이 어떤 단어를 기억하고 있는 지 체크하는 방식으로 진행됐다.

이 실험의 핵심은 두 집단이 각각 얼마나 더 많은 단어를 기억 하고 있느냐가 아니라, 본인이 확실히 기억하는 단어가 몇 개인지 예상하고, 정말 몇 개의 단어를 맞췄는지 비교한 것이었다. 상위 0.1% 학생들은 자신이 어느 정도 알고 있는지 정확히 맞춘 반면에 나머지 학생들은 그렇지 못했다.

실험을 진행한 김경일 교수는 '강의하는 아이들' 강연회를 통해 상위 0.1% 아이들은 자기가 모르는 것과 아는 것을 명확히 구분 하고 있었고, 그렇기에 모르는 내용만 집중적으로 공부하기 때문 에 효율적인 공부가 가능하다고 설명했다. 요컨대 기억력 자체에 는 큰 차이가 없지만 자신의 기억력을 바라보는 능력에 있어서는 0.1%의 학생들이 더 정확했다는 것이다.

이 능력이 말하고자 하는 바는 크다. 단순히 기억력에서뿐만 아 니라 내가 할 수 있는 일과 할 수 없는 일을 명확히 구분하는 능력 인 것이다. 내가 할 수 있다고 믿는 일과 그렇지 않은 일을 나눌 수 있다면 어중간하게 하루를 보내는 것이 아니라 내가 할 수 없다고 생각하는 일은 과감히 포기하고 할 수 있는 일에 집중할 수 있다.

예컨대 사람들에게 이런 질문을 한다고 가정해보자. "'네' 혹은 '아니요'로 가능한 한 빠르게 대답해 주세요."라고 지침을 준 뒤, "우리나라 수도의 이름을 아시나요?"라고 묻는다. 대부분의 사람들이 '네'라고 매우 빠르게 대답할 것이다. 그렇다면 이런 질문은 어떨까? "캐나다에서 4번째로 큰 도시의 이름을 아시나요?"라고 말이다. 아마도 비슷한 속도로 '아니요'라는 대답이 나올 것이다. 이것이 인간의 두뇌가 지닌 특별한 능력이자 현재까지도 컴퓨터가 갖지 못하는 기능이기도 하다.

　다른 예시를 통해 이 점을 설명해보도록 하겠다. 회사에서 한창 업무를 보던 중 컴퓨터에 내가 원하는 파일이 있는지 알아보기 위해 검색기능을 사용한다고 하자. 검색 창에 파일 제목을 입력하고 검색 버튼을 클릭하면 컴퓨터는 열심히 그 제목에 해당하는 파일이 있는지를 검색한다. 만일 찾고자 하는 파일을 찾았다면 보여주지만 그 파일이 컴퓨터에 없다면 컴퓨터의 하드디스크 전체를 검색해 본 후에야 찾지 못했다는 메시지를 보여준다. 이 메시지는 결코 파일을 찾았을 때의 메시지보다 빠를 수가 없다. 물론 그 속도 역시 인간의 그것보다는 빠르더라도 말이다. 즉, 컴퓨터는 "아니오, 모릅니다."라는 대답을 "네, 알고 있습니다."라는 대답보다 언제나 느리게 할 수밖에 없다.

　그런데 어떻게 인간은 이 두 종류의 대답을 같은 스피드로 할 수 있을까? 우리는 모른다는 대답을 할 때 우리 뇌 전체를 휘젓지 않고도 '메타인지'에 의해 판단하기 때문이다. 이 능력이 진정 대단한 점은 자신의 사고과정 전반에 대한 이해와 평가가 가능하다는 점이다. 어떤 일을 수행하거나 배울 때, 구체적으로 어떤 능력이 필요한지를 알고, 이에 기초해서 효과적인 전략을 선택할 수 있는 것이다. 내가 할 수 있는 일과 할 수 없는 일을 구분하는 능력이 영업에 무슨 도움이 될지 다소 생뚱맞다는 생각이 들 수도 있다. 하지만 진정 영업을 잘하는 이들은 구분만 잘하는 것이 아니라 할 수 있는 일에 집중하고 그렇지 않은, 중요치 않다고 판단되는 일들은 과감히 포기한다. 다시 말해 선택과 집중의 달인인 셈이다.

이러한 '메타인지'는 영업사원에게 크게 세 가지 의미를 가진다.

첫 번째, 현실적으로 가능한 목표의식을 가지려 하고 이를 달성하기 위해 노력하게 된다.

내가 할 수 있는 바를 잘 알기 때문에 막연히 연간 몇 건의 계약 건을 달성하자는 목표가 아니라 거꾸로 시간대별, 일별, 월별, 분기별, 연간 목표를 분명하게 설정할 수 있다. 구체적이지 않은 목표는 영업사원에게 아무런 목적의식도 제공하지 않을뿐더러 피부로 와닿지 않기 때문에 실적을 달성해야겠다는 의욕을 감소시킨다.

자신이 영업사원이라면 그 직급이 매니저나 관리자가 아니더라도 스스로의 실적 데이터를 수치화하여 관리할 수 있는 능력이 필요하다. 조직 속에서 상급자가 주는 목표만을 수동적으로 달성하기 위해 움직이는 것이 아니라 주체적으로 나의 오늘 실적, 이달 실적, 올해 실적을 체계적으로 관리해 나가야 한다. 이때 회사에서 지표로서 관리하는 핵심성과지표(KPI, Key Performance Indicator)를 중점적으로 관리하는 것도 좋지만, 여기에 누가 지시하지 않아도 개인적으로 관리할 수 있는 지표를 추가해 관리하는 것도 하나의 방법이다. 업무와 관련된 것도 좋고 개인의 성장과 관련된 것도 좋다. 내가 할 수 있다고 믿는 일이라면 시기별 중간 목표를 설정해 반드시 할 수 있다는 믿음을 가지도록 하자.

업무와 직접적인 관련 없는 일이라도 관계없다. 예를 들어 영업에 몸담고 있는 영업사원인 내가 글을 써서 책을 출판하겠다는 목표를 세웠다고 가정해보자. 먼저 책을 출판하는 일이 내가 할 수 있는 일인지 없는지 메타인지를 통해 구분해 이 일은 내가 할 수 있는 일이라는 판단을 내렸다. 이 글을 왜 써야 하는지 내가 전달하고자 하는 메시지가 분명했고 할 수 있겠다는 확신이 든 순간, 하나의 로드맵을 짜기 시작했다.

다른 한편으로 바라보면 사람을 상대하는 영업과 차분히 앉아 글을 쓰는 것은 전혀 다르기 때문에 서로 맞지 않다는 생각이 들지만 업무 외 시간을 통해 반드시 책을 집필하기로 목표를 세웠다. 책의 제목과 목차, 각 콘텐츠를 작성해 초고를 작성하기까지 걸릴 시간과 수정을 거듭해 실제 발간하기까지의 커다란 그림을 먼저 그린 것이다. 이후에는 이를 차근차근 구체화해 나가는 단계이다.

이러한 일련의 과정들이 이 일을 내가 할 수 있을지 판단하는 것에서 시작되는 것이다. 이 사례는 필자 개인의 사례에 불과하지만 실제로 수없이 많은 업적을 세운 위인들은 내가 해낼 수 있다는 강한 자기 확신과 메타인지에 근거해 목표를 세우고 노력했다. 따라서 꼭 업무와 관련된 숫자 KPI가 아니어도 좋다. 내가, 나는 해낼 수 있는 일이라고 믿는 일을 찾자.

두 번째, 선택을 통한 집중은 빼기에 의한 더하기 법칙과도 같다.

중요하지 않은 일에 사용한 시간을 빼서 중요한 일을 하는 데 사용하는 것이다. 모든 행동은 개인의 선택으로 이루어진다. 할 수 있는 일과 그렇지 않은 일을 구분하는 능력은 거기서 그치지 않고 해야 할 일과 필요 없는 일을 구분할 수 있게 해준다.

이번 장의 첫머리로 돌아가보면 우리는 주말 하루를 '조금만 더' 누워 있다가 너무 쉽게 보내는 것을 알 수 있다. 메타인지 능력의 장점 중 한 가지는 말 그대로 내가 할 수 있는 일에 집중할 수 있도록 해주는 것이다. 이 능력이 중요한 이유는 '조금만 더' 누워 있는 시간을 빼서 내가 해낼 수 있는 일이라 믿는 일을 더 할 수 있기 때문이다.

중요하지 않은 일을 하는 데 쓰는 시간을 빼 중요한 일에 쓰는 것이 바로 '빼기에 의한 더하기 원리'다. 내가 하고자 하는 일에 목표의식을 가지고 착실히 실행해나가는 것도 중요하지만, 하지 말아야 될 일을 구분하고 하지 않는 것도 하나의 방법이다.

대표적으로 살을 빼고자 다이어트 할 때를 떠올려보자. 우리가 체중감량을 하고자 할 때는 크게 두 가지 방법이 있다. 하나는 먹는 것을 줄이는 것이고 또 다른 하나는 운동량을 늘리는 방법이다. 이는 누구나 알고 있지만 어느 것도 쉽지 않다. 그래서 많은 사람들은 어떻게 얼마나 운동할 것인지 방법론에 대해 고민한다. 운동으로 빼는 것도 좋지만, 초기엔 먹고 마시는 음식을 조절하는 식이요법이 굉장히 효과적이다. 마치 적의 적은 동지인 것, 빼기를 빼는 것은 더하는 것과 같은 개념이다.

혹자는 해야 할 일을 정하는 것보다 하지 말아야 할 일을 정하는 것이 훨씬 중요하다고 말할 정도이다. 중요한 시험을 앞두고 기본서를 보고 기출문제를 통해 학습을 해야 한다면, 만화를 보거나 게임을 하는 일은 하지 말아야 할 일이다. 영업사원이 하루를 끝마치며 고객관리를 하고 마무리하는 일은 해야 할 일이고, 친구를 만나 몸을 가누지 못 할 만큼 술을 마시는 일은 하지 말아야 할 일인 셈이다.

어떤 선택도 본인이 감당할 몫이다. 정말 영업을 철저히 업으로 삼는 영업사원은 주어진 시간의 총량이 모두에게 공평함을 알기 때문에 자기 관리를 목숨과 같이 여긴다. 해야 하는 일들, 기본에 충실하며 해서는 안 될 일에 대해 자신만의 확고한 기준이 있다. 누구도 아닌 나와의 약속인 나만의 영업철칙을 세우고 반드시 지키도록 하자.

세 번째, 중요한 일에만 집중해본 사람이 영업의 끝을 볼 수 있고, 끝을 본 사람은 어디서든 필요로 하는 인재다.

메타인지가 영업사원에게 의미하는 세 번째는 온전히 중요한 일에 몰입해본 사람이 영업의 끝을 볼 수 있다는 것이다. 그리고 이렇게 한 분야에 있어 끝을 가본 사람은 다른 일을 해도 거기에서 극의 경지를 이룰 수 있다. 이것은 마치 어떤 산의 정상을 처음 정복하는 것은 어렵지만 한 번 정상을 정복하면 다른 산을 정복할 때 꼭대기에서 꼭대기로 능선을 따라 걷는 것만으로도 가능한 것과 비슷한 이치다.

이 회사에서 필요로 하는 인재가 다른 회사에서도 눈독을 들이기 마련이다. '이 일은 중요하지 않은 일이기 때문에 지금 나는 이 일을 해야 해.'라고 확신을 가지고 행동하는 사람은 하고 싶은 일도 참고 포기할 수 있다. 이러한 역량을 가지고 있는 영업사원은 한 단계 나아가 일의 우선순위를 빠르고 정확하게 내릴 줄 안다. 하고 싶지만 목표를 이루는 데 도움이 되지 않는 일, 하고 싶지 않지만 언젠가 꼭 해야 할 일, 꼭 내가 해야 하는 일은 아니지만 급하게 해야 할 일까지 세상을 살다보면 수많은 일을 마주하게 된다. 무엇을 어떻게 하느냐에 따라 '그 사람 일 참 잘한다.'는 평가를 받을 수도 있고 '그 사람에게 맡기면 한 세월 걸릴뿐더러 그마저도 미숙하다.'는 평을 받을 수도 있다.

잘 파는 영업사원은 중요하지 않은 일을 서슴없이 포기할 줄 안다. 해야 할 일에 완전히 빠져들어 자신이 세운 목표를 차근차근 현실로 이룬다. 불필요하다고 여겨지는 일을 하지 않기 위해선 의도적으로 몸에 배어 있는 습관을 고쳐야 한다. 하던 일을 하는 것은 쉽지만 늘 하던 일을 하지 않기 위해선 뼈를 깎는 노력이 필요하다는 점을 명심하자. 세 번째도 이와 비슷한 맥락이다. 타고난 재능보다는 그 사람의 의지를 칭찬하는 것인데, 이는 현상 그 자체보다 노력으로 이뤄낸 것에 대해 박수를 보내는 것이다.

상대방의 안목을, 결과가 아닌 과정을, 의지를 칭찬할 때에는 주관적으로, 공개적으로, 그리고 구체적으로 칭찬하는 것이 효과적이다. 이 모든 것은 기본적으로 나 중심이 아닌 상대방 중심으로 사고할 때 가능한 것이다. 그렇지 않으면 상대에 대해 구체적으로 칭찬하기 어렵다. 두루뭉술하게 '좋겠다!'는 식의 칭찬은 그냥 부러움을 내비치는 것밖에 되지 않는다. 귀가 듣고 입이 말하는 것이 아니라 눈과 귀, 나의 모든 오감으로 상대방이 말하는 것을 듣고 구체적으로 칭찬하는 것이 제대로 된 소통이다.

논쟁은 져주고 칭찬은 이겨라. 상대방의 시선에서 바라보고 그 사람의 언어로 말하고 나보다 우월하게끔 느끼게 하면 나도 모르는 사이에 상대방의 마음을 얻을 수 있다.

이렇듯 20대에 영업을 통해 처세술의 기본기를 다지면, 기회는 반드시 찾아온다. 내가 하고 싶은 이야기가 아닌 상대가 듣고 싶은 이야기를 하다보면 자연스럽게 사람이 모이게 된다. 바다는 낮은 곳에 있기 때문에 물이 모여든다. 자신을 낮추는 태도가 오히려 나를 최고로 만든다. 상대가 스스로를 대단하게끔 느끼게 해주고, 상대방이 듣고 싶은 말을 해주면 나를 좋아하지 않을 수 없다. 나를 좋아하게끔 하다보면 어느새 내 주위의 모인 사람들로 얽혀 수많은 일을 가능하게 할 수 있다. 이때 꼭 무언가 목적을 가지지 않더라도 20대 젊은 시절부터 사람들이 나를 좋아하게끔 하는 기술을 익혀두면, 이것은 평생에 걸쳐 도움이 된다.

인간은 전 생애를 통틀어 오직 현재만을 살아간다. 과거는 뒤늦은 발견이며, 미래는 두뇌의 부차적인 활동에서 빚어지는 산물일 뿐, 내가 지금 살아가는 '현재'에 아무 영향을 끼치지 못한다. 고로 언제 찾아올지 모르는 미래를 기약하며 천천히 상대방의 입장에서 생각하는 태도를 갖도록 노력하겠다고 미적대는 자세는 하등 도움이 되지 않는다. 지금 이 순간, 나의 태도를 바꾸자. 가볍게 웃으면서, 당신이 최고라는 사실에 동의하자. 웃을 수 있다면 무서울 것이 없다. 칭찬은 구체적으로 하며 베푼 것은 생색내지 말고 헌신짝처럼 버리자.

상대방 입장에서 생각할 때는 말 그대로 그 사람의 사고방식대로 생각하는 것이지, 다른 사람들이 나를 어떻게 생각할지 고민하라는 의미가 아니다. 남의 시선을 의식하는 순간 타인의 의견에 마음이 흔들린다. 행복의 본질적인 요소는 '마음의 만족과, 안정, 독립'이기 때문에 이러한 생각은 버려야 한다.

　한 가지 명확히 알아두어야 할 것은 아무리 무의미한 현재일지라도 가장 의미 있는 과거보다 낫다는 사실이다. 20대라면 지금 이 글을 보고 있는 순간, 과거에 얽매이지 말고 지금부터라도 영업의 정석을 배워보기를 바란다. 그 시작은 상대방의 입장에서 생각할 줄 아는 것에서 시작한다.

6

상대방이 떠들게 하고
질문, 경청, 관찰한다

IT제품 매장 안으로 중년의 남성이 들어왔다. 커다란 크로스백을 매고 안경을 쓴 40대는 됐을 법한 이 남성은 약간의 경계심과 함께 노트북들을 살펴보았다.

노트북은 무거우면서 성능이 다소 떨어지지만 가격이 저렴한 제품과 가벼우면서 성능이 뛰어난 제품, 그리고 중간 사양의 제품들까지 그 종류가 매우 다양하다. 영업사원인 당신이 이 고객에게 다가가 질문을 해야 한다면 어떤 질문을 할 것인가?

고객의 니즈는 금전적으로 저렴한 제품을 선호하는 니즈부터 제품의 성능을 우선시하는 니즈, 브랜드나 이미지, 평판을 중요하게 생각하는 니즈 등, 크게 세 가지 범주로 나눌 수 있다. 그런데 대부분의 판매사원은 고객이 내방하면 겉모습만 보고 지레 짐작으로 고객의 니즈를 판단해버리는 경우가 많다. 하지만 이는 대단한 착각이다. 영업해본 사람이라면 확실히 말 할 수 있는 것은 겉모습만 보고 상대방을 판단해선 안 된다는 것이다. 우수한 판매사원은 짐작을 하더라도 마치 고객과 스무고개를 하듯, 예의에 어긋나지 않는 선에서 하나씩 양파껍질을 까듯 벗겨나가기 시작한다.

일반적으로 고객들은 팔짱을 끼고 판매사원이 하는 말에 방어적인 태도를 취하기 마련이다. 비록 자신의 필요에 의해 제품을 구매하더라도 자신이 무엇을 원하는지 스스로 말하기보다 내심 상대방이 자신의 니즈를 알아주었으면 하는 마음이 있다. 따라서 소매영업이건 B2C 대상 리테일 소매영업이건 판매사원이 주도적으로 상담을 시작하기보다는 초반 대화의 주도권을 상대방에게 넘기는 것이 좋다. 고객이 스스로 자신의 이야기를 하게끔 유도하여 그 속에서 고객의 니즈를 파악하는 것이 현명하다. 고객의 말 속에 내가 왜 여기로 제품을 보러 왔는지, 사전 정보 없이 온 것인지 다른 매장 혹은 인터넷에서 금액을 확인하고 온 것인지, 특정 모델을 염두에 두고 있는 것은 아닌지 등등 대화를 나누다보면 그 속에 필요한 모든 답이 들어 있다. 즉, 영업은 상대방이 떠들게 하면, 이기는 셈이다.

판매사원이 아무리 잘나고 많은 정보를 가지고 있다 하더라도 칼자루는 고객이 쥐고 있다. 고객 스스로 말하게끔 하고 그 속에 담긴 알짜배기 정보를 파악하고 고객이 필요로 하는 핵심만 제공하는 것이 영업사원의 역할이다. 고객 중에는 불필요한 말을 듣는 것을 싫어하는 고객이 있는가하면, 제품에 대해 알아보기보다 오로지 사람 간의 관계형성을 중요하게 생각하는 고객도 있다.

가전제품 매장에서 근무한 지 1년 남짓 되었을 때, 60세에서 70세 사이로 보이는 할머니 한 분이 매장으로 들어와 선배를 찾은 적이 있다. 선배를 보며 마치 막내아들을 대하듯 환하게 웃으며 자리에 앉아 이야기를 시작하셨다. 먼저 상담을 한 내용이 있겠거니 생각하지만, 30분 정도 시간이 지나니 할머니께서 가져오신 손가방을 열고는 만 원짜리 다발을 뭉텅이로 꺼내시는 것이 아닌가. 매장을 나서는 순간까지도 선배에게 친자식을 보고 가는 어머니같이 나오지 말라며 매장을 나가는 고객은 선배의 오래된 단골고객이었다.

선배의 말에 따르면, 수년 전부터 알고 지낸 고객인데, 처음 만났을 때부터 제품에 대해서는 일언반구 말씀 없이 오직 자신이 장사하며 지내는 이야기를 끊임없이 하시는 고객이라고 한다. 그동안 자신에게 구매한 제품이 족히 수천만 원인데, 늘 현금으로 제일 좋은 것만 사시는데, 자신이 한 일은 오로지 고객의 이야기를 들으면서 맞장구 친 일밖에 없다고 했다.

이처럼 고객마다 니즈가 다를뿐더러 성향도 다르기 때문에 니즈 파악도 다양한 방법으로 접근해야 한다. 영업이 그렇게나 어려운 것이라고 미리 좌절할 필요는 없다. 학창 시절 수학 문제를 풀 때를 떠올려보자. 개념을 이해하고 공식을 외우고, 이를 바탕으로 응용문제를 풀어나간다. 영업도 마찬가지다. 모든 해답은 고객 속에 있다. 고로 고객이 스스로 떠들게 하면 된다.

그 방법을 세 단계만 기억하면 된다. 첫 번째는 '질문', 두 번째는 '경청', 마지막으로 '관찰'이다.

고객 스스로 말하게 만드는 첫 단계: 질문

오프라인 매장에 오는 고객은 대부분 자신이 어떤 목적으로 왔으며 어떤 제품에 관심이 있는지 먼저 나서서 이야기하지 않는 경향이 있다. 따라서 어디서든 마주치는 고객에게 먼저 질문하는 것이 좋다. 물론 아무렇게나 질문해서는 안 된다. 가끔 먼저 질문하는 것이 좋다는 말을 듣고는 상대방에게 실례될 수 있는 질문을 하는 경우가 있다.

고객이 스스로 자신의 이야기를 하게끔 질문하는 것은 너무 당연한 것 아니냐고 생각할 수 있지만 '제대로' 질문하는 것은 쉽지 않다. 효과적으로 질문하는 것은 무척 고난도 상담 기술이다.

질문의 유형은 폐쇄형 질문, 개방형 질문, 선택형 질문 등 크게 세 가지로 나뉜다. 폐쇄형 질문은 미리 준비된 선택 항목들 가운데서 답을 선택하는 반면, 개방형 질문은 선택지나 항목들을 미리 준비하거나 답을 제한하지 않고 응답자가 자신의 견해나 태도를 자유롭게 표현할 수 있도록 구성된 질문을 말한다. 마지막 선택형 질문은 말 그대로 A를 선호하는지 B를 선호하는지 선택하도록 하는 질문이다.

쉽게 설명하면 개방형 질문은 '예', '아니오'로 대답할 수 없는 질문이다. "고객님, 오늘 날씨 덥죠?" 같은 질문은 '예', '아니오'로 답할 수 있기 때문에 폐쇄형 질문이다. 반면에 "오늘 날씨 어때요?"라는 질문은 상대방의 생각을 구체적으로 들을 수 있는 개방형 질문이다.

조금 유심히 살펴보면, 기자들이 기자회견을 할 때는 폐쇄형 질문보다 개방형 질문을 사용하는 것을 알 수 있다. 기자회견 같은 인터뷰 공간은 질문을 통해 인터뷰 대상의 생각을 끌어내는 공간이지만, 영업사원이 많은 질문을 하더라도 고객은 일반적으로 자신의 정보를 술술 불지는 않는다. 고로 개방형 질문에 저항감을 가진 고객에게는 피라미드식 질문을 시도해보는 것이 좋다. 대답하기 곤란한 질문보다는 편하게 답할 수 있는 질문 위주로 시작해 점점 포괄적인 범위로 넓혀나가는 것이다.

고객 또한 영업사원과 자연스럽게 대화가 이어져 나갈 때 신뢰감이 쌓인다. 단답식 대답으로 툭툭 끊기는 질문은 좋은 질문이 아니다. 영업의 고수들은 제품이나 서비스 위주의 설명이 아니라 고객으로부터 답을 찾는다. 어떤 것을 원하는지 고객의 상황과 모든 정답은 영업사원이 아닌 고객이 가지고 있기 때문이다.

고객 스스로 말하게 만드는 두 번째 단계: 경청

질문을 한 다음 가장 중요한 단계는 '듣는 것'이다. 단순히 듣기만 하는 것이 아니라 '경청'해야 한다. 경청이란 상대의 말을 들으며 내면에 깔린 동기나 정서에 귀를 기울이고, 이해한 바를 상대방에게 피드백해주는 것을 말한다. 한 귀로 듣고 한 귀로 흘리는 것이 아니라 눈으로 귀로 표정으로 온몸으로 고객의 한 마디 한 마디에 나의 의견을 드러내는 것이다. 비록 말은 고객이 하고 있지만, 이것은 생각 이상으로 힘든 일이다. 교육을 할 때 강의하는 사람 이상으로 듣는 사람이 힘든 것도 이 때문이다.

고객이 말을 할 때 고개만 끄덕끄덕하며 듣는 시늉을 하는 영업사원이 있는가 하면 표정에서부터 '아이고 어쩜 그런 일이 있으셨을까' 하고 고객의 말을 100% 들어주는 영업사원이 있다. 고객은 이 영업사원이 내 말을 듣고 있는지 아닌지를 자연스럽게 알 수 있다. 꼭 고객이어서가 아니라 누구든 상대방이 내 말을 유의깊게 듣고 있는지 그 태도를 통해 알 수 있다.

당연한 이야기지만 경청할 때는 상대방의 얼굴을 바라봐야 한다. 상대방의 말에 동의할 때는 가볍게 고개를 끄덕이고, 흥미로운 이야기를 할 때는 미소를 지으면 된다. 약간 상대방 쪽으로 몸을 기울이고 상대방이 말을 완전히 마칠 때까지 끼어들지 않음으로써 전적으로 당신을 존중한다는 의사전달을 할 수도 있다. 상대방의 이야기가 모두 끝나고 내가 말을 할 때 역시 상대방이 쓰던 단어를 똑같이 사용해 말함으로써 경청의 표시를 나타낼 수 있다.

이러한 것들이 사소하지만 대화의 흐름을 결정짓는 중요한 요소이다. 별것 아니라고 생각할 수 있지만 작은 태도 하나가 고객 입장에서는 판단내리는 잣대가 되는 셈이다.

미국의 강철왕 카네기는 이렇게 말했다. "다른 사람의 이야기를 진지하게 들어주는 태도는 우리가 다른 사람에게 보일 수 있는 최고의 찬사 가운데 하나다." 미국의 전 국무장관 딘 러스크 역시 경청에 대해 이런 말을 남겼다. "상대방을 설득할 수 있는 최고의 방법은 그의 주장에 귀 기울이는 것이다."라고.

내가 고객의 의견에 반박하고 설득해야 하는 상황에서 취할 수 있는 가장 좋은 태도는 고객을 이기는 것이 아니다. 특정 제품이나 서비스에 대해 내가 고객보다 많이 알고 있는 것은 어찌 보면 당연한 일이다. 비록 고객이 자사의 제품을 낮춰보고 잘못 알고 있는 부분이 있다 하더라도 고객의 말을 자르지 말고, 끝까지 경청하자. 고객의 말이 끝난 뒤 차분히 말해도 늦지 않다.

고객 스스로 말하게 만드는 세 번째 단계: 관찰

관찰은 넘겨짚는 것과는 종이 한 장 차이이면서 천지 차이이다. 관찰 과정이 상담 도중에 꼭 필요한 이유는 영업사원이 고객에게 질문하고 듣고 이를 다시 정리하는 과정이 필요하기 때문이다. 질문하고 이에 대해 들었으면 당연히 니즈를 파악하고 그에 맞는 제품을 추천해주는 것 아니냐고 생각할 수 있지만 의외로 생각 없이 상담이 이루어지는 경우가 있다. 그래서 질문, 경청 후에는 반드시 고객을 관찰해야 한다. 질문, 경청, 관찰 후 다시 질문, 경청 이렇게 상담의 모든 과정이 매끄럽게 이어져 나가야 한다.

관찰을 질문과 경청 후에 하는 데는 그럴 만한 이유가 있다. 고객을 마주했을 때 기본적인 정보도 확인하지 않고 먼저 관찰하기 시작하면 겉모습만 보고 잘못 평가를 내리는 경우가 발생한다.

부부로 보이는 연령대의 남녀가 있거나 중년의 여성이 젊은 남녀 한 쌍을 데리고 매장에 방문했다고 생각해보자. 부부로 보이는 연령대의 남녀는 부부가 확실할까? 중년의 여성과 젊은 남녀의 관계는 어머니와 자식들이라고 100% 확신할 수 있을까? 그렇지 않다.

영업을 잘하지 못하는 사람은 관찰해야 할 때는 하지 않고 관계를 어림짐작해 실수하는 경우가 왕왕 있다. 고객 간의 관계를 유추는 하되 확실해지기 전까지는 간접적인 질문을 통해서 해야 한다. 고객이 혼자 왔다면 겉모습이나 스타일, 억양 등을 관찰하고 여럿이 함께라면 그들이 대화하는 내용을 자연스럽게 들어보자. 그리고 질문과 경청을 통해 정보를 모으자.

가장 믿을만하고 확실한 정보는 오직 고객 입에서 나온 것뿐이다. 우연히 고객이 타고 온 차량이 소형 마티즈라는 것을 봤다고 할지라도 실제 고객의 소득수준이나 주머니 사정이 어떤지 짐작해서는 안 된다. 초보 영업사원들이 가장 많이 실수하는 것 중 하나가 차량이나 시계, 가방의 브랜드로 고객의 소득수준을 판단하는 것이다. 겉모습은 참고사항일 뿐이다. 소형차를 끌면서도 수십억대 자산가도 있고 값비싼 해외브랜드를 빌려 타는 경우도 허다하다.

고객에게 직접 묻고 그 내용을 바탕으로 다시 질문하기까지 앞의 정보는 중요한 역할을 한다. 중년의 여성과 젊은 남녀가 가전제품 매장에 들어온다면 당신은 아마도 그들이 가전제품을 알아보기 위해 온 가족이라고 짐작할 것이다. 아니면 예비부부와 딸의 어머니가 혼수를 알아보기 위해 왔다고 생각할 수도 있다. 어느 것이 정답일까? 정답은 고객에게 있다. 고객에게 직접 물어봐 답을 듣기 전까진 누구도 알 수 없다.

이때 질문할 때도 예의에 어긋나지 않게 신중히 물어봐야 한다. 이제 질문을 통해 이들이 엄마와 딸, 그리고 사윗감이라는 것까지 확인하고, 혼수를 알아보고자 한다는 사실을 알았다면 자연스럽게 이들의 신혼여행 여행지를 물어볼 수도 있다. 어디로 얼마나 떠나려고 하는지를 통해 고객이 얼마나 여유가 있는지 등의 많은 정보를 확인할 수 있다. 게다가 영업사원이 단지 물건을 팔기 위함이 아니라 신뢰도 줄 수 있다. 이처럼 질문을 통한 관찰은 고객에게 예산의 마지노선을 얼마로 보고 있는지 직접적으로 물어보는 것보다 긍정적인 답을 들을 수 있고 실제 계약 체결에 도움을 준다. 진짜 잘 파는 영업사원은 자신이 이야기하지 않는다. 상대방이 이야기하게끔 만든다.

7

고객이
나를 좋아하게 만든다

B2B 영업과 리테일(소매) 영업 및 각종 서비스직을 포함해 모든 커뮤니케이션에서 거래를 성사시키고 우위를 점하는 방법이 있다. 바로 상대방이 나를 좋아하게 만드는 것이다. 너무 당연한 말이라고 생각되는가? 그렇다. 어떤 관계에서든, 영업, 판매라는 목적을 가지고 있는 당신은 너무도 당연히 상대방으로 하여금 당신을 좋아하게 만들어야 한다.

의욕 없이 기계적으로 제품을 설명하고 달달 외운 무의미한 말만 앵무새처럼 반복한다면 카탈로그와 다를 것이 없다. 영혼 없는 그러한 비전문가 같은 모습을 보인다면 고용주는 당신을 해고하고 인공지능 로봇을 고용할 이유가 백 가지도 더 된다. 열정을 가지고 고객과 즐거운 시간을 보낼 때 고객 역시 행복해진다. 그렇계만 되면 그 영업은 이미 성공한 것이나 진배없다. 감정은 이성을 이긴다. 영업의 요점은 단순히 제품지식의 전달이 아니다. 계약을 체결하고 서명을 이끌어내고 판매하는 것이다.

사실 고객이 당신을 좋아하게 만드는 방법은 간단하다. 당신이 고객을 좋아하는 것이다. 무슨 말도 안 되는 소리냐고? 사실 그래야 공평하지 않은가? 고객이 영업사원의 기분과 어떤 관계가 있을까? 영업사원의 컨디션이 좋지 않거나 기분이 나쁜 것은 고객과 아무 관련이 없다. 최소한 서로 호감을 느낄 수 있게 행동하는 것이 프로 의식의 기본이다.

예컨대 주말에 당신과 함께 뛰놀던 어린 자녀가 실수로 날카로운 것에 볼을 베였다고 생각해보자. 큰 상처는 아니지만 깜짝 놀란 당신과 아이는 흉터를 남기지 않도록 치료를 할 수 있는 성형외과로 달려갔다. 주말이라서 치료가 가능한 병원을 찾아 간신히 수술을 마치니, 성형외과 의사는 당신에게 이렇게 말한다. "얼추 마무리된 것 같군요. 이미 퇴근 시간이 30분이나 지났고, 약속도 있어 오늘은 이쯤 하고, 다음에 뵙도록 하겠습니다." 다음 스케줄을 잡아 다시 찾아간 그 의사는 이렇게 대꾸한다. "염증이 약간 보이긴 하지만 그날 수술 일정이 많아 너무 피곤했어요. 의사도 사람인데 그럴 수도 있잖아요?"

물론 이러한 가정이 과장이라는 생각이 들 수도 있다. 지금껏 그렇게 말하는 의사는 보지 못했을 것이다. 거창한 직업윤리의 문제를 떠나 그런 의사는 기본적으로 프로 의식이 결여된 사람이다. 영업도 마찬가지다. 영업사원은 자신이 일을 잘 했는지 못 했는지를 단순히 계약 여부만 놓고 판단할 수 없다. 고객이 계약을 체결하고서 만족스러워야 영업사원으로서 성공한 것이다.

모든 고객에게 호감을 가질 수는 없다. 인정한다. 영업사원도 사람이기 때문에 모든 고객을 좋아하긴 힘들 수 있다. 필자 역시도 그간 만났던 모든 고객을 전부 좋아하지는 않는다.

하지만 속으로 정말 싫어하면서 겉으로만 좋아하는 척 할 수는 없다. 고객을 속일 수 있다는 생각은 버려야 한다. 당신은 영업에 종사하는 사람으로, 고객이 즐거운 마음으로 물건을 사고 싶게 만드는 것이 목적이다. 상대방을 속이고 싶어도 속일 수 없다. 속였다고 생각해도 표정에 그대로 드러나기 마련이다. 아무리 둔한 고객이라도 본능적으로 당신의 얼굴 근육에 담긴 말을 읽는다. 입으로 나오는 목소리만이 전부가 아니다. 충동적으로 말을 끊고 퉁명스럽고 억지스럽게 목소리를 높이고 그것도 모르느냐는 듯 한심한 표정을 짓는 것을 알 수 있다. 숨길 수 있다고 생각해도 사실 누구든 안다.

내가 열정을 가지고 행동하면 그 열정에 부응하는 사람이 내 곁에 생긴다. 마찬가지로 내가 내 일에 열의와 관심이 없으면 고객도 그러한 고객만 모인다. 관계의 원리가, 기후와 풍토가 다르면 강남에 심은 귤을 강북에 옮겨 심으면 탱자로 되듯이 사람도 주위 환경에 따라 달라진다는 것과 같은 귤화위지의 원리와 같다.

정말 싫은 고객도 억지로 좋아하라는 이야기가 아니다. 내 역할은 오직 긍정적인 결과로 영업을 마무리하는 것이지 서로 좋아하라는 것이 아니다. 다만 고객이 나를 좋아하게끔 하면 계약 체결에 지대한 영향을 끼칠 뿐이다. 긍정적으로 영업을 마무리 짓기 위해선 고객에게 존경이라는 선물을 안겨야 한다.

당신이 고객을 좋아하거나 존경하지 않으면서 업을 지속한다면 한 순간, 하루는 숨길 수 있어도 지속적으로 영업을 업으로 삼을 순 없다. '정말 이 고객은 최악이야!'라는 생각이 들어도 배울 점은 있다. 최악의 상사에게도 숨겨진 장점이 있는 것과 마찬가지다.

최악이라는 느낌을 주는 고객은 다른 영업사원에게도 똑같이 느끼게 되지만, 그러한 상황에서 내가 어떻게 행동하느냐에 따라 결과가 좌지우지 된다. 그 자리를 피해버릴 수도 있고, 싫은 내색 없이 성공적으로 세일즈를 이끌어낼 수도 있다. 전적으로 영업사원의 역량에 달려 있는 것이다.

자신이 주로 만나는 다섯 명의 평균이 자신이라는 말이 있다. 이 말이 뜻하는 바는 결코 적지 않다. 내가 의도하지 않아도 같이 시간을 보내려는 사람들이 곧 내가 편하게 만날 수 있는 호감을 느끼는 사람들이고, 그 사람들의 모습이 바로 나의 모습인 것이다.

그렇다면 싫어하는 고객을 좋아하지도 존경할 수도 없다면 어떻게 해야 할까? 안타깝지만 그 고객과는 더 이상 긍정적인 결과를 이끌어내기 힘들다. 정말 아니라는 생각이 들 때는 과감히 결단을 내려야 한다. 끙끙 앓기만 하면 그 누구도 내 영혼을 위로해주지 않는다.

영업에서 가장 힘든 상황은, 아니 더 나아가 이 세상 모든 일이 힘든 것은 사람 간의 불화가 생겼을 때이다. 몸이 힘들고 지쳐도 조직이 함께 기운을 북돋아주면 오뚝이처럼 일어설 수 있다. 하지만 위에서 끌어주고 아래에서 받혀주는 팀워크가 사라지면 그때는 정말 퇴사를 꿈꾸게 된다. 그렇기에 아무리 매출에 목마른 영업사원이라도 조금도 존경할 수 없는 고객이라면 과감히 'No!'를 외칠 수 있어야 한다. 내가 좋아하고 존경할 수 없는 고객이라면 언젠가 불화가 생길 수 있다. 진심이 담기지 않은 아첨으로 한 건의 계약은 성사시킬 수 있어도 지속적으로 관계를 맺으면, 영업사원의 마음에 생기는 상처는 더욱 깊어진다.

통상적으로 영업은 다음의 두 가지 역량을 가질 때 최고의 반열에 오를 수 있다. 하나는 능력이고 다른 하나는 호감이다. 능력 있는 판매사원은 설사 호감 가는 타입이 아니어도 장사를 잘하는 경우가 많다. 하지만 능력이 비슷한 경우라면 호감 가는 타입이 더 큰 매출을 올린다. 이 규칙은 모든 경우에 통용될 수 있다. 그만큼 호감의 힘은 강력하다.

고객이 당신에게 얼마나 호감이 있느냐에 따라 고객에게 당신이 인식되는 단계가 달라진다. 첫 번째 단계는 바로 '몰라'이다. 예를 들어, 당신이 대학에 다니고 있는데 마음에 드는 여학생에게 고백을 한다고 생각해보자. 그녀에게 커피 한 잔을 건네며 전화번호의 교환을 요청하는 당신의 모습을 그녀의 친구들이 보고 있는 상황에서 그녀는 당신에게 어떻게 반응할까? 호들갑 떠는 그녀의 친구들에게 그녀는 아마 "몰라!"라고 외칠 것이다.

이런 로맨틱한 상황이 아닌 방문 영업의 경우라면 대부분은 당신에 대해 모르는 사람이라고 평가하고 관심조차 주지 않을 확률이 더 높다. 그러다가 약간의 호감이 생기면 당신은 고객에게 직업이나 소속된 회사의 명칭으로 불리게 될 것이다. 여기서 호감이 더 커지면, 그제서야 이름으로 불리게 되고, 충분히 호감이 생기면 먼저 연락이 오고 보다 친밀한 호칭으로 불릴 것이다. 어쨌거나 상대방에 대한 호감이란 그렇게 단기간에 쉽게 생기는 것이 아니기 때문에 부단한 노력이 필요하다.

나이 스물다섯에 그 어렵다는 제약영업으로 판매왕에 등극한 영업사원의 이야기는 영업이 상대방의 호감을 얻기 위해 얼마나 노력이 필요한지를 절절히 보여준다. 제약영업은 병원의 원장님을 공략해야 하는데, 특성상 그 분야에 대한 높은 전문성이 있어야 하므로 영업사원들의 나이가 많은 경우가 대부분이다. 그렇기 때문에 병원에는 하루에도 여러 영업사원이 찾아오게 되고 원장님들은 그러한 방문에 진저리를 치는 경우가 많다.

필자가 말하려는 주인공인 이 스물다섯의 영업사원 역시 처음에는 원장님 방에 들어가기만 하면 내쫓기기를 반복하다 꾀를 냈다. 체구도 왜소하고 목소리도 생김새도 특징이 없던 그는 원장님의 진료실이 보일 듯 말듯 한 의자에서 종이학을 접기 시작했다. 그리고 매주 금요일 오후 세 시가 되면 문 틈 사이로 진료를 마친 원장님에게 한 마디를 외쳤다. "안녕하세요, 원장님. 오늘도 많이 바쁘시죠? 감사합니다!" 그리고는 종이학이 담긴 통과 음료 하나를 구석에 놓고 5초가 걸리지 않게 그 자리를 빠져나왔다. 그렇게 매주 금요일 오후 세 시가 되면 그 젊은 영업사원은 똑같이 종이학이 담긴 통과 음료 하나를 밀어 넣고 나왔다. 5초를 넘기지 않은 것은 5초를 넘기게 되면 원장님이 나가라고 엄포를 놓을 수 있기에 미처 대꾸할 틈을 주지 않기 위해서이다. 그렇게 반복하기를 두 달이 넘어가니 이 영업사원은 고객의 인식단계 '몰라'에서 단번에 가장 친밀한 단계까지 오를 수 있었다.

판매왕을 달성한 이 영업사원은 원장님과 만나는 그 짧은 5초 동안에 자신이 어디 소속인지는 물론 자신의 이름도 한 번 밝히지 않았다. 그렇지만 나이도 전문성도 훨씬 많은 원장님들의 머릿속에 이 친구의 이름은 '종이학'으로 각인되었다. 말은 많이 하지 않았지만 한참 더 많은 말을 한 다른 영업사원보다 호감을 키울 수 있었다. 이처럼 고객이 당신을 어떻게 인식하는지는 고객의 반응에 답이 담겨 있다. 당신에게 걸려온 전화의 첫 마디가 "저기요"인지, "삼성이죠?"인지, "이가훈 씨죠?"인지 혹은 그보다 더 가까운 호칭일지에 따라 그 전화의 내용을 짐작할 수 있다.

고객이 나에게 얼마나 호감이 있는지는 세 가지 숫자를 통해 알 수 있다.

요새는 상대방의 전화번호가 휴대폰에 저장되어 있으면 메신저 어플리케이션에 자동으로 이름이 뜨게 된다. 이 별것 아닌 기능이 영업사원에게는 무척 많은 도움이 된다. 상대방이 나의 전화번호를 저장했는지 확인할 수 있는 것이다.

첫 번째 숫자는 바로 내 휴대폰에 저장된 연락처의 숫자다. 이 숫자는 사실 크게 의미는 없다. 두 번째 숫자는 메신저 어플리케이션을 통해 확인할 수 있는데, 내 전화번호를 저장하고 있는 상대방의 휴대폰 숫자가 얼마나 많으냐이다. 이 숫자야말로 진짜 고객의 숫자라고 할 수 있다. 마지막으로 세 번째는 그 중 내가 먼저 연락을 하지 않아도 내게 먼저 연락을 해오는 사람의 숫자이다. 이 숫자가 몇 명인지에 따라 이 사람이 정말 성공한 영업사원인지 아닌지 구분할 수 있다.

별것 아니라고 생각할 수 있어도 만약 가까운 친인척과 친구를 제외하고 먼저 안부 인사를 해오는 고객이 스무 명을 넘는다면 당신은 영업을 해도 충분히 성공할 수 있다. 스무 명이 적다고 생각하는가? 스무 명이 확실히 넘는다고 대답할 수 있는 영업사원은 많지 않다. 먼저 연락해오는 스무 명의 고객이 있다면 오십 명이 넘는 고객이 주위 사람을 당신에게 소개할 것이고 백 명이 넘는 고객이 제품을 알아볼 때 당신에게 연락을 취할 것이다.

고객으로 하여금 나를 좋아하게 하는 힘은 영업자에게 있어 소중하고 위대한 자산이다. 숫자와 매출 압박으로 위축되어 있는 당신에게, 의도했건 의도하지 않았건 고객으로부터 제기되는 불만사항들로 상처받고 있을 당신에게 영업을 지속할 수 있도록 해주는 에너지가 된다. 사람으로 입은 상처는 사람으로 치료되고, 이성에게 받은 마음의 상처는 다른 이성으로 치유된다고 하지 않던가.

천성적으로 다른 사람에게 호감을 주는 능력을 타고나기도 하지만 대부분은 노력으로 얻는 경우가 더 많다. 그 사람은 '천성이 영업할 사람'이라는 평가를 받는 경우도 있겠지만, 실제론 '종이학'과 같이 노력으로 상대방의 호감을 얻는 사람이 더 많다. 실제로 외향적이고 늘 주위가 시끄러워 영업을 잘할 것 같은 사람보다 차분하고 조용한 사람의 실적이 더 좋은 경우가 많다. 나 역시 우수한 판매실적을 기록할 수 있었던 이유를 하나 고르라면 바로 '상대방의 말을 잘 듣고 나를 좋아하게끔 했다'는 것이다.

이것은 참 당연하면서도 어려운 일이다. 내가 한 마디를 하게 된다면 상대방의 두 마디 말을 듣고, 늘 고객을 존중하는 마음을 가져야 한다. 내가 먼저 고객에게 호감을 가져야 고객이 나를 좋아하게 된다. 나는 세상을 향해 갖은 인상을 쓰면서 왜 내 설명에 귀 기울여주지 않는지 의문을 갖는다면 내 영업실적은 향상되기 힘들 것이다. 고객이 웃으면서 다가오길 바라기 전에 내가 먼저 웃으면서 다가가자. 그것이 프로의식의 기본이다.

8

모든 행동에 진정성을 가지며, 자연스럽게 분위기를 읽는다

인공지능(AI)의 발달로 인간의 일자리가 점점 위협받고 있다. 얼마 전까지도 사람을 대하고 의사소통하는 일만큼은 기계나 로봇이 대신할 수 없다고 생각하는 경우가 많았는데 말이다. 단언컨대, 매장 영업사원, 편의점 아르바이트생 등 각종 서비스직은 머지않아 로봇이나 인공지능으로 대체될 것이다. 단순 반복 업무뿐만 아니라 어느 정도의 사고와 판단을 필요로 하는 일조차도 사람처럼 감성에 휘둘리지 않고 최적의 답안을 찾아내어 제공하는 인공지능 로봇으로 대체될 것이다.

인공지능이나 로봇은 사람이 가지는 기쁨, 슬픔, 두려움, 분노 등의 감정을 가지지 않기 때문에 사람보다 더 능숙하게 일을 처리할 뿐만 아니라 불평불만을 하지 않는다. 인간의 표정을 읽고 스스로 학습하며, 상대방이 아무리 심한 욕을 할지라도 아무런 감정의 기복 없이 다음 고객을 맞이할 수 있다. 이처럼 급격한 인공지능의 발달이 가져올 사회 생태계의 변화는 유례없는 수준일 것이다.

그렇다면 제아무리 스스로 학습하는 인공지능일지라도 인간을 대신할 수 없는 것은 무엇이 있을까? 그것은 '진정성'이다. 신뢰 혹은 믿음과는 다르다. 오히려 정보의 정확성이나 신뢰도는 사람의 그것보다 높다. 하지만 진정성은 오직 인간에게만 존재한다. 꼭 맞는 정보를 탐색하고 전달하는 능력은 인공지능을 따라갈 수 없지만 사람과 사람 사이에는 보이지 않는 끈이 있다. 합리와 이성으로는 설명할 수 없는 타인을 위하는 인간의 이타적 심리는 해외로 자원 봉사를 떠나는 행동과도 같다.

이러한 진정성이 중요한 이유는 단순히 기계나 로봇이 가질 수 없기 때문이 아니다. 나는 돈을 벌기 위해 장사(영업)를 하고 소비자(고객)는 나에게 돈을 가져다주는 수단에 불과하다고 생각하는 영업사원은 절대 영업으로 끝을 볼 수 없다. 아무리 잘해봐야 돈을 벌기 위한 목적으로 기를 쓰고 파는 판매사원일 뿐이다.

하지만 진정 상대방을 위한 마음으로 제품을 제안하고 서비스를 추천하는 영업사원의 진심은 고객에게도 여과 없이 전달되기 마련이다. 이 사람은 정말 나를 생각해주고 나를 위한다는 마음이 가격이 조금 더 높아도 그 사람을 찾게 되는 이유가 된다. 이 마음은 연기를 한다고 해서 따라할 수 없다.

정말 이타적인 것과 이타적인 척 하는 것은 그 표정, 태도에서 확연히 드러나게 되어 있다. 영업을 한다면 천성이 이기적인 성향이라 하더라도 늘 고객의 입장에서 고객의 장점을 발견하려고 노력하는 것이 필요하다. 진정성을 가진 영업사원이 결과적으로 영업을 더 잘 할 뿐만 아니라 개인적인 성취감이 높고, 어느 장소에서건 분위기를 읽는 힘이 강하기 때문이다.

비단 영업 환경에서만 적용되는 내용이 아니다. 영업마인드를 가지고 상대방에게 진정성이 있는 사람은 어떤 일을 하더라도 그 일의 의미, 조직의 분위기, 동료의 심정과 같이 보이지 않는 것들을 읽을 수 있다. 이는 당장 눈앞에 닥친 문제를 해결하는 것뿐만 아니라 본질적인 문제까지도 꿰뚫어볼 수 있는 힘이 있다는 뜻이다. 이런 역량을 가진 사람은 오늘, 지금의 문제만 몰두하는 사람에 비해 넓은 시야를 가지고 자신의 세계를 확장할 수 있다. 이런 사람들은 다음 세 가지 특징을 가지고 있다.

첫 번째, '진심으로' 상대방이 잘 되기를 바란다.

두 번째, 삶의 주체가 '나 혼자'가 아닌 '당신과 나'이기 때문에 무의식적으로 당신의 분위기를 파악한다.

세 번째, 일의 우선순위가 명확하고 일처리가 빠르며 '고객'의 우선순위가 먼저다.

첫 번째는 두말할 필요가 없다. 더 이상의 설명이 필요 없을 정도로 분명하고 누구라도 동의할 수밖에 없는 명제다. 성공하는 영업사원은 의도적으로 열 명의 아군을 만들기 위해 시간을 쏟기보다 천성적으로 한 명의 적군도 만들지 않는다. 누군가 내 편을 만들려고 노력하면 상대방은 그 느낌과 분위기로 다분히 의도적인 행동임을 알 수 있다. 하지만 간혹 천성적으로 개미 한 마리 죽이지 못하는 사람이 있다. 이는 무조건 착한 사람이 성공한다는 뜻과는 다른 의미이다. 다른 사람을 돕는 것이 일상이고 상대가 상처받는 말은 당연히 해선 안 된다고 생각하는 사람은 주위에 적이 없다.

의외로 영업뿐만 아니라 어떤 일을 하다보면, 한, 두 다리 건너 다른 사람이 나에 대해 좋지 않게 하는 이야기를 듣게 된다. 분명히 나는 다른 사람에게 딱히 피해를 끼친 적도 험담을 한 적도 없는 데 말이다. 사람과 사람 사이의 관계란 이토록 무서운 경우가 많다. 의도하지 않은 말 한 마디, 행동 하나가 나를 곱게 보지 않는 사람의 시각에서는 커다란 잘못이 되고 쉽게 와전된다. 예컨대 나를 둘러싼 사람을 열 명이라 가정하고 흑백논리로 나에게 호감인 사람과 비호감인 사람, 둘로 나눈다면 나에게 호감인 사람은 과연 몇 명이나 될까? 당신이 상대방이 잘 되길 내가 잘 되는 것이상으로 생각하는 사람이 아니라면 열에 아홉은 당신을 '비호감으로 생각할 수 있는 사람'이다. 내가 그 사람들에게 잘못을 한 것도 아니기 때문에 이는 꽤 놀라운 결과다.

최소한 당장 내 본성을 바꿀 순 없더라도 이런 진정성의 힘을 알고 있는 것만으로도 내 업에 종사하는 데 많은 도움이 된다. 진심으로 다른 사람이 잘 되길 바라는 사람을 싫어할 사람은 아무도 없다.

두 번째 역시 첫 번째 내용의 연장선상에 있다. 당신이 영업 현장 상황이 아닌 평범한 회의에 참여했다고 가정해보자. 회의에 참여한 사람들이 주제에 대해 제시하는 의견은 참여한 팀의 상황에 따라 내용과 내용을 전달하는 말투, 타이밍, 표정이 제각각일 것이다. 내가 중심인 사람, 내 삶은 오직 나뿐이라고 생각하는 사람은 상대방의 말의 내용에만 초점을 맞추지만 타인의 심정을 파악하는 사람은 말 속에 가려진 제스처, 어투, 표정, 호흡에서 정보를 얻는다. 그리고 그 요소들을 조합해 그 자리의 분위기를 알아낼 수 있다. 이러한 능력은 소비자와 당신의 일 대 일 상황에서 더욱 힘을 발휘한다.

사람은 감정이 복잡할수록 말과 마음이 반대일 때가 많다. 그래서 당신이 팔고자 하는 제품을 팔거나 제안을 성공시키기 위해선 상대방이 하는 말뿐만 아니라 말을 둘러싼 다른 정보들을 잘 살펴보는 것이 좋다. 연애에 자주 실패하는 남자들이라면 자신이 연인의 말 속에 숨겨진 의미를 파악하지 못하는 '눈치 없는 남자'

가 아닌지 숙고해볼 필요가 있다.

어떤 제품을 제안하고 추천하는 도중에도 일방적으로 정보를 전달하는 사람은 판매에 실패할 확률이 높다. 하지만 말을 하지 않아도 상대방에게서 끊임없이 정보를 얻는 사람은 그 분위기를 읽을 줄 아는 사람이고 성공적으로 결론에 도달할 수 있다.

예컨대 냉장고를 알아보기 위해 중년의 부부가 함께 매장을 방문했다고 치자. 오직 자신만을 생각하는 사람은 어떻게 해서든 판매해야겠다는 생각을 하며 앞장서서 코너로 이동할 것이다. 반면에 진정 상대방을 위하는 영업사원이라면 코너를 안내하는 짧은 순간에도 남편의 시선은 TV에 집중되어 있었다는 사실과 아내가 '압력밥솥이 필요한데.'라고 중얼거린 이야기를 캐치할 수 있다. 앞의 영업사원은 오로지 자신이 팔고자 하는 냉장고의 장점만 부각하여 설명하겠지만 뒤의 영업사원은 고객이 원하는 냉장고를 먼저 물어볼 뿐만 아니라 TV도 함께 판매하며 압력밥솥 하나를 덤으로 주었을 수도 있다. 후자의 경우 더 팔아야겠다는 욕심을 부린 것도 아니지만 결론적으로 더 좋은 결과를 이끌어낸 것이다. 상대방의 이야기를 듣는 행위의 본질은 그 정보를 흡수해 자신의 사고에 활용하는 것이다. 사고하고 판단을 내려야 상대에게 비로소 의미가 있다.

세 번째 특징은 이렇게 진정성을 갖고 상대의 분위기를 읽는 사람은 언제나 고객이 1순위일 뿐만 아니라 우선순위의 처리가 빠르다는 것이다. 어떤 일을 하더라도 무엇을 먼저 해야 할지 중요도와 긴급여부에 따라 일을 구분해 처리하는 역량은 매우 중요하다. 이때 상대방의 일을 중요시하는 사람은 생각할 것 없이 상대방의 일을 '먼저' 처리한다. 그렇기 때문에 무엇을 먼저 하고 다음에 할지 고민하는 데 시간을 쏟지 않는다. 고객의 요청이 최우선인 것이다. 그렇게 행동한다는 것을 상대방도 알기 때문에 영업사원의 진정성은 보다 신뢰를 얻게 되고 그 영업사원의 말과 행동의 힘은 강력해진다.

일을 하다보면 한 가지 일을 끝내면 다음 일이 주어지고, 또 그 일이 끝나면 다음 일이 주어지는 경우는 없다. 매일 아침 혹은 매주, 매월 해야 하는 일이 있는가 하면, 비정기적으로 직접 지시를 내리는 팀장 혹은 부서장도 있고 다른 팀과의 협업이 계속 발생할 수도 있다. 조직의 특성에 따라 관리 및 운영을 하다보면 대기 상태에서 무언가 자료나 수정 요청을 빈번하게 처리해야 하는 경우도 있다.

일을 잘한다고 평가받는 직원은 일이 얼마나 긴급한지 중요한지에 따라 일을 네 가지로 분류하고 우선순위를 매겨 처리한다. 예컨대 긴급하면서 중요한 일을 최우선으로, 중요하지만 긴급하지 않은 일을 그 다음으로, 중요하진 않지만 긴급한 일을 그 다음, 중요하지도 긴급하지도 않은 일은 마지막에 시간이 남으면 하는 식이다. 이처럼 업무에 우선순위를 정하는 이유는 그래야 효율적인 업무가 가능하기 때문이다.

영업 역시 마찬가지다. 어느 일이나 순서를 정하고 처리하는 것이 중요하지만, 고객이 1순위인 영업사원은 위와 같이 순서를 구분할 때 고객과 관련된 업무처리를 최우선으로 삼는다. 그 바탕에는 진심으로 상대방을 위하는 마음과 상대방의 분위기를 읽을 줄 아는 능력이 있다는 것은 두말할 나위 없다.

업무에 우선순위를 정하지 못하기 때문에 모든 일을 끌어안고 고생하는 사람도 있다. 업무의 범위와 의미를 이해하지 못하기 때문에 얼마나 중요한 일인지 경중을 파악하지 못하는 것이다. 모든 일이 똑같이 중요하다고 생각하면 들어온 일부터 순서대로 처리하게 된다.

다시 한 번 '진정성'의 이야기로 돌아가 보자. 사람은 혼자 살아갈 수 없을뿐더러 혼자 모든 일을 처리할 수도 없다. 반드시 수많은 사람들의 도움을 받으며 살아간다. 이때 한 명의 적을 만들지 않는 것도 중요하고 수많은 자기편을 만드는 것 또한 중요하다. 결론적으로 답은 간단하다. 내가 먼저 많은 사람들을 도와주고 응원해주고 행복하게 만들어주면 되는 것이다.

성공하는 영업사원과 그렇지 않은 사람의 차이는 아주 미세한 데서부터 비롯된다. 먼저 베푸느냐 아니면 요구하느냐의 차이일 뿐이다. 꺼리는 일을 도맡아 하고 자신이 이룬 성공을 자신의 곁에 있는 다른 사람들에게로 돌린다. 자연스럽게 겸손할뿐더러 주위 사람들에게서 존경까지 받게 되는 것이다.

아직 상대방을 위하는 진정한 마음이 성공으로 이어지는지 감이 잡히지 않는다면 이렇게 생각해보자. 나로 인해 상대방이 기뻐하는 모습을 봤을 때 사람에게서 최고의 에너지가 나온다. 버스나 지하철에서 다리가 불편한 노인에게 자리를 양보해 진심어린 감사의 인사를 받았다고 상상해보자. 도덕적 배려심이 유별나지 않더라도 충분히 있을 수 있는 상황에서 피곤함이 사라지지는 않더라도 형용할 수 없는 뿌듯한 마음이 들 것이다.

영업을 하다보면 이런 뿌듯한 감사의 인사를 받는 경우가 간간히 있다. 사용하고 있는 제품이 만족스럽다며 지인을 소개해주는 경우도 있고 친절하게 설명해줘서 고맙다며 간식이나 심지어 김장을 하고 남은 김치를 싸주시는 경우도 있다. 이렇게 찾아오는 단골고객은 맨 처음 만났을 때부터 하나같이 진정성을 가지고 응대한 고객이 대부분이다.

이런 고객이 많은 영업사원은 확인해보지 않더라도 뛰어난 판매실적을 가지고 있을 확률이 높다. 하루 동안 말하는 수백, 수천 번의 대화와 행동 중 한 번, 두 번만이라도 의도적으로 더 상대방을 기쁘게 해보자. 보이지 않던 분위기를 읽을 수 있는 눈이 생기고 내가 가진 지식으로 상대방의 문제를 해결해 줄 수 있는 방법이 생길 것이다. 제아무리 못나고 마음에 들지 않는 상대라도 배울 점이 있다. 진정으로 상대에게 감사한 마음을 잊지 말자.

9

간절함과 독기를 품고
어떻게든 이뤄낸다

성공한 영업사원에게 자신의 성공 비결을 물어본다면 과연 그들은 무엇이라 대답할까? 끈기? 성실함? 성공한 CEO나 영업사원에게 공통적으로 이 질문을 했을 때 빠지지 않고 나오는 대답이 있다. 바로 '독기'이다. 이것이야말로 잘 파는 영업사원에게 필요한 모든 역량을 가속화시키는 최고의 비결이다.

영업뿐만 아니라 어떤 분야에서건 독기를 품은 사람은 믿을 수 없는 결과물을 만들어낸다. 특히 일하는 만큼 성과를 보이는 영업 분야에서는 더욱 그렇다.

최종적으로 무언가를 성취하겠다는 목표의식이나 단계별 목표의식 없이 하루하루를 타성에 젖어 살아간다면 아무런 발전도 할 수 없다. 그냥 살아지는 대로 사는 것은 말 그대로 삶에 아무런 의미가 없다. 잠자리에 드는 순간, 오늘 하루 보람찬 하루를 보냈다는 생각으로 하루를 마무리 하는 것과 그저 내일도 의미 없는 똑같은 하루가 반복되리란 생각 속에 잠이 드는 것은 삶에 커다란 차이를 불러온다.

누가 보더라도 터무니없고 불가능해 보이는 일에 도전해 이뤄내고 마는 사람들은 자세부터 다르다. 표정에서부터 굳은 의지와 이글거리는 눈동자를 가지고 있다. '어떻게 해서건 이기고야 말겠다.' '속한 분야에 있어 1인자가 되겠다.' '매출 얼마를 달성하겠다.'는 절대적인 목표의식을 밑바탕에 깔고 있다.

그 분명한 하나의 목표는 타인이 강제로 시켜서 하는 것보다 훨씬 더 달성해낼 확률이 높다. 문자 그대로 수단과 방법을 가리지 않고 해내겠다고 다짐한 사람에게 '어떻게' 이뤄낼 것인지의 문제는 그 다음 문제이다. 그렇기 때문에 마침내 자신의 목표를 이뤄내고 마는 사람은 지속적으로 강력한 동기부여를 통해 꿈이 사라지지 않게 한다. 이렇게 스스로 강한 동기부여를 하는 방법은 크게 세 가지로 구분된다.

첫 번째는 커다란 인생의 전환점을 맞이하는 방법이다.

이것은 사실 자신의 노력에 의한 방법이라기 보단 외부적인 상황 변화에 의해 맞이하게 되는 경우다. 극단적인 예를 들자면 가까운 친인척의 신변에 커다란 문제가 생기는 경우가 있을 수 있다.

필자의 경우는 그것이 필자 자신이었다.

지금으로부터 10년 전, 손가락 하나 움직일 수 없는 상황을 맞이하였고 평생 류머티즘 관절염이라는 이 희귀 불치병을 치료하는 것은 불가하다는 청천벽력과도 같은 선고를 받았다. 온 몸이 완전히 굳어 있는 상황에서 수능이 다 무엇이고 대학이 다 무엇이란 말인가. 다시 움직일 수만 있다면 절대로 하고 싶지 않은 일을 그냥 남들이 하니까 따라 하는 삶을 살지 않겠다고 다짐했다.

열일곱의 나이엔 다소 어울리지 않지만 그 일을 계기로 일생에 중요한 선택이 필요한 순간에는 늘 그 시기를 떠올린다. 그러면서 내 자신이 나태해지진 않았는지 반성하곤 한다. 하지만 요즘 같이 의료기술이 발달한 시기에 보편적으로 자신이나 가까운 가족의 신변에 문제가 생기는 경우는 드물기 때문에 외부의 사건에 의한 동기부여는 경우의 수가 적다. 비록 내가 커다란 문제없이 온실 속 화초처럼 자랐다고 해도 그것이 잘못된 것은 아니다. 스스로 어떤 사건을 커다란 심적 변화의 계기로 삼는다면 그것 자체로 인생의 변곡점이 될 수 있다.

두 번째 방법은 글로 꾸준히 중간 목표를 만들어내는 방법이다.

엄청난 사건이 있어야만 독기를 품고 목표를 향해 달려가는 것만은 아니다. 누구라도 어떤 작은 계기만으로도 그 사건을 통해 꿈을 갖게 되었다면 나만의 무언가를 만들 수 있다. 처음부터 대단한 사람은 없다. 태어났을 때부터 눈빛에 독을 품고 달려드는 사람은 없다. 무언가를 이루고자 하는 강력한 목표의식은 수없이 많은 작은 중간 과정을 거치면서 만들어진다. 이것을 가장 훌륭하게 소화해내는 방법은 메모를 남기는 방법이다.

적자생존(適者生存). 환경에 적응하는 강한 생물만이 살아남는다는 뜻인데 최근에는 적는 자만이 살아남는다는 뜻으로 많이 인용된다. 그만큼 메모지를 달고 다니며 사소한 것이라도 필기하는 버릇이 중요하다. 여기서 글로 중간 목표를 만들어낸다는 뜻은 작은 일이라도 메모하고 참고해 까먹지 말라는 뜻과는 사뭇 다르다.

다이어트에 반드시 성공하겠다, 행정고시를 패스하겠다, 최고의 명문대학에 합격하겠다, 대기업에 입사하겠다는 등의 자기 목표를 머릿속으로만 생각하는 것이 아니라 글로 적는 것이다. 글로 쓰는 것의 힘은 생각하는 것 이상의 효과를 가지고 있다.

머릿속으로만 판매왕이 되겠다는 영업사원은 안타깝게도 1등이 될 수 없다. 구체적인 방법을 구조화할 수 없기 때문이다. 우선 내가 판매왕이 되어야만 하는 이유를 적어보자. 그리고 거꾸로 판매왕이 되기 위해 필요한 자질, 역량, 구체적인 계획을 스스로 써보자. 그래야만 0%의 확률이 1%로 올라갈 수 있다. 여기서 0%와 1%의 차이는 엄청난 차이이다. 0%는 죽었다 깨어나도 절대로 불가능하다는 뜻이지만 1%는 불가능에 가까울 만큼 힘들지만 할 수 있다는 의미다.

혼자서 난 살을 빼고 싶어, 전사 판매 순위 1위를 달성하고 싶다고 생각하는 것은 모든 사람이 할 수 있는 생각이다. 말 그대로 생각일 뿐인 것이다. 어느 누가 탄탄한 몸매를 갖고 싶어 하지 않고 적당한 매출을 원하겠는가. 모두가 원하지만 누군가는 해내는 동기부여를 위해서는 거꾸로 단계별 목표를 작성해보자. 마치 RPG게임을 하는 것과 같이 재미 요소를 넣어 지루하지 않게 만드는 것도 하나의 좋은 방법이다.

흔히 롤플레잉 게임을 기획할 때 넣는 주된 흥미요소는 캐릭터의 성장이다. 바로 레벨이 오르고 장비를 착용해 내 캐릭터가 다른 캐릭터보다 강해지는 것에서 희열을 느끼는 것이다. 여기에도 경쟁심리가 숨어있다. 다른 사람의 캐릭터보다 더 예쁘고 약하면 안 된다는 마음으로 현금을 주고 장비를 구입하게 된다. 이때 현금을 직접 지불하는 것이 아니라 게임 속에서만 통용되는 게임 내 화폐로 변환해 거래함으로써 실제 돈이 아닌 것처럼 감각을 속인다. 왜 게임 속 캐릭터 능력의 향상에는 열을 올리며 현실세계의 나는 한 시간 러닝머신 운동조차 힘겨운 것인지 안타깝다.

이처럼 스스로 최고의 영업사원이 되겠다는 목표를 설정했다면 이를 위한 동기부여의 방법으로 나만의 역량 향상 로드맵을 작성하는 것이다. 이것이 다이어리와 다를 것이 무엇이냐고 생각할 수 있지만 그렇지 않다.

실례로 매주, 매월, 매분기, 매년 목표를 만들어 관리하는 영업사원이 있다. 그는 스스로 한 시간을 1코인이라 부르기로 자신과 약속하고 매월 여러 가지 목표를 정하고 목표를 이루기 위해 코인을 분배한다. 새해가 되면 자신이 1년간 이룰 다방면의 목표를 정하고 분기, 월, 주 단위로 쪼개어 관리하는 것이다. 언뜻 보면 장난하는 것처럼 보이지만 스스로 설정한 목표를 이루기 위해 끊임없이 동기부여를 하는 방법으로서 추천한다. 시간 단위로 구분하던 그것을 코인이라 부르던 벽돌이라 부르던 관계없다.

중요한 것은 타인의 시선이나 판단이 아니라 내가 글로 꾸준히 중간 목표를 적으면서 최종적인 꿈을 잊지 않게 해주는 것이 본질이다. 개인의 성향에 따라 디테일하고 체계적으로 수치 관리를 하는 사람이 있는가하면 그런 것이 오히려 불편한 사람도 있다. 방법이 어떤 것이든 개인의 선택이지만 중간 허들을 시기별로 만들어 두고 그것을 성취해내는 기쁨을 누릴 때 처음 목표로 설정한 거대한 목표를 끝까지 달성할 수 있다.

세 번째는 남들보다 딱 한 발 더, 한 번 더하면서 동기를 부여하는 방법이다.

남들만큼 해선 남들처럼 될 수밖에 없다는 사실을 잘 알고 있는 영업사원은 남들과 다른 하나가 있다. 이렇게 한 번 더 해보느냐의 차이가 최고가 되느냐 그렇지 못하느냐를 갈라놓는다. 이 한 가지는 거창한 것이 아니다. 예를 들면 명함에 향수를 뿌려두는 것도 남들과 구별되는 한 가지이다. 혹은 다른 직원과 다르게 혼자 나비넥타이를 맬 수도 있다.

고객을 배웅하며 인사할 때 향수를 뿌린 명함을 전달하며 "제 이름은 집 가훈 할 때 이가훈입니다. 고객님. 이 명함의 향기가 날 때는 행복 가전상담사 이가훈을 기억해주세요, 감사합니다 고객님."이라는 멘트를 남긴다면 어떨까. 어떤 상담 내용이 오고 갔건 간에 이름 하나만큼은 기억할 수 있지 않겠는가? 이처럼 남들과 구별되는 결과를 만들어내는 데 모든 것이 특별할 필요는 없다.

오히려 영업은 기본에 충실한 사람이 가장 뛰어난 성과를 만든다. 어떤 것이든 자신을 강조할 수 있는 한 방이면 된다. 인상을 남기기 위한 특별한 한 가지가 아니더라도, 일반적인 영업사원들이 하는 수준에서 딱 한 발만 더 나아가면 된다.

일이 끝난 시간에 제품이나 서비스에 대한 공부를 30분가량 하는 것도 좋고 쉬는 날에 전문교육 강의를 듣거나 고객에 한 번 더 케어 활동하는 것도 좋다. 남들은 하지 않는 단 한 가지가 당신을 99%에서 1%로 만들어준다. 이는 상담할 때도 마찬가지이다.

요청하는 테크닉이 필요하다. 제안할까 하지 않을까 고민하다가 하지 않으면 아예 일어나지 않지만, 제안해서 손해 볼 것은 없다. 요컨대 세탁기를 둘러보러 온 고객에게 혹시 다른 것은 필요 없는지 물어보는 것이다. TV를 구매한 고객에게 혹시 휴대폰을 바꿀 때는 되지 않았는지, 밥솥을 사러온 고객에게 에어컨을 바꿀 때가 되지는 않았는지 하고 말이다. 정말 사소하지만 하나 더 제안할 줄 아는 능력이 영업사원에게는 꼭 필요한 능력이다.

굳이 그렇게까지 할 필요 있겠냐고 생각하는 사람은 자기 동기 부여가 부족한 영업사원이다. 점심 식사시간에 당신의 직장 동료 후배와 한 부대찌개 전문점에 들어가서 주문을 했다고 생각해보자. 부대찌개를 주문한 당신의 주위를 살피던 주인은 10분이 채 되지 않아 당신이 아닌 후배에게 한 마디를 던질 것이다. "사리 넣어요?" 후배가 당신의 눈치를 얼마나 살필지 모르지만 이쯤 되면 당신은 마지못해 라면사리를 추가하지 않고는 못 배긴다. 고객 관찰과 '키맨'을 찾아내는 능력, 그리고 하나 더 제안해서 추가 판매하는 능력이 뛰어난 영업사원의 모습이다.

이해를 돕기 위한 예시지만 이 부대찌개 가게주인이 하루 맞이하는 고객이 백 팀이라 가정하고 그 중 절반이 "사리 넣어요?" 한 마디에 평균 3천원만큼의 사리를 추가한다고 가정해보자. 고작 "사리 넣어요?" 한 마디로 15만 원 가량의 추가 매출을 올리는 것이다. 패스트푸드의 본 고장인 미국에 가면 우리보다 상대적으로 세트 개념이 약하다. 햄버거와 콜라로 구성된 경우가 많은데 여기에 프렌치프라이를 추가해 세트개념을 만들었다. 이 역시 하나 더 추가 판매하는 성공적인 사례라고 볼 수 있다.

어떤 방식이든 관계없다. 한 마디 추가 제안으로 크로스셀링을 노리는 것도 좋고, 기억에 남는 인상적인 한 마디를 남기는 것도 좋다. 업무 외 시간을 활용해 교육을 받는 것도, 책을 한 권씩 읽거나 한 페이지씩 글을 쓰는 것도 좋다. 무엇이든 남들보다 하나 더 다른 무언가를 만들어보자. 그것이 무엇이든 간절함이 있다면 강력한 동기가 될 것이다.

얼마나 간절하게 꿈꾸느냐 독기를 품었느냐에 따라 결과는 확연히 차이가 난다. 잘 파는 영업사원은 독기를 품고 있다. 자신의 꿈에, 이루고자 하는 목표에 간절하다. 그 간절함을 이루고자 누가 시키지 않아도 단계별로 목표를 정하고 글로 쓴다. 그리고 남들과 다른 한 걸음을 내딛는다. 이 작은 한 걸음의 차이가 1년 뒤, 10년 뒤에는 엄청난 결과를 가져온다. 필자는 현재 전자회사 소속에서 영업에 매진하고 있지만 10년 뒤 소속되어 있는 회사나 직급보다 이가훈 이름 석 자로 기억되길 간절히 바라고 있다. 그것을 향해 독기를 품고 나아가고 있다. 분명 어떤 방식으로든 이뤄낼 것이라는 확신 속에 이번 달, 이번 주는 글을 몇 장 쓰고 매출은 몇 억을 달성해내며, 새로 알게 된 관계를 견고하게 다지기 위해 힘을 쏟고 있다. 이런 행동들은 반드시 이뤄낼 것이라는 자기 확신에서 비롯된다. 그리고 오늘도 내가 바라는 꿈을 향해 한 걸음 더 나아갔다는 기분 좋은 원동력을 만들어낸다. 이런 선순환 고리를 만들면 불가능할 것만 같았던 목표를 반드시 이루게 된다. 독기를 가지고 즐기는 사람은 아무도 이기지 못한다.

4

전문성을
갖기 위해 필요한
기본기를 다져라

"

63빌딩을 걸어서 올라가겠다는 목표는 어려운 목표지만,

몇 분 안에 10층에 도달하고 쉬겠다는 목표는

구체적이며 실행 가능한 목표다.

20대라면 흔들리지 말고 기본기를 쌓자.

당신만의 목표에 몰입하고 실행하기를 반복하면,

그러한 경험은 향후 80년간 무슨 일이든

완결해낼 수 있는 주춧돌이 될 것이다.

"

몰입,
한 가지에 집중하는 힘

사회에서 처음 일을 시작하는 새내기들이라면 어떤 회사에서 어떤 일을 할지 설렘 반 두려움 반인 경우가 많다. 잘 할 수 있을까? 이 일이 내게 맞는 것일까? 스스로 끝없이 되묻고 흔히 말하는 '멘토'를 찾아도 정답을 찾기란 쉽지 않다. 결국, 이 문제에 대한 해답은 20대가 지나야 안개가 걷히듯 어렴풋이 윤곽을 드러낸다. 이것마저도 '유레카!'와 같이 나에게 꼭 맞는 답을 찾았다고 보기보단 차츰 보고 느끼고 경험하는 것들이 많아지면서 자연스럽게 연륜이 쌓이며 알게 되는 것들이다.

업의 종류에 관계없이 직장에 처음 발을 내딛게 되면 대개 그동안 배운 것들은 기본소양일 뿐 그 업의 전문성을 쌓기 위해선 새로 배워야 하는 일들이 많다. 대학에서 전공을 배우는 것과 해당 분야의 실무를 처리하는 것은 전혀 다른 이야기이다. 대학원 석사, 박사과정까지 깊게 우물을 판다면 모를까 요즘 시대에 학부 수준으로 현업에서 실무를 처리한다는 것은 결코 쉽지 않다.

백세시대라 불리는 오늘날은 10대, 20대뿐 아니라 일생을 통틀어 끊임없이 배우는 태도를 가져야 변화에 적응할 수 있다. 학문의 토대를 이루는 이론은 변하지 않지만, 시대가 바라는 인재의 모습은 그때그때 다른 형태를 보이기 때문이다. 결과적으로 평생을 '학습'하는 태도로 변화하는 환경에 적응하며 살아갈 수 있는데 그중 20대에는 기본기를 충실히 닦는 것이 좋다. 흔히 어른들이 말하는 인성이 이것을 뜻하는 경우가 많다.

그렇다면 전문성을 쌓고자 하는 20대가 가장 먼저 터득해야 할 기본기로는 어떤 것이 있을까? 크게 다섯 가지 키워드로 몰입, 독서, 실행, 관계, 목표가 있다. 평생을 통틀어 갖추면 좋을 역량으로는 성실함, 정직, 주인의식 등 셀 수 없이 많지만, 그중에서도 20대에는 끊임없이 성장하는 습관을 견고히 하는 것이 좋다. 위 다섯 가지 중 첫 번째로 손에 꼽는 것이 바로 '몰입'이다.

몰입은 무언가에 흠뻑 빠져 심취해 있는 무아지경의 상태를 뜻한다. 어떤 것에 깊이 빠져 있을 때 느끼는 의식의 상태로 이렇게 한 가지에 집중하는 힘이 강한 사람은 그 힘이 약한 사람보다 같은 시간을 들였을 때 더 높은 성취를 이룰 수 있다.

한 가지에 집중하는 힘과 여러 가지를 동시에 처리하는 멀티태스킹 힘 중 어떤 능력이 더 중요한지에 관해서는 의견이 분분하다. 하지만 전문성을 갖추기 위해 필요한 자질로서의 몰입은, 동시에 여러 가지를 처리하느냐 한 가지씩 처리하느냐의 의미가 아니다. 내가 추구하는 단 한 가지가 무엇인지, 그 하나를 찾아내는 과정이다. 나의 20대, 그 누구도 아닌 나의 삶을 의미 있게 만드는 '하나'를 찾고 그 하나만을 떠올리며 노력하는 것이다.

친구도 만나고 경제 활동도 하고 남는 시간에 여행도 하고 가족과도 시간을 보내면 좋지만 무언가는 포기해야 한다. 시간이란 한정되어 있기 때문에 하고 싶은 모든 것을 하고 이루고 싶은 모든 것을 이루며 살 수만은 없다. 이 당연한 진리를 깨닫는다면 당신은 영업뿐만 아니라 어떤 일이라도 스페셜리스트로 성장할 수 있을 것이다. 하고자 하는 일이 무엇이든 최고의 성과를 원한다면 접근 방법은 같다. 핵심을 파고들어야 한다.

여기서 핵심을 파고든다는 것은 내가 할 수 있는 모든 일을 무시하고 반드시 해야만 하는 일에 '올인'하는 것을 뜻한다. 모든 일이 똑같이 중요하지 않다는 것을 인정하고 이해해야 한다. 내가 하고 싶은 일을 남들과 똑같이 하며 남들과 다른 결과를 바란다는 것은 억지에 불과하다. 탁월한 성취는 내가 얼마나 한 가지를 좁힐 수 있느냐와 연결되어 있다.

언뜻 생각하면 커다란 성공을 위해서는 아주 오랜 시간과 노력을 필요로 한다고 생각한다. 우리에게 주어진 에너지는 한정되어 있는데 그것을 너무 많은 것에 분배하면 결국 이도저도 얻지 못하게 된다. 제대로 된 결과물을 얻기 위해선 끝까지 집중해 작은 결과라도 끝맺음을 보는 훈련이 필요하다.

어떤 매장이 오픈하거나 리뉴얼, 몇 주년 행사, 박람회 등 커다란 이벤트를 진행해 고객들이 봇물처럼 쏟아져 들어온다고 가정해보자. 어떤 영업사원은 이 고객도 떠보고 저 고객도 떠보고 살 것 같은 여러 고객에게 말을 건넨다. 흡사 클럽에서 이 여성, 저 여성 가릴 것 없이 추파를 던지는 연애 초보의 모습과도 같다.

하지만 실력 있는 영업사원은 수많은 고객들이 물밀 듯 들어와도 흔들림이 없다. 자신만의 뚜렷한 주관과 원칙에 의해 상담을 진행한다. 오히려 상담 받는 고객이 불안해하지 않도록 한층 더 차분한 목소리로 설명한다. 상담할 때뿐만 아니라 모든 업이 그렇다. 흔히 일의 양이 많아짐에 따라 성과가 정비례하길 바라는데 그러기 위해선 '더하기'가 아닌 '빼기'가 필요하다. 처리하는 일의 가짓수를 줄여야 하나라도 하는 일이 제대로 된 끝맺음을 볼 수 있다.

한 번에 너무 많은 일을 하려다 보면 처음에는 유능한 것 같고 효과적인 것처럼 보이지만 결국 부정적인 최후를 맞을 수밖에 없다. 단 하나의 목표의식을 갖는 것은 궁극적으로 내가 그것만을 이루면 된다는 확실한 목표의식을 갖도록 한다. 이것이 바로 한 가지에 몰입하는 것의 힘이다. 이처럼 집중하는 훈련은 특히 10대나 20대에 하는 것이 좋다. 향후 어떤 분야의 전문가로 성장하더라도 그 기반에는 학습하는 힘, 고개 돌리지 않고 한 가지만 바라보는 능력이 밑바탕을 이루기 때문이다.

한 번에 한 가지씩 일을 처리할 때 성과가 높다는 것은 흔하게 있는 오프라인 매장의 영업환경만 떠올려도 쉽게 고개를 끄덕일 수 있다. 편의점이나 마트, 각종 로드샵을 떠올려보자. 비록 그 분야에 종사하지 않더라도 누군가는 카운터에서 결제를 돕는 업무를 하고 제품을 상담하는 인력도 있고 재고를 체크하며 비어 있는 칸을 채워 넣는 직원도 있다는 것을 알 수 있다. 어느 누구도 빠진 재고는 없는지 체크하며 계산을 도와주고 건너편에 있는 고객의 질문에 대답하는 직원은 없다. 정말 바쁜 상황이라 할지라도 대부분의 영업현장에서는 멀티태스킹을 할 때보다 한 번에 한 고객에 집중하는 것이 더 효과적이다.

어떤 일이든 여러 일을 동시에 처리하는 것이 효율적일 수도 있고 한 가지씩 처리하는 것이 효율적일 수도 있지만, 영업에 종사한다면 후자인 경우가 많다. 고객에게 전화가 오면, 전화를 받는 동안은 전화에 집중해야 한다. 고객을 테이블 앞에 두고 상담하는 중이라면 급한 전화가 아닌 이상 눈앞의 고객에게 온 신경을 쏟아야 한다.

아직도 한 번에 여러 가지 일을 동시에 처리하는 것이 효율적이라고 생각하는 사람이 있다면 이 '도미노 법칙'을 떠올리자. 줄지어 서 있는 도미노는 처음에는 작고 약한 1개의 도미노가 자신보다 1.5배 큰 도미노를 넘어뜨릴 수 있다. 학창시절 배운 등비수열이 기억나는가? 처음에는 보잘 것 없는 크기지만 하나씩 넘어뜨리며 커지는 힘은 상상을 초월한다. 이는 도미노가 '한 줄'로 세워져 있기 때문에 가능한 것이다. 영업사원으로 성공하고 싶다면, 아니 내가 업으로 삼고자 하는 분야에서 끝장을 보고 싶다면 내 삶 속에 도미노를 만들어야 한다.

영업이 아닌 사무 업무라면 어떨까? 빅데이터를 관리하고 유의미한 데이터를 추출해 기업의 중요 의사결정에 기여하는 일이라면, 예컨대 그 시작은 엑셀 함수를 공부하는 것에서 시작될 수 있다. 그리고 그 작은 도미노에 뒤이은 도미노를 세우고 첫 번째 것을 넘어뜨려 한 가지씩 집중하면 된다. 한 줄로 세우지 않고 여기저기 힘이 분산되면 제 힘을 발휘할 수 없다. 이처럼 제대로 된 성공을 이끌어내는 사람들은 성공이 동시에 일어나는 것이 아니라 하나씩 순서대로 일어난다는 것을 알고 있다.

동시에 여러 성공을 거두지 못한다고 해서 결코 느린 것이 아니다. 오히려 1차원의 선형으로 시작된 성공이 기하급수적인 2차 곡선을 그리며 상식적으로 일어날 수 없는 결과물을 만들어낸다. 예컨대 애플은 맥 컴퓨터에서 아이맥, 아이튠즈, 아이팟, 아이폰을 거쳐 아이패드를 출시했다. 단 하나의 제품으로 일류 기업으로 거듭났다.

회사의 세계에서 정상급 제품 한 가지, 당신의 키워야 할 역량 한 가지를 찾지 못했다면 이것을 찾는 일이 당신이 해야 할 '단 하나'의 일인 셈이다. 하나씩 해서 언제 성공할까 의구심이 들지만 하나를 이루기 위한 열정은 더 큰 성공을 향한 열쇠이다.

놀라운 성공담을 깊숙이 살펴보면 그 속에는 젊은 시절부터 단 하나에 집중한 수많은 사례가 존재한다. 이것은 손에 꼽히는 기업뿐만 아니라 개인의 성공을 통해서도 확인할 수 있다. 무언가를 향한 열정은 바로 어마어마한 노력으로 연결된다. 스무 살의 당신은 너무 많은 일을 하고 있다. 정확히는 많은 일을 해야만 한다고 착각하고 있다.

괴테는 이렇게 말했다. "가장 중요한 일이 가장 중요하지 않은 일들에 밀려나서는 안 된다"고. 안타깝게도 나이가 들수록 '반드시 해야만 하는 일'이라고 생각되는 일이 점점 많아진다. 일을 하다 보면 우열을 가릴 수 없이 중요하고 긴급한 일들이 계속 치고 들어온다. 눈앞에 고객과 상담 중에 지난번에 상담했던 고객이 당신을 기다리고 있고, 전화기에는 부재중 전화가 늘어만 간다.

미국의 사상가 헨리 데이비드 소로는 이렇게 말했다. "바쁘게 움직이는 것만으로는 부족하다. 개미들도 늘 바쁘지 않은가. 정말 중요한 것은 무엇 때문에 바빠 움직이는가이다." 그렇다면 어떻게 단순하게 생각하고 한 가지에 몰입할 수 있을까? 그 방법에는 크게 세 가지가 있다.

첫째, '80/20' 파레토 법칙으로 해야 할 일을 남기고 끝까지 남겨야 할 단 하나를 찾아라.

이탈리아의 경제학자 빌프레도 파레토의 공식인 20%의 사람들이 전체의 80%를 소유한다는 '파레토 법칙'은 경제학에 관련이 없는 이들도 한 번쯤 들어보았을 것이다. 이 80대20 법칙으로 설명할 수 있는 몰입의 생산성은 그 의미가 크다. 집중해 투자하는 20%의 인풋(input)으로 80%의 아웃풋(output)을 만들어 낼 수 있다는 뜻이기 때문이다. 이것을 확장하여 우리 사회에서 일어나는 현상의 80%는 20%의 원인으로 인하여 발생한다는 것이 널리 쓰이고 있다. 물론 이 숫자 자체가 엄청난 의미를 가지는 것은 아니다. 핵심은 대다수의 성과가 중요한 몇 가지 일들로 비롯되고, 모든 일이 똑같이 중요하지는 않다는 것이다.

당신이 영업사원이고 하루 동안 해야 할 일이 크게 10가지라면, 그중 판매와 판매 관련 업무 한 두 가지를 처리하는 데 당신에게 주어진 시간의 80%를 할애해야 한다. 시시콜콜한 업무를 처리하기 위해 불필요한 곳에 시간을 허비해선 안 된다. 더 나아가서는 그 20%의 일 가운데서도 더욱 중요한 20%를 처리하기 위해 80%의 시간을 투자해야 한다. 종래에는 오직 한 가지만 남기고 모두

부차적인 것으로 취급해야 한다.

이렇게 업무를 나누고 하나에 일에 온전히 집중할 수 있는 능력이 장기적으로 전문성을 가질 수 있는 힘이 된다. 감이 잘 잡히지 않는다면 우선 당신이 해야 할 일, 할 수 있는 일, 하고 싶은 일을 쭉 적어보도록 하자. 그중 꼭 해야만 하는 20%를 분류하고, 다시 그중에서 20%만 분류하며 몰입할 한 가지 대상을 찾도록 하자.

둘째, '나만의 단 하나'를 찾고 지금 당장 몰입할 단 하나를 찾아라.

나만의 단 하나는 인생 전체의 등대이자 나침반과도 같다. 호랑이는 죽어서 가죽을 남기고 사람은 이름을 남긴다고 했던가. 후세에 기억되고 싶은 나, 다른 사람에게 남기고 싶은 단 한 가지, 최고의 전문가가 되고 싶은 한 가지를 찾는 것이다. 커다란 방향을 정할 때 그것이 나침반이 되어 어떤 일을 하더라도 몰입의 근거가 될 수 있다.

이를 위해 지금 당장 몰입할 단 하나는 하루 단위로 정하는 것이 좋다. 하루하루를 커다란 단 하나를 위해 나아가다보면 오늘 하루 집중해야 할 한 가지가 명확해진다. 이처럼 궁극적으로 내가 이루고자 하는 하나, 그것은 꿈이라 불릴 수도 있고 버킷리스트의 첫 번째 항목으로 들어갈 수도 있다.

근본적으로 최고의 영업 리테일 전문가가 되겠다는 나만의 단

하나를 정하고 나면, 이것을 위해 오늘 당장 해야 하는 하나를 정할 수 있다. 이후에는 이번 달에 최대한 노력해서 이루어야 하는 것, 올해 안에 이루어야 하는 것이 나오게 된다. 요컨대 제일 큰 그림이 그려지고 나면 역으로 가장 작은 일 단위의 목표 하나, 주, 월, 연 단위로 하나씩이 나오게 되는 셈이다.

셋째, '나만의 단 하나', 우선순위를 일직선상에 두고 최선을 다해 제일 작은 '오늘 단 하나'의 도미노를 넘어뜨려라.

당신이 눈을 감는 마지막 순간에 이루었는지 고민할 단 하나가 바로 '나만의 단 하나'이다. 이를 위해 오늘 하루, 이번 주, 이번 달 이룰 하나하나가 바로 우선순위이다. 오늘 내가 가장 집중한 단 한 가지가 이번 주에 가장 노력한 한 가지이고 그것이 반복될 때 생을 마감하는 순간 나의 도미노는 그 의미를 다할 것이다.

평범한 사람은 단 하나의 일을 처리하기 위해 20%의 시간을 할애하지만 성공하는 사람은 단 하나의 일에 80%의 시간을 소모한다. 평범한 사람은 중요하지 않은 다른 일에 80%의 시간을 사용하지만 성공하는 사람은 오직 20%의 시간만을 부수적인 일에 사용한다. 하루 60%의 시간 차이가 결과적으로 엄청난 생산성의 차이를 가져올 뿐만 아니라 '도미노'를 넘어뜨리는 힘의 크기를 좌우한다.

오늘 하루 1천만 원의 매출을 올리자고 목표를 세웠다면 그 외의 업무는 부수적인 것이다. 오늘 하루 동안 회계원리 기본서를 1회독하기로 마음먹었다면 그 외의 시간은 불필요한 시간이며 내게 주어진 시간의 80%를 투자해야 할 최우선 순위인 것이다.

그것이 무엇이든 상관없다. 전문성을 쌓고자 할 때 무엇이든 주어진 시간의 80%를 단 한 가지에 몰입해본 경험은 다른 분야에서도 똑같이 적용되기 때문이다. 중요한 것은 한 번의 경험이다. 20대에 제대로 몰입해본 사람은 훗날 어떤 업무가 주어져도 흔들림 없이 '나만의 단 하나'를 향해 나아갈 수 있다.

흔히 말하는 일과 삶의 균형인 '워라밸'을 추구한다는 것은 둘 중 어떤 것도 극에 달하지 않는다는 뜻이다. 산업혁명 전까지만 해도 많은 사람들이 자신의 필요에 의해서만 일을 했다. 자기 일이 끝나면 언제든 집에 갈 수 있었던 것이다. 그러다 산업혁명으로 인해 근로자 계급이 탄생했다. 초기 산업사회에서 신체 노동력이 곧 생산수단이던 근로자 계급은 자의반 타의반으로 과도한 노동에 내몰렸고, 삶의 질이 저하되며 심각한 사회적 문제를 야기했다. 오늘날 우리는 이러한 문제에 대해 각종 노동 법규를 만들어 일과 삶의 균형을 추구하고 있다. 하지만 균형을 추구해서는 목표지점에 가까워질 수 없다. 성공이란 결코 일과 삶의 균형 지점에서 만들어질 수 없기 때문이다. 일과 삶의 경계에서 줄타기를 하는 것은 결국 우선순위의 문제다. 순위를 매기고 순서대로 시간을 할애하면 결국 균형에서 벗어나 어떤 것들에는 많은 시간을 투자하게 된다.

중요한 것은 우선순위에 따라 얼마나 많은 시간을 들이느냐이다. 가장 중요한 하나의 일에는 극단적일 정도로 몰입하고 나머지는 최소한의 관심만 기울여보자. 이것을 통해 태어나서부터 죽음에 이르는 순간까지 내려야 하는 수없이 많은 선택에, 의도적으로 이 일이 내가 하는 가장 중요한 일인지 고민하고 선택해야 한다는 것을 뜻한다. 선택의 순간마다 그저 마음 가는대로 하고 싶은 일만 한다면 일차원적인 욕구만을 쫓는 동물과 다를 바가 없다.

간혹 이미 '나만의 단 하나'를 찾아 이뤄나가기에 늦었다고 생각하는 사람들이 있다. 하지만 내가 하고자 하는 바를 찾아 몰입하기에 빠르거나 늦은 때란 없다. 나이가 들고 진정 후회하는 순간은 변화할 수 있는 기회가 주어졌음에도 불구하고 나는 안 된다고 포기하고 안주하는 순간이다.

당신이 1등 영업사원이 돼서는 안 될 이유는 단 하나도 없다. 반대로 몰입을 통해 목표를 이룰 수 있는 이유는 백 가지도 더 된다. 지금이라도 '나만의 단 하나'를 찾고 오늘 하루 내가 몰입할 하나를 찾자.

생의 마지막 순간에 다람쥐 쳇바퀴 돌 듯 하고 싶지 않은 일을 반복한 일이 진정 내가 평생을 원했던 일이라고 자신 있게 말 할 수 있을까? 아니면 한 번이라도 시도해보지 않은 꿈이 생각나진 않을까. 어떤 선택도 당신은 잘못이 없다. 다시 한 번, 가장 중요한 일을 하는 것이 가장 중요하다.

독서, 무한한 가능성을
꿈꾸게 해주는 작은 습관

전문성을 갖고 싶은 20대가 길러야 할 기본기 두 번째는 바로 책 읽는 습관이다. 이는 특정 역량이라기보다는 계속 탐구하고 배우려 노력하는 자세와 관련이 있다. 책을 읽으라는 말은 어려서부터 으레 귀에 못이 박히도록 들어왔기 때문에 이것이 얼마나 소중한 습관인지보다는 그저 잔소리라고 생각하는 경향이 있다. 사실 독서를 강조한 유명 인사들의 명언을 옮기자면 수도 없이 많다. 하지만 명사들이 독서를 해야 한다고 했기 때문에 책을 읽는 것은 누군가 시켜서 억지로 하는 것에 불과하다. 독서가 근본적으로 내게 가져다주는 행복에 대해 깨달아야 한다.

책을 통해 인간은 경험해보지 못한 것들에 대해 생각하고 느낄 수 있다. 동의하는가? 이 땅에 존재하는 책들은 다양한 언어로 짧거나 길게, 또는 여러 방식으로 기록되어왔다. 개중에는 천년이 넘는 세월이 지나도 삶의 지혜와 깊은 감동을 주는 고전 서적이 있는가 하면, 어딘가 담벼락에 남긴 낙서처럼 시시콜콜한 것도 있다. 그중에서 우리가 집중해 읽어야 하는 글은 세대를 관통하는 글이다.

책의 종류도 만화책부터 소설, 시집, 고전, 자기계발서 등 매우 다양하다. 어떤 유형의 책도 나름의 의미가 있지만, 우리가 먼저 집중하여 읽을 책은 위인전이나 고전이다. 위대한 업적을 이룬 위인들의 자서전, 고대부터 전해오는 성경이나 삼국지 같은 글은 재미와 감동, 가르침을 주며 모든 이에게 귀감이 된다. 한편, 만화책이나 소설은 지루하지 않고 재미있게 글을 읽을 수 있다. 간혹 만화책은 제대로 된 책이 아니라며 줄글로 된 책들을 강요하는 어른들을 볼 수 있는데, 독서에도 단계가 있다. 처음부터 글의 본질을 꿰뚫어볼 수 있는 힘을 가질 수는 없다.

우리가 보고 듣고 느끼지 못한 경험들을 독서를 통해 경험할 수 있다는 것이 중요하다. 아는 만큼 보인다고 하지 않던가. 물을 보지 못한 이에게 바다가 얼마나 깊고 거대한지 설명하는 것은 의미가 없다. 바다를 알지 못하면 바다에 사는 수많은 생물을 알 수 없을뿐더러 당연히 이를 활용해 돈을 벌 수 있다는 사실도 불가능하다. 이것이 책과 여행이 가지고 있는 순기능이다. 직·간접 경험을 통해 삶의 인식 범위가 늘어나는 것이다.

인간이 일평생 직접적으로 세상을 바라보는 범위는 지극히 한정적이다. 두 발로 다니며 볼 수 있는 세계는 너무나도 좁기 때문에 흡사 우물 안 개구리 수준이다. 여행을 떠나는 이유도 여러 가지가 있지만, 그동안 보지 못한 세상을 경험하기 위한 경우가 많다. 혼자 떠나는 여행이라면 머릿속을 정리하며 내 안의 보지 못했던 것을 볼 수 있고, 함께 떠나는 여행이라면 평생의 추억을 남길 수 있다. 독서 또한 마찬가지다.

존경받는 위인이 심혈을 기울여 일생의 교훈을 한 권의 책에 담았다면 어떤가. 그 한 권의 책을 읽음으로써 그가 고민했던 것을 같이 고민하는 동안 사고의 깊이는 차원이 달라질 것이다. 내가 보고 들은 세상은 내 눈앞에만 펼쳐져 있는 것이 아니다. 직접 보지는 못했지만 수많은 다른 의견들이 존재한다. 어떤 생각은 옳고 어떤 생각은 그른 것이 아니다. 중요한 것은 아이디어다. 나와 다른 아이디어를 접하지 못하면 내가 본 세상에는 오직 내 의견으로만 가득하고 나 밖에 볼 줄 모르는 사람이 될 것이다.

수많은 20대가 자기계발 서적을 보는 이유 역시 나 혼자서는 찾지 못한 삶의 정답을 다른 사람에게서 찾고자 하는 심리 때문이다. 시간이라는 자원은 한정되어 있지만 현존하는 책의 양은 무한대에 가깝기 때문에 그것을 보는 데도 효과적인 방법으로 볼 필요가 있다. 이를 위한 네 가지 방법을 기억하자.

제대로 책을 읽는 첫 번째 방법

다독(多讀)으로 나의 세계를 넓힌다.

독서할 때 가장 중요한 것은 책을 편식하지 말아야 한다는 것이다. 다른 종류의 책은 전혀 보지 않고 자기계발 서적만 보는 사람은 과연 진정으로 자기계발에 성공할 수 있을까? 장사를 기막히게 잘하고 싶은 영업사원이 영업 관련 서적만 본다고 판매왕이 될수 있을까? 그렇지 않다. 책을 읽음으로써 진정으로 효과가 발휘되는 것은 나의 세계관을 확장해준다는 것이다. 예컨대 영업을 위해 필요한 역량은 설득이나 의사소통의 기술이 전부가 아니다. 사회 전반을 바라볼 줄 아는 통찰력과 시대의 흐름이나 트렌드, 이슈가 어떻게 바뀌는지 꾸준히 관심을 가져야 한다.

다독의 핵심은 두 가지가 있다. 하나는 한 분야에서 스페셜리스트로 성장하는 과정에서 평소에 접하지 못한 분야에 대해 견문을 넓히는 제네럴리스트로 도약할 수 있다는 것이고, 다른 하나는 같은 책을 여러 번 반복해서 읽음으로써 그 의미를 되새겨가며 완전히 소화하는 것이다.

한 권의 책을 완독했다고 해서 저자의 의도를 다 파악했다고 볼순 없다. 일반적으로 저자는 자신이 살면서 경험한 내용을 바탕으로 책을 저술하게 된다. 내가 알고 있는 세계와 저자가 경험한 세계가 다르기 때문에 내가 그 책을 접함으로써 비로소 저자의 세계를 엿볼 수 있는 것이다. 다독의 과정을 거치면 여러 의견과 생각을 정리할 수 있게 되는데, 오래전에 봤던 책도 세월이 지나서 다시 보면 다른 의미로 보이는 건 여기서 비롯된다. 다독의 과정을 거치기 전에는 책의 내용이 아무리 좋아도 그 내용을 완전히 이해하여 내 것으로 만들었다고 하기 어렵다. 다독은 책의 내용을 온전히 내 것으로 담는 그릇을 준비하는 과정이다.

전문가가 되려면 독서를 많이 하라는 소리만큼 뻔하고 지루한 조언도 없다. 하지만 다독의 기쁨은 누려보지 못한 사람은 이해하기 어려울 만큼 거대하다. 같은 영화라도 두 번, 세 번 반복해 보면 이전에는 보이지 않았던 내용들이 보이는 것처럼, 같은 책을 거듭해 읽으면서 몰랐던 내용을 이해하게 될 때의 쾌감은 엄청나다.

자신의 목표의식이 강하다면 한 달에 몇 권, 하루에 몇 페이지를 읽겠다고 스스로 약속하는 것도 방법이다. 그렇지 않다면 만화책부터 시작해보자. 유년기, 청소년기 학생들이 보는 그리스 로마 신화, 삼국지, 성경, 고전 소설, 추리 소설, 좋아하는 시인의 시집, 어떤 것도 관계없다. 나의 세계를 끊임없이 넓혀나가는 것이 가장 중요한 포인트이다.

제대로 책 읽는 두 번째 방법

속독(速讀)으로 내가 필요로 하는 정보만 찾아낸다.

두 번째 독서의 방법은 빨리 읽는 것이다. 이 방법은 필요한 지식을 최대한 단시간에 얻으려는 목적을 가지고 빠르게 읽어나가는 방식이다.

흔히들 생각하는 속독은 책을 넘김과 동시에 양 페이지를 눈으로 훑는다 싶을 정도로 몇 초 동안 다 읽고 다음 페이지로 넘어가는 것을 뜻한다. 따라서 속독은 훈련을 받거나 정말 책을 많이 읽은 사람이 아니고서는 그 효과에 대해 의문을 갖는 경우도 있다. 하지만 여기에는 오류가 숨어 있다.

속독을 활용한 독서법은 모든 책을 읽을 때 쓰는 방법이 아니다. 앞서 말했다시피 책을 읽을 때에는 한 글자씩 신중하게 읽어야 하는 종류가 있는가 하면 감정을 이입해 줄거리를 음미하며 읽어야 하는 종류도 있다. 책을 제대로 읽기 위해선 그 책의 종류에 꼭 맞는 방식으로 읽는 것이 중요하다. 속독은 특정 지식을 습득하고자 할 때 좋은 방법이다. 이 방법에 대해 '시점 이동 훈련'이니 '시야 확대법', 심지어는 호흡법까지도 소개되어 있는데 필자가 추천하는 방법은 '다독을 통한 훈련'이다.

비슷한 장르의 많은 책을 읽다보면 내용의 핵심이 저절로 요약되며 하나로 귀결된다. 특히나 꼭 집어 특정한 정보의 전달을 목적으로 한 책이라면, 책 한 권을 통째로 암기하듯 읽을 필요는 없다. 이러한 독서법은 논리력이나 사고력을 얻기 위함이라기보다는 내가 원하는 정보를 정확하게 찾고자 함이 주된 목적이다. 이를 위한 방법에도 여러 가지가 있지만, 속독은 '단순히 빨리' 읽는 것이 아니라 한 줄, 한 페이지, 한 챕터의 핵심만을 보는 방법이다.

이 방법은 모든 책에 적합한 것은 아니지만 속독을 통해 다독, 정독, 나아가 독서에 '중독(中毒)'되는 데 도움을 준다.

제대로 책 읽는 세 번째 방법

오랜 지혜가 담긴 글을 정독(精讀)해 여러 번 곱씹으며 읽는다.

정독은 뜻을 새겨가며 정확히 읽는다는 것을 뜻한다. 이것은 두 번째 방법과 정반대의 방법이다. 한 글자 한 글자, 한 문상을 주의 깊게 소리를 내어 읽는 방법이다. 필자가 이 방법을 속독 다음에 둔 것에는 이유가 있다.

만약 당신에게 두툼한 두께의 수험서가 주어졌다고 하자. 효율적인 공부를 한다고 처음부터 한 글자씩 또박또박 읽는 방법으로는 시간 안에 제대로 한 번 읽는 것조차 버거울 것이다. 모든 일에는 순서가 있으니, 이럴 때에는 전체를 파악하고 어떤 느낌인지 파악하는 것이 먼저이다. 다소 허술해 보이지만, 회를 거듭해 읽으며 책의 내용을 구체적으로 상상하다보면 머릿속에 차곡차곡 내용을 정리할 수 있다.

필자의 경우, 소설을 읽거나 대인관계 관련 자기계발 도서를 읽을 때에는 밑줄을 긋거나, 노트 한 권에 주요 내용을 요약해두는 '단권화' 방식을 활용한다. 꼭 기억하고 싶은 내용을 여러 번 정독하는 것에 그치지 않고 기록해둠으로써 오래도록 내 것으로 만드는 것이다. 같은 단어, 같은 말도 받아들이는 사람에 따라 아무 의미를 느끼지 못할 수 있고, 온몸으로 전율을 느낄 만큼 깊은 감명을 받을 수도 있다. 그것은 '똑바로' 읽을 때 가능하다.

제대로 책 읽는 네 번째 방법

책에 중독(中毒)되어 개념화, 구조화하여 연결하며 읽는다.

많이 읽고 핵심만 빨리 읽고 똑바로 읽기까지 했다면 이제 마지막 단계만 남았다. 바로 글을 읽는 것에 '중독'되는 것이다.

꼭 책이 아니어도 좋다. 신문이나 잡지가 될 수도 있다. 독서에 중독되면 글을 반복해서 읽는 것이 재미있고 즐겁다. 다시 한 번 강조하지만 20대에 전문성을 기르는 데 가장 많은 도움이 되는 역량은 바로 '배우려는 태도'다.

전문가가 되는 데 필요한 연륜과 노하우는 단기간에 속성으로 배울 수 없다. 그러므로 일생동안 끊임없이 '배우려는 태도'를 길러야 하는 시기가 20대의 모습이다. 그러기 위해서는 먼저 몰입하는 법을 배워야 하고, 그 다음으로는 책을 읽으며 역사적으로 누적되어온 '진리'를 접하며 나의 세계관을 끝없이 넓혀가야 한다. 단순히 많이, 빨리, 잘 읽는 것에서 끝나는 것이 아니라 그렇게 접한 정보를 내 머릿속에 그려야 한다.

이 과정을 '개념화' 혹은 '구조화'라고 부른다. 스스로 빠르게 사고하고 구체화해서 자기만이 알아볼 수 있는 틀을 짜는 것이다. 본래 직접 두 눈으로 보지 않은 것은 한 번에 와 닿지 않는다. 그렇기 때문에 독서를 통해 얻은 지식을 나만의 용어로 탈바꿈시키는 내면화 과정이 필요하다.

'아' 다르고 '어' 다르다고, 같은 글귀도 받아들이는 사람이 어떻게 이해하느냐에 따라 해석은 천차만별이다. 가령 이 책을 읽고 있는 당신도 이 책을 단숨에 모두 읽고 전체 내용을 반복해 음미할 수도 있고, 매일 조금씩 읽어가며 마음에 울림을 준 챕터들을 요약하거나 기록해둘 수도 있다. 노트에 필기를 해가며 당신에게 맞는 용어로 바꾸거나 새로운 구조를 만들어둘 수도 있을 것이다.

독서는 지금껏 당신이 보고 느끼며 만들어온 가치관에 다른 이들의 생각을 압축해 결합시키는 과정이다. 모든 사람을 만나 대화하면 좋겠지만, 책은 더 많은 사람을 더 쉽게 만날 수 있도록 도와준다. 그 과정에서 당신의 잠재력은 끊임없이 성장할 수 있다. 세상은 넓고도 넓다. 이 넓은 세상에서 당신이 할 수 있는 일은 무궁무진하다. 책을 늘 곁에 두고 저자의 핵심 아이디어를 계속 음미하다 보면 우리의 시야도 우물 안에서 강으로 바다로 넓어질 것이다. 책을 가까이 하는 작은 습관으로 바뀔 미래는 확언컨대 무한하다.

3

실행, 생각만 하는 것과
진짜 행동의 차이

한 가지에 몰입하는 힘과 책 읽는 습관은 어떻게 그 효과가 발휘될까? 성패는 바로 행동하는 힘, 실행력에 달려 있다.

누구나 군살을 빼서 조각 같은 몸매를 만들어보고 싶고, 열심히 일해 큰돈을 모으고 싶다. 좋은 성적으로 '엄마 친구 아들'에게 자랑거리가 되고 싶지, '엄마 친구 아들인 이웃집 철수는 공부도 잘하고 운동도 잘 하는데'라는 말은 듣고 싶지 않은 것이 일반적인 사람들의 심리이다. 누구나 잘되고 싶고, 성공하고 싶지 인생을 적당히 살고 싶은 사람은 없다.

그렇다면 성공을 위해 무엇이 필요할까? 성공을 위한 전문성과 그 기본기를 닦으려면 무엇을 해야 할까?

가장 좋은 방법은 책을 통해 나의 세계관을 넓히고, 그 속에서 나만의 길, 하나에 집중 몰입하는 것이다. 속된 말로 '한 놈만 패기' 전략이다.

여기까지도 조금만 의지가 있다면 그 '단 하나'를 찾아내는 사람들이 있다. 하지만 정말 중요한 것은 여기서부터다. 생각으로만 그치지 않고 '정말로 실행하는 것'이다. 생각만 하는 것은 아무것도 하지 않은 것과 같다. 아무런 변화도 일어나지 않는다. 머릿속의 허황된 망상에 불과하다. 누구나 생각은 한다. 진짜 기본기를 닦아 성공하는 사람과 그렇지 않은 사람의 차이는 실행력에서 나타난다.

영업을 잘하기 위해 또는 괄목할 만한 실적을 내기 위해 좋은 첫인상을 남기고 진심을 다해 관계를 맺는 것이 중요하다는 사실은 누구나 안다. 핵심은 그러기 위해 어떤 행동을 했느냐이다. 지금 당장 하지 않으면 다시 할 기회는 없다. 미룰 이유가 전혀 없다. "시간 되면 다음에 식사 한 번 해요."라는 말은 "다음에 볼 수 있을지 모르겠네요."와 같은 의미다. 과한 생각이라고 생각하는가?

누구나 일상생활에서 '아, 누가 이런 걸 만들었으면 대박이 났을 텐데!' 하는 아이디어를 떠올린 적 있을 것이다. 거창하게 인류의 삶의 질을 높이는 정도는 아니라도 누군가는 한 번쯤 떠올렸을 법한 그런 사소하지만 신박한 아이디어 말이다. 무언가 두 가지 이상의 제품이나 서비스를 결합한 형태일 수도 있고 생활에 불편한 점 때문에 무언가 개선한 형태일 수도 있다. 또한 인터넷 닷컴 열

풍과 스마트폰 어플리케이션의 발달과 같이 기술 발전에 따른 시대의 변화가 반영된 것일 수도 있다. 이전에는 보지 못했던 생각이, 기술이 발전함에 따라 가능해지고 새로운 기술이 접목되어 또 다른 세계가 펼쳐지는 것이다.

그런데, 그런 생각을 한번 해보고 마는 사람이 있는가 하면, 그 생각을 실제 구현해 끝장을 봐야겠다고 생각하는 사람이 있다. 실제로 창업에 성공해 엄청난 부와 명예를 거머쥔 사람들의 발자취를 살펴보면 시작은 별 볼일 없었던 경우가 대부분이다. 차고의 한 귀퉁이에서 혹은 일개 영업사원으로 시작해 대단한 성과를 이뤄낸 사람은 머릿속의 생각을 생각에만 그치지 않고 과감하게 실행함으로써 성공을 거머쥐었다.

지금 당신이 무언가 굉장히 새롭고 신선한 아이디어를 냈다고 가정해보자. 과연 그 생각이 70억 인구가 한 번도 생각하지 않은 아이디어일까? 지구상의 어딘가에 이미 같은 생각을 가진 사람이 있을 것은 두말할 나위 없고 이미 구현되었을 수도 있다. 설사 아직 구현되지 않았더라도 누군가가 만들고 있을 확률이 높다.

사업을 위해 가장 필요한 것이 '새로운 아이템'이라고 생각하는 사람이 있는데 그렇지 않다. 단순한 생각이라도 그 생각을 '스케일업(Scale Up)'하는 힘이 더 중요하다. 예컨대 김밥을 만들어 파는 일조차도 특별한 재료와 철저한 맛의 검증을 거쳐 획기적인 김밥을 만들기 위해 공을 들이는 사람과 당장 몇 줄이라도 싸들고 출근길 회사원들에게 팔아보는 사람 중 누가 성공할까?

계획 속에 갇혀 있는 사람은 먼저 움직이고 행동하는 사람에게 밀릴 수밖에 없다. 영업도 마찬가지 이치다. 거절당할 것이 두려워, 컨디션이 좋지 않아서 등등 여러 핑계를 갖다 대는 영업사원은 성공 지점으로부터 점점 멀어진다.

인간이 스스로 배우고 학습할 수 있는 수준에는 한계가 있기 때문에 책을 읽거나 다른 사람을 통해 그 경험과 노하우를 습득하게 된다. 하지만 이때도 중요한 것은 독서를 통해 스스로 학습하든 멘토를 통해 도움을 받든 내가 직접 움직여야 한다는 점이다.

이는 영업에서도 그대로 적용되는데, 특히 나 자신과 고객에게 할 수 없다고 말하기 전에는 충분히 생각하고 또 생각해야 한다. '할 수 없다.'는 말 속에는 '난 그 일을 해낼 수 없다.'고 자신의 잠재적 가능성을 스스로 닫아버리는 의미가 담겨 있다. 더구나 이 말을 듣게 되는 상대방 역시 부정적인 인식을 가지게 되는 함정이 있다.

고객과 상담할 때 특히 '진행해도 좋다는 뜻인 줄 알았다.'거나 '그런 의도는 아니었다.'는 오해를 사전에 차단하기 위해 긍정과 부정에 대한 부분은 분명히 선을 그어야 한다. 표현은 분명히 하되 뼛속 깊이 "나는 무슨 일이든 할 수 있어." "난 그 일을 해낼 거야." "그러기 위해서 행동해야 해!"라고 초긍정 마인드를 갖는 것이 중요하다.

누구나 잘되고 싶은 생각을 가지고 있고, 그런 생각에 주도면 밀하게 계획을 세우는 사람도 있지만, 결론적으로 결과물을 만들 어내는 사람은 두말없이 행동하는 사람이다. 비가 오면 비가 와서, 눈이 오면 눈이 와서, 날이 좋으면 날이 좋아서 운동을 못하는 사람은 결코 살을 뺄 수 없다. 어떤 일을 해도 이유가 붙는 사람은 무슨 일이 있어도 실행해 완수해내는 사람을 쫓아갈 수 없는 법이다.

당신이 어떤 조직에서 다른 사람들을 이끄는 관리자의 입장이라면 'PDCA 사이클'을 염두에 두어야 한다. 이는 경영, 특히 품질 관리 업종에서 자주 사용하는 기본적인 관리기법이지만, 특히 인재 육성에도 활용할 수 있다.

구체적으로, P는 Plan(계획), D는 Do(실행), C는 Check(검증), A는 Action(개선 및 체계화)의 약자인데, 직원들과 미리 계획을 세워 실행하고, 함께 검증하여 결과를 개선하거나 체계화하고, 그 결과를 도태로 다시 계획을 짠다는 뜻이다. 이 구간을 되풀이하다보면 문제점을 찾아서 해결하게 되고, 점점 높은 수준으로 올라간다. 이 가운데 관리자인 당신이 집중해야 하는 것은 PCA이다. 계획하고 검증하는 작업은 도와줄 수 있지만 실제 행동만큼은 홀로 서기를 해야 하는 것이다. 이것이 진정한 인재 육성이다.

하지만 부하 직원의 성장을 기다리지 못하는 상사는 직접 D까지 해버린다. 이런 상사는 오히려 PCA에 소홀하게 된다. 검증 과정(C)이 없으면 개선의 여지(A)도 없다. 부하 직원의 실행력을 위해 계획(P)과 검증(C), 개선 및 체계화(A)를 이용해 부하 직원이 보이지 않는 것에서 지원하는 것이 리더의 몫이다. 이는 매니지먼트의 중요한 원칙으로, 성과를 검증해 과정을 개선하는 단계가 이 사이클의 핵심이다.

그러나 실제 영업 현장은 늘 바쁜 업무에 쫓기고 있기 때문에 이 두 가지가 가장 잘 이루어지지 않는다. 비단 조직의 관리자 입장에서뿐만이 아니다. 개인의 입장에서도 이 'PDCA 사이클'은 매우 중요하다.

일련의 영업 과정을 거치며 단순히 주어진 일만 하는 영업사원이 있는가 하면 무의식적으로 자신의 성과관리를 개선하는 영업사원이 있다. 반복되는 경험을 통해 영업 노하우를 체계화하고 검증하고 개선하는 프로세스를 수립하는 것이다. 결국 유능하다고 인정받는 영업사원은 무엇을 하든지 그 일을 제대로 이해하고 무슨 일이 있어도 그 일을 완수해내는 사람이다. 이를 위해 여러 정보를 모아 다양한 각도에서 생각하며 해야 할 일을 구체적으로 이끌어내는 사고력을 지니고 있다.

일 잘하는 사람은 행동으로 보여준다. 그리고 그 행동의 질이

다르다. 지시받은 일을 확실히 처리하며 뒷말 없이 긍정적인 자세로 일한다.

같은 시간을 들여도 급이 다른 실행을 위해선 어떤 방법으로 해야 좋을까?

누구나 계획을 세우고 실천하겠다고 다짐하지만 대개는 3일을 못 넘기기 일쑤다. 오죽하면 작심삼일이란 말이 있을까. 익숙지 않은 특정 행동을 습관화하기 위해선 66일이 필요하다는 연구결과처럼 '계속' 실행할 수 있는 방법을 모색하는 것이 좋다. 이를 위한 실행 습관 만들기 프로젝트 5단계를 추천한다.

1단계는 결심의 단계이다.

어떤 동기 부여도 관계없다. 계속 실천함으로써 나타날 결과, 성과를 떠올리며 목표를 설정한다. 이 단계에서만큼은 현실성이 다소 떨어져도 좋다. 지속했을 때의 마지막 성과를 상상해보자. 예컨대 영업사원이라면 달성하지 못할 것 같은 매출실적이 될 수도 있고, 대학 신입생이라면 단단하고 날씬한 몸매일 수도 있다. 처음으로 책을 집필하겠다고 결심하고 초고를 작성하는 필자와 같은 경우라면 추후 완성될 책의 형태를 떠올리는 것일 수 있다.

누구나 처음에는 내가 얼마의 매출을 기록할 수 있을까, 얼마만큼 몸무게를 감량할 수 있을까, 정말 책을 출판할 수 있을까 반신반의할 것이다. 하지만 의심스럽고 두근거리는 이 상상이 현실이 되리라는 믿음을 가지고 행동하면, 더 이상 꿈에 젖은 망상이 아니라 현실이 된다.

2단계는 시작의 단계다.

여기까지 오면 반은 끝낸 셈이다. 시작이 반이기 때문이다. 첫 행동, 첫 스타트 경험이 제일 중요하다. 실행 습관 만들기 5단계 중 1단계인 결심 단계까지는 누구나 많은 경험이 있다. 내일부터는 하루에 한 끼만 먹어야지, 딱 이것까지만 피고 담배를 끊어야지, 다음 주부터는 정말 열심히 공부해야지 등등, 생각만 하고 시작하지 않는 것은 애초에 생각하지 않은 것과 다를 것이 없다.

일단 하기로 결심했다면 10일 단위의 계획을 세우길 추천한다. 헬스장을 등록한 것으로 시작한 것인지, 운동을 한 번 하고 시작한 것인지 그 시작의 범위를 정하기 모호하다. 따라서 최소 10일 단위의 계획을 세우길 바란다. 3일에서 일주일 사이 흐지부지 되는 경우가 무지기수이기 때문에 10일의 스케줄을 잡되 마지막 하루는 다음 10일을 계획할 수 있도록 시간 분배를 하자.

결심하고 처음 실행하는 것이 가장 어렵다. 힘들고 어려울 때는 달성했을 때의 모습을 긍정적으로 상상하며 하루를 보내자. 엄청난 성과는 한 걸음 한 걸음이 모여서 만들어진다.

3단계는 시련의 단계다.

지금부터는 반복실행 과정에서 발생하는 시련을 극복하는 단계이다. 아직 만족할 만큼 성취하지 못했기 때문에 지금까지 한 일을 얼마나 더 해야 할지 막막한 시점이다. 방법은 너무 큰 기대를 하지 않음으로써 사소한 성과에서도 기쁨을 맛보게 하는 것이다. 이전의 실행 없이 생각만 반복하던 자신과 비교해보고, 지금까지 목표를 향해 달려온 자신을 돌아보고 칭찬함으로써 앞으로 나아가도록 하자.

어떤 경우에도 시련 없이 단번에 결과물을 완성할 수는 없다. 어떻게 슬기롭게 고통을 이겨낼 것인지 자신만의 해결책이 반드시 필요하다. 생각만으로 자위하며 작은 행동조차 하지 않았던 과거와 비교해보면 비록 작은 변화일지라도 이 시점의 당신이 얼마나 성장했는지 느낄 수 있다.

4단계는 매너리즘의 단계이다.

세 번째 단계보다 시련이 심화되는 시기로 매너리즘에 빠지게 되는 단계이다. 해결책은 세 번째 단계와 비슷하나 조금 다른 처방이 필요하다. 앞의 단계에서는 작은 성공에도 만족하며 마라톤의 중간 지점을 지났다면, 매너리즘에 빠지는 네 번째 단계에서는 최종적인 성과를 다시금 떠올리는 것이다.

마라톤의 반환점에서 골인 지점을 바라보는 것과 30km 지점을 지나 결승점을 바라보는 것은 마음가짐에 있어 엄청난 차이가

난다. 실행 습관을 반복적으로 훈련하며 자타가 공인할만한 성과를 만드는 것은 웬만한 노력으론 이루기 힘들다. 안락지대(comfort zone)을 벗어나 1만 시간 동안 실행해야 이룰 수 있는 경지인 것이다.

이 시간을 하나의 마라톤 경주로 비유해보자. 의지를 다지고 다져서 마라톤에 출전하더라도, 단거리 경주가 아닌 만큼 완주할 때까지 포기하고 싶은 순간을 수없이 마주하게 된다. 대부분의 마라톤 선수들은 반환점에 이르면 아직 갈 길이 멀기에 매 순간 지나온 발자취에 감사하며, 이후 다시 절반이 지나게 되면 비로소 결승점을 떠올리며 달린다고 한다. 결국 어느 순간에나 꾸준히 달리는 것, 꾸준히 실행하는 것은 매한가지다. 달리는 순간이 목표에 가장 가깝다.

마지막 5단계는 무의식의 단계이다.

꾸준히 반복하는 훈련은 이제 막바지에 접어들었다. 마지막 순간에는 계속해야 한다는 생각에서 벗어나게 된다. 마치 양치질 습관과 같이 무의식적으로 하게 되는 것이다. 완전한 습관이 되어 내 생활에 일부가 된다는 것을 뜻한다. 실제 했느냐 하지 않았느냐의 단계를 넘어 '당연히' 실행하는 습관이 몸에 배게 된다.

실행력이 약한 사람의 의사결정 흐름은 다음과 같다. 오늘은 눈이 와서 체육관에 가기 힘들뿐더러 가다가 사고가 날 수도 있으니까 오늘만 하지 말자는 식이다. 하지만 당신이 결심하고 행동하기 시작해 시련을 이겨내고 무의식적으로 실행하는 단계에 이르면 사고방식 자체가 달라진다. 실행하고자 다짐했던 것을 하지 않아도 될 핑계를 만들어내는 대신에, 체육관에 가기 어려우니 집에서 맨몸운동으로 대체하자고 말이다. 거부감 없이 본인 스스로 그렇게 해야 한다고 생각하는 것이다.

이처럼 실행 습관의 힘은 무의식적이기 때문에 인생에 끼치는 영향이 결코 적지 않다. 그렇기 때문에 매번 생각만으로 작심삼일을 반복하지 말고 무의식적으로 행동할 수 있는 수준으로 내 실행력의 수준을 높여야 한다.

지금까지 실행 습관을 기르는 방법을 다섯 단계로 설명했지만 전 과정을 통틀어 한 가지로 요약하자면, 쌓이는 즐거움으로 의욕을 유지한다는 것이다. 한 명씩 늘어나는 단골고객 수를 당신만의 KPI로 산정해도 좋다. 일기나 매일의 소감문을 작성하는 훈련도 좋다. 필자처럼 언제까지 책을 집필하겠다는 마라톤의 골인 지점을 바라보며 한 줄, 한 줄을 작성하는 것도 방법이다.

영국의 극작가이자 비평가인 존 드라이든은 말했다. "처음엔 내가 습관을 만들지만 그 다음엔 습관이 나를 만든다." 맨 처음 무언가 이루고자 하는 마음을 갖고 첫발을 내딛는 것은 분명한 자신의 의지다. 하지만 거듭하여 시련을 이겨내고 어느덧 그 습관이 자신을 구성하는 일부가 되었다면 이제는 그 실행 습관으로 인해 당신이 변하게 될 것이다.

몇 해 전에만 해도 때 아닌 창업열풍으로 스타트업 붐이 일었다. 하지만 이제는 스타트업이 아니라 '스케일 업'이다. 더 이상 아이디어 싸움이 아닌 실행력의 싸움이다. 생각에서 그치지 않고 누가 더 빨리 움직여 시장의 평가를 받느냐의 경쟁으로 변화했다. 영업사원도 미찬가지다.

어떻게 하면 자신만의 스킬과 노하우로 영업을 할지에 대해 각종 세일즈 도서와 전설적인 선배 영업사원의 도움을 받았다고 하자. 선배로부터 자기 이름을 강조하는 방법부터 손짓, 말투 하나, 단어 하나까지 정확하게 구사하는 노하우를 전달받았다고 해도 그것을 당신만의 것으로 바꾸어 실천하지 않으면 하등 쓸모없는 정보다. 있으나마나 당신의 삶에 전혀 영향을 주지 못한다.

생각은 모든 사람이 할 수 있다. 하지만 성공하고자 결심했다면 더 이상 주저하고 있을 이유가 없다. 틀려도 좋다. 가만히 서있는 것보다 일단 앞을 향해 걷다가 방향을 조절하면 이미 조금이라도 진전됐을 뿐만 아니라 걸어본 경험이 당신 안에 영원히 남는다. 그만 고민하고 일단 해보자. 작게 시작하면 할 수 있다.

관계, 하나부터 열까지 다른
당신을 설득하는 방법

지금까지는 독서를 통해 내 안의 세계를 넓히고, 나만의 길을 찾아서 몰입하고 실행하는 것에 대해 이야기했다. 이제부터는 영업을 업으로 삼거나 조직에서 관계로 인해 어려움을 겪는 이들에게 필요한 기본기로, 상대방을 설득할 때 필요한 관계라는 부분을 다루고자 한다.

우리는 모두 서로 다르다. 그냥 다른 수준이 아니라 머리끝부터 발끝까지 머리카락 하나까지도 전부 다르다. 자라온 환경도 사고방식도 모두 다르다는 이 당연한 사실을 깨우치는 순간 우리는 올바르게 관계를 맺는 법에 대해 진지해질 수 있다.

세상에는 여러 사람이 비슷한 모습을 보이는 '트렌드'라는 것이 있다. 하지만 한때의 유행은 존재해도 모든 사람은 자신만의 성향을 갖게 된다. 큰 무리를 쫓고자 하더라도 결국 본인만의 존재 이유는 고유한 것이다.

인간관계는 사실 지극히 간단하고도 단순하다. 그럼에도 불구하고 다른 사람과의 관계에 대해 많은 이들이 고민에 빠지는 이유는 남들도 자신과 같다고 착각하기 때문이다. 데일 카네기는 "인간은 어떤 문제가 생겨 거기에 마음을 빼앗기고 있는 경우가 아니면 늘 자신만 생각하며 살아간다."는 말을 남겼다. 흔히 하는 실수로 내가 옳다고 생각하면 다른 사람도 그렇게 생각하고, 내가 잘못됐다고 생각하면 다른 이들도 그럴 거라고 착각할 만큼 자기중심적이다.

사람은 세상에서 일어나는 모든 일을 나만의 필터를 통해 판단한다. 아무리 그렇지 않다고 해도 자신의 기준으로만 생각하며 살아간다. 내 사고방식과 판단이 언제나 옳다고 생각하는 것이다. 심지어 '객관적'이라는 표현을 붙이는 경우에도, 그 근거는 개인의 주관성에 근거한 경우가 많다.

애초에 인간관계에서 나와 나를 제외한 모든 사람은 전부 다르다는 사실을 인정하는 것이 중요하다. 이 부분만 명확히 인정해도 영업 실적이 큰 폭으로 개선될 수 있다. 우리가 서로 다른 점을 인정하고 다양한 사람을 만나 경험과 시각의 폭을 넓힌다면 대화를 할 때에도 상대방의 입장에서 바라볼 수 있게 된다. 하나부터 열까지 다른 당신을 설득하는 방법을 다음 일곱 가지로 정리하여 설명하고자 한다.

첫 번째는 무슨 일이 있어도 변명하지 않으며 고개 숙이는 법을 배우는 것이다.

관계에서 비롯되는 갈등은 상대방의 처지에서 이해하려 해도 좀처럼 자기 세계에서 벗어나지 못하는 데서 비롯된다. 서로 자기 주장을 굽히지 못해 문제가 발생하는데, 적절하진 않을지 모르지만 고부갈등이 대표적이다. 각자의 말만 듣는다면 논리적으로나 감정적으로나 충분히 이해되지만 자신의 관점에서만 이야기하고 먼저 고개 숙이지 않는 영원히 풀리지 않는 숙제나 마찬가지다.

상대방에게 고개 숙이는 것은 지는 것이 아니다. 고객을 대하거나 회사에서 상사를 대할 때 고개를 숙이는 행위는 굽히고 비굴해지라는 뜻이 아니다. 매출 실적을 달성해야 하는 상황과 자신의 입장에서만 생각하는 고객 앞에서는 어느 위치에서건 당신이 먼저 숙일 필요가 있다. 내 잘못이 아니더라도 절대로 변명하지 않으며 자존심을 버리는 것이 아니라 디만 상대의 입장을 한 번 더 고려해주는 것이다. 과감하게 고개를 숙이는 용기는 상대방을 당당히 마주할 수 있는 용기이다. 전혀 주눅들 필요가 없다. 고개 숙일 줄 아는 용기는 말없이 신뢰를 쌓는 좋은 방법이다.

두 번째는 싫은 감정에 이유를 달지 않고 그대로를 받아들이는 것이다.

어느 조직에서도 당신의 발걸음을 무겁게 하고 사사건건 거슬리며 동기부여를 방해하는 사람이 있기 마련이다. 영업이 힘들어지거나 무슨 일이 힘들어지는 근본 원인에는 사람이 있다. 그러니 당장에 얼굴도 보기 싫은 고객이나 직장 동료가 한순간에 좋아질 리 없다.

우리 모두는 성인군자가 아니다. 유감스럽지만 싫은 사람에 대해 나의 마음을 바꿔먹겠다고 결심한들 좋아지기란 불가능에 가깝다. 부정적인 인식을 단 순간에 긍정적으로 바라본다는 것은 마음 속 깊이 납득할 수 없기 때문인데, 이럴 때에는 있는 그대로 감정을 받아들여야 한다.

많은 사람들이 자신의 싫은 감정에 이유를 만들어 합리화하려고 한다. 그러나 억지로 합리화하다보면 싫은 감정은 비탈길을 구르는 눈덩이와 같이 더욱 격해지고 악순환이 반복된다. 따라서 당신에게 부정적인 감정이 생겼다는 것을 솔직하게 인정하자. 악순환의 눈덩이가 구르지 않도록 이유를 대는 일을 멈추고 그저 받아들이자. 최악이라고 생각되는 사람에게도 배울 점이 있는 법이다.

세 번째는 나를 응원하는 아군을 늘리며 한 명의 적도 만들지 않는 것이다.

설득과 협상의 귀재는 언제나 주위에 그를 옹호하는 사람이 많다. 쉽사리 고객을 설득하는 것처럼 보이는 영업사원도 자세히 들여다보면 자신을 낮추고 대화의 흐름을 상대방에게서 자신에게로 끌어당기는 힘을 가지고 있다. 그러기 위해서는 다양한 방법이 필요하지 않다. 딱 한 가지만 기억하자. 내가 먼저 상대방을 응원하면 된다.

어떤 프로젝트에서 뛰어난 실적을 달성해도 동료의 공로로 돌리고 애초에 나를 시기하거나 험담하는 단 한 명조차 만들지 않는다. 천성이 그렇다면 정말 좋겠지만 모든 사람이 나를 좋아하게 만들기는 어렵다. 누군가는 시기하고 질투하고 오해하는 상황이 만들어질 수 있으므로 어느 자리에서건 겸손하고 상대방을 위하는 태도로 한 명씩 내 편으로 만들도록 하자.

다만, 마음에도 없는 거짓 아부나 허황된 표현은 듣는 사람으로 하여금 역효과를 불러일으킨다. 일을 잘하는 사람은 실제 일 잘하는지 여부보다 어떻게 인식되어 있는지가 중요하다. 당신만 모를 뿐 실제로 고객이든 직장 동료든 늘 당신을 보고 있다. 과도하게 뽐내기보다 먼저 상대방을 응원하는 태도를 가지면 이는 부메랑이 되어 곱절로 돌아오게 되어 있다.

상대방의 약점이 보이거든 절대 공감하지 말고, 당장의 이득보다는 당신을 응원하는 아군을 늘리자. 장기적으로 눈앞의 이익보다 '덕'을 쌓는 것이 기본이다.

네 번째는 상대에게 감사한 마음을 잊지 않고 생각보다 과하게 칭찬하는 것이다.

조직행동의 전문가 칩 히스와 댄 히스는 그들의 저서 '스위치'에서 "자동차 운전자의 90%는 자신이 다른 평균적인 운전자보다 뛰어난 운전 실력을 가졌다고 생각하며, 대학 교수의 94%는 스스로 평균 이상의 업적을 올리고 있다고 생각한다."고 밝혔다.

모든 고객이 전부 다르지만 이것 하나만큼은 장담컨대, 칭찬을 싫어하는 사람은 없다. 과도한 표현은 반발 심리를 가져올 수 있지만 기본적으로 상대방에 대해 감사한 마음이 들었다면 꼭 표현하도록 하자. 뛰어난 실적을 가지고 있는 사람은 대개 유머가 넘칠 뿐만 아니라 작은 일도 지속적으로 칭찬하는 버릇을 가지고 있다.

처음 보는 사람에게 어렵지 않게 첫 마디를 건네고 '스몰토크'를 만들어내는 손쉬운 방법은 칭찬이다. 단순히 인상착의를 칭찬할 수도 있지만 스타일을 칭찬할 수도 있다. 중요한 것은 습관이다. 칭찬은 고래도 춤추게 한다는 말처럼 늘 미소와 함께 긍정적인 면을 바라보는 사람은 그것이 비록 과하다고 생각할지라도 상대방은 인정받고 있다는 생각에 만족할 수 있다.

의도적으로 약간 더 과하게 칭찬하는 버릇을 갖자. 그러다보면 오만함을 버리고 겸손한 마음을 유지할 수 있다. 세상 사람들 사이의 관계는 여섯 다리만 건너면 연결될 정도로 좁기 때문에 늘 감사하는 마음을 표현하면 이는 나비효과가 되어 보이지 않는 내

편이 만들어지게 된다.

　다섯 번째는 사람을 싫어하는 것에는 어떤 이득도 없다는 사실을 깨닫고 배려하는 습관을 체질화하는 것이다.

　만약 당신의 휴대폰에 100명의 전화번호가 저장되어 있는데, 이 100명을 '호감도' 순서대로 적어본다면 어떨까? 딱 잘라 좋은 사람과 싫은 사람, 두 가지로 구분할 수 있는가? 연락처에는 정말로 존경해 마지않는 멘토와 스승을 비롯하여, 십년지기 친구부터 직장 동료, 여러 조직에 소속되어 업무상 알게 된 고객들이 모두 들어 있다. 친구라고 전부 친하고 좋은 것만도 아니고, 직장 동료 중에도 가족만큼 신뢰할 수 있는 사람이 있다.

　유감스럽지만 우리에겐 감정을 자유로이 통제할 수 있는 기술이 없기에 아무리 싫은 사람이라도 좋은 사람이라고 생각하고 스스로 증명해가자. 무의미한 감정소모를 하느니 나의 사고방식을 바꾸는 것이 백번 낫다. 고객이 마음에 들지 않는다고 기피하기 시작하면 그러한 태도를 가진 내 자신이 바뀌지 않는 한 좋은 결과를 이끌어낼 수 없다. 설득의 힘은 결코 대단한 기술을 필요로 하지 않는다.

　여섯 번째는 누가 진짜 결정권자인지 '키맨(Key-man)'을 빠르게 파악하는 것이다.

영업을 처음 시작한 사람은 같이 온 고객들 중 말이 가장 많은 사람이 결정권을 쥐고 있다고 흔히 생각한다. 값비싼 수입차 혹은 전자제품을 사러온 고객이 있다고 하자. 성공적으로 판매하기 위해서는 결과적으로 거래가 이루어져야 한다. 이를 위해 영업사원이 가장 먼저 파악하는 것은 대개 예산이 얼마인지 구매 예정시기가 언제인지이다. 모든 고객은 잠재고객이지만 누가 뭐래도 현시점의 구매의사가 판매사원에게는 중요하기 때문이다. 그래서 그런 것들에 대해 말을 가장 많이 하는 사람을 결정권자로 생각하게 되는 것이다.

하지만 많은 의견을 내는 사람이 반드시 구매를 결정하지도 않고, 돈을 지불할 사람이 최종 결정권을 가지고 있지 않은 경우도 많다. 이 사실을 분명히 깨달아야 한다. 카드를 건넬 사람이 남편이어도 부인에게 잡혀 사는 사람이라면 부인의 안목에 건네는 칭찬 한 마디가 더 효과적이다.

이를테면 새 학기에 새로운 노트북이 출시되어 매장을 찾아온 딸과 어머니가 있다. 기나긴 상담 끝에 꼭 맞는 제품을 추천해 흡족한 채 돌아갔지만 가부장적인 아버지의 니즈에 맞지 않은 제품이어서 다 잡은 물고기를 놓칠 수도 있다. 첫인상도 좋았고 상담도 만족스럽게 진행됐지만, 이 관계의 핵심인 '키맨'을 파악하지 못한 까닭이다. 어떤 관계, 조직 속에서도 주도권을 쥐고 있는 사람을 공략하는 것이 시간도 줄이고 효과적인 방법이다.

마지막 방법은 논리가 아닌 감정이 녹아 있는 말투를 활용해 당신의 신뢰를 표현하는 것이다.

우리는 종종 전혀 반갑지 않은 말투와 표정으로 "반갑습니다, 고객님!" 혹은 "감사합니다, 고객님! 다시 들러주세요!"를 기계적으로 내뱉는 서비스직 종사자들을 만나볼 수 있다. 상대방이 경멸에 찬 당신의 말투를 느끼지 못할 거라 생각한다면 큰 오산이다. 대화를 할 때는 내용뿐만 아니라 그 말을 표현하는 방식으로 진심이 전달된다.

같은 맥락으로 '용건만 간단히'의 말투는 관계를 단절시킬 수 있다. 간곡히 부탁하는 사람에게는 대놓고 거절하기 어려운 법이다. 이 사람이 믿을 만한 사람인지는 결국 말투로 완성되는 것이다.

이성과 논리를 앞세워 고객을 이기고자 한다면 그럴 수 있다. 당신은 전문가이기 때문이다. 하지만 이성 친구와 다퉈본 경험이 있다면 알 수 있다. 중요한 것은 진위 여부나 논리가 아니라 마음이며 태도다. 고객을 이기려는 말투, 가르치려는 태도는 듣는 사람으로 하여금 당연히 거부 심리를 자극한다.

좋은 관계를 만들고자 한다면 우선 미소를 띠고 당신의 이야기에 공감하는 감정을 표현하자. 그저 논리로서 나는 잘못한 것이 없다고 생각하는 영업사원은 자신의 영업실적이 왜 나쁜지 그 이유를 영영 찾을 수 없다.

목표, 꿈을 현실로 만드는
체계적인 관리법

전문성을 갖추는 데 도움 되는 가장 궁극적이고 기본이 되는 자세는 목표의식을 갖는 것이다. 한 가지 일에 몰입하며 실행하고, 사람과 관계를 만드는 과정은 결과적으로 개인이 자신의 목표를 이루는 것으로 마무리된다. 체계적으로 목표를 관리하는 것은 성과와 매출 등을 정량적으로 표현할 수 있는 것도 있고 그렇지 않은 것도 있다.

목표관리와 관련하여 여러 가지 방법들이 알려져 있지만, 여기서는 목표를 이루는 과정 내내 목표달성 의식을 고취시키는 방법 한 가지를 소개하고자 한다.

2015년 WBC 야구대회를 통해 우리나라에 널리 알려진 일본의 괴물 투수 '오타니 쇼헤이'의 목표달성 방법이다. 다음 표는 오타니

선수가 고등학교 1학년 시절에 세운 '만다라트 계획표'이다. 만다라트 기법은 원래 일본의 디자이너 이마이즈미 히로아키가 창안한 목표달성 기법으로, 'mandala(깨달음) + art(기법)'을 합성하여 만든 용어로서 그 의미는 '목적을 달성하는 기술'을 뜻한다.

만다라트 계획표를 작성하는 방법은 이렇다.

우선 '자신의 유일하면서도 가장 중요한 핵심목표를 한가운데 칸에 적는다. 다음으로 그 목표를 이루기 위한 세부 목표들을 핵

몸 관리	영양제 먹기	FSQ 90kg	인스텝 개선	몸통강화	축을 흔들리지 않기	각도를 만든다	공을 위에서 던진다	손목강화
유연성	몸 만들기	RSQ 130kg	릴리즈 포인트 안정	제구	불안정함을 없애기	힘 모으기	구위	하체 주도로
스태미너	가동력	식사 저녁 7수저 (가득) 아침 3수저	하체강화	몸을 열지 않기	멘탈 컨트롤 하기	볼을 앞에서 릴리즈	회전수업	가동역
뚜렷한 목표, 목적을 가진다	일희일비 하지 않기	머리는 차갑게 심장은 뜨겁게	몸 만들기	제구	구위	축을 돌리기	하체강화	체중증가
핀치에 강하게	멘탈	분위기에 휩쓸리지 않기	멘탈	8구단 드래프트 1순위	스피드 160km/h	몸통강화	스피드 160km/h	어깨주위 강화
마음의 파도를 만들지 말기	승리에 대한 집념	동료를 배려하는 마음	인간성	운	변화구	가동력	라이너 캐치볼	피칭을 늘리기
감성	사랑받는 사람	계획성	인사하기	쓰레기 줍기	부실 청소	카운트볼 늘리기	포크볼 완성	슬라이더의 구위
배려	인간성	감사	물건을 소중히 쓰자	운	심판분을 대하는 태도	늦게 낙차가 있는 커브	변화구	좌타자 결정구
예의	신뢰받는 사람	지속력	플러스 사고	응원받는 사람이 되자	책 읽기	직구와 같은 폼으로 볼을 던지기	스트라이크에서 볼을 던지는 제구	거리를 이미지한다

심목표 주위에 있는 8개의 네모 칸에 하나씩 적는다. 그리고 8개의 세부 목표는 외곽을 둘러싸고 있는 8개의 표의 중심에 동일하게 옮겨 적는다. 마지막으로 8개의 표의 중심에 있는 각각의 세부 목표를 달성하기 위한 구체적인 실행계획을 그 외곽의 8개 칸에 적어서 실행하는 방식이다.

이렇게 하면 나의 유일하면서 최종적인 핵심목표는 한 가지이지만, 이것을 달성하기 위한 세부 목표 8가지와, 다시 이것을 이루기 위한 실행계획 64가지를 한 눈에 볼 수 있다.

여기서 당신이 '소매영업 전문가'가 되겠다는 목표를 세웠다고 가정해보자. 그 목표를 이루기 위해 무엇을 해야 하는지 감이 잡히는가? 철저한 자기관리도 필요하고, 매출도 높여야 할 것이며, 그 밖에 전문가로서 갖춰야 할 여러 가지를 준비해야 할 것이다. 무엇을 해야 할지, 어떤 것부터 얼마나 해야 할지 쉽게 감이 잡히지 않을 것이다. 하지만 만다라트 기법이라면 최종적인 핵심목표를 달성하기 위해 필요한 세부 목표와 부수적인 실행계획들을 한 번에 볼 수 있다. 필자가 영업전문가로 성장하고자 작성한 만다라트 계획표는 다음과 같다.

영업전문가로 거듭나기 위해 필요한 실적이나 기본기, 자기계발 계획, 인간관계 관리뿐만 아니라 타 분야 경험과 기타 교육 업무까지 폭넓은 목표관리를 한다는 것을 알 수 있다.

품목자격 획득	신제품 교육참여	성과검증 통과	건강 정기검진	청소 체질화	제일 먼저 매장 전화받기	출근길 TED 시청	스피치 연습	최소 두 달에 1회 강연듣기
정책/제품 TEST 통과	프리미엄 (전문영업 상담사 자격증) 취득	매출기준 달성	하루 8시간 꾸준히 근무 가능한 체력 다지기	기본기 다지기	매일 아침 거울보며 비전다짐	퇴근길 세바시 시청	자기계발	영업 관련 책 쓰기
상시교육 참여	고급합숙 교육과정 수료	고객만족 기준달성	웃는 얼굴로 인사하기	할 수 있다는 자존감 갖기	떨어진 휴지 줍기	개인목표 관리	신문은 두 곳 이상	月 평균 5권 책 빌려보기
비품 정리정돈	각종품의 경로숙지	재고 입출고 관리	프리미어 취득	기본기 다지기	자기계발	16년도 대졸공채 평균매출 1위	입사 1년 內 매출 기네스 달성	홈플러스 진열상품 특별전 부스운영
창고 정리	매장 관리 업무 습득	각 매장별 시스템 이해	매장 관리 업무 습득	소매 영업 전문가	영업 실적	자사 내 매출 다섯손가락 들기	영업 실적	8개월 연속 매출상승
자산 정비	실시간 정보 숙지 동료공유	진열연출 POP 관리	인간관계	타 분야 경험 쌓기	교육업무 진행	전사 1% 달성	입주 박람회 5회 이상 운영	홉수 단골 열팀 이상 보유하기
가망 고객관리	구매 고객관리	연락처에 고객천명 이상 보유	네이버 대표카페 운영	페이스북 페이지 설립 경험	카카오 자회사 온라인 마케팅 인턴	17년도 대졸공채 전산교육	18년도 산학공채 1:1멘토링	18년도 GC직군 전환교육
단골고객 정기적 아침편지 문자	인간관계	月 1회 이상 새로운 모임참여	스타트업 마케팅팀 인턴	타 분야 경험 쌓기	한국경제 신문 경제교육 연구소인턴	17년도 MP 1:1 가전 교육	교육업무 진행	17년도 산학공채 1:1 멘토링
부모님께 꼭 인사하고 출근하기	지인들에 꾸준히 연락	전 직장 지인들 먼저 연락	한국거래소 (KRX) 자본시장 서포터즈	대법원 영블로거 위원	경제 학술 동아리 회장	MSS 계산 시뮬레이션 강의	GDPS 전산교안 만들기	17년도 산학공채 전산교육

만다라트 기법은 그저 당신의 목표설정과 달성 의식을 고취시키고자 추천하는 하나의 예시에 불과하다. 당신에게 더 잘 맞는 체계적 관리방법을 찾았다면 그것이 최적의 방법이다.

꿈을 꾸며 목표를 설정할 때 타의에 의해 억지로 목표를 세우지 않도록 하자. 완벽한 목표설정이란 더할 것이 없는 상태가 아니라 뺄 것이 없는 상태다. 보이기 위해 이것저것 추가하는 것은 의미가 없다. 타인의 생각이 중요한 것이 아니라 진정으로 내가 원하는 바를 정리하여 목표를 세워야 체계적인 목표수립이 의미를 가진다.

버킷리스트를 떠올려보자. 다른 누구도 아닌 내가 죽기 전에 꼭 하고 싶은 리스트이다. 이 리스트를 구체적인 계획으로 바꿔 적으면 된다. 목표수립은 실행과 밀접한 연관이 있는데 단지 계획으로만 남아 있어 실제적인 진척이 이루어지지 않으면 아무 의미가 없다.

목표와 실행계획을 짤 때는 아무리 원대한 목표를 세우더라도 당장 3일 안에 끝낼 수 있는 구체적이면서 작은 목표들을 포함시키는 것이 좋다. 예컨대 위의 만다라트 기법에 의거한 나의 원대한 목표는 소매영업 전문가가 되는 것이다.

이처럼 짧은 주기의 목표 수립은 수치화를 통한 정량적 관리가 가능하도록 숫자를 이용하는 것이 좋다. 단기간에 집중해 달성할 수 있는 목표를 만들고 달성함으로써 계속적인 성취감을 느끼게 만드는 것이다.

목표를 너무 높게 잡으면 아무리 해야겠다고 마음을 다잡아도 엄두가 나지 않아 겉돌다 끝나는 경우가 대부분이다. 시작할 수 있는 목표치를 잡고 실제 결과물을 만들고, 다시 높아진 목표치를 부여하는 방식으로 조금씩 멀리 갈 수 있도록 해야 한다. 63빌딩을 걸어서 올라가겠다는 목표는 어려운 목표지만 몇 분 안에 10층에 도달하고 쉬겠다는 목표는 구체적이며 실행 가능한 목표다.

목표를 이루기 위해 노력하다보면 생각보다 많은 장애물을 마주치게 된다. 보이지 않는 미래를 일일이 내다볼 순 없을뿐더러 장기목표가 아닌 하루나 한 시간 단위로 계획을 세워도 수시로 상황변화가 생기며 좀처럼 마음먹은 대로 되지 않는 경우도 많다.

주어진 시간 내내 집중을 유지해야 달성할 수 있는 꽉 채워진 계획은 높은 결과물을 얻을 것이라 기대할 순 있어도 그 계획을 달성하기란 힘들다. 휴대전화를 해제하고 모든 연을 끊고 산으로 들어가 버린다면 모를까, 상시 발생할 수 있는 예측불허의 외부 상황은 통제할 수 있는 범주를 벗어난다.

따라서 좋은 계획을 세우는 방법은 이상적인 장기목표와 현실적인 단기목표를 동시에 추진하는 방법이다. 몇 시간, 혹은 길어도 하루 단위의 단기계획을 세우고 몰입해 달성하는 것은 비록 계획을 수정해야 하는 경우가 생기더라도 유연하게 대처할 수 있다. 그렇게 작은 성취감을 맛보게 되면 실행력에 불을 붙일 수 있다.

당신이 만약 끝없는 초원의 허허벌판 한가운데 서있다고 상상해보자. 가만히 서 있으면 사방을 바라봐도 끝이 안보이지만 지평선 끝까지 가게 되면 처음 서 있을 때에는 보이지 않던 새로운 곳이 보이게 된다. 그러므로 처음부터 계획을 너무 거창하게 세우면 하나도 제대로 이룰 수 없다. 결국 이도저도 안될 수 있으니 궁극적으로 어디까지 가겠다는 장기목표 한 가지에, 당장 눈에 보이는 어디까지 가겠다는 단기목표 한 가지면 충분하다. 남은 것은 묵묵히 걷는 것뿐이다.

정리하면 장기목표는 완수했을 때 커다란 성취감을 줄 수 있는 것으로, 단기목표는 충분히 할 수 있겠다는 생각이 드는 것으로 스케줄을 역산하여 계산하는 것이 좋다. 장기목표는 오랜 시간 추진하는 동안 예측치 못한 일들이 도중에 발생할 수 있으니 큰 그림을 그리고 방향을 잡는 의미로 해석해야 한다. 조급하게 생각하여 한 번에 끝내겠다고 생각하면 오래가지 않아 포기하게 된다.

단기목표는 해야 할 일이 분명히 드러나므로 헛되이 낭비하는 시간을 줄일 수 있다. 해야 되는 일의 범위가 분명하기 때문에 당장 얼마 동안은 무엇을 하고 이것을 끝내고 나면 다시 무엇을 하겠다는 식의 계획은 두루뭉술하다. 이보다는 내일까지 무엇을 해야 하니 적어도 오늘 저녁까지는 무엇을 처리해야 하고, 그리기 위해서는 점심식사 전까지는 어디까지 진도를 나가야 하고 오후 4시까지는 무엇을 끝내야겠다는 식의 역산이 적합하다.

시간은 언제나 현재 진행형이다. 누구에게나 공평하게 주어지는 하루 24시간이다. 돈이 아무리 많아도 돈으로 시간을 살 수는 없다. 지금이라 부르는 이 순간조차 현재는 과거가 된다. 과거는 바꿀 수 없지만, 지금 이 순간은 바꿀 수 있다. 지금 내가 무엇을 할지 선택함으로써 미래가 바뀌는 것이다. 이 뻔하고 당연한 진리는 변함이 없다.

하지만 이를 20대에 깨닫는 사람이 있는가 하면 40대에 깨달는 사람이 있고, 60대가 되어도 깨닫지 못하는 사람이 있다. 사실 '하고 싶은 일을 찾는 것'은 평생의 숙제라고 할 수 있다. 일생을 찾고자 노력해도 그 방향을 잡아가는 것에서 그치는 경우가 많다. 그렇기에 내가 진정 원하는, 나를 정의할 수 있고 세상에 기여할 수 있는 무언가를 찾되 20대에는 평생의 기본기를 쌓는 것이 중요하다. 어려서 배운 공통교육과정과는 다른 의미의 기본이라고 할 수 있다.

단순히 꼭 필요한 지식을 쌓는 것을 넘어 독서를 통해 사색하고, 견문을 넓혀 사고의 폭을 넓히는 것이 그 시작이다. 사고를 넓히면서 자연스레 내가 진정 원하는 나만의 단 하나를 찾고 몰입하며, 생각에 그치지 않고 정말 실행하는 훈련을 거듭하는 것이다. 그것의 끝맺음은 바로 목표의식을 가짐으로써 발현된다. 단 하루를 살아도 지향점을 갖고 실행하는 것과 목적 없이 하루를 흘려보내는 것은 인생을 되돌아봤을 때 하늘과 땅 차이다.

이렇게 몰입, 독서, 실행, 관계, 목표의 기본기를 충실히 닦은 20대는 어떤 업종으로 전문성을 쌓더라도 빛을 발하게 된다. 100세 시대를 맞아 직장을 옮기고 제2, 제3의 인생을 새로 시작한다고 해도 마찬가지다.

새로운 꿈을 갖고 새 길을 찾아 떠난다면 그동안 쌓은 지식은 시대의 요구에 따라 바뀌거나 불필요한 것이 될 수 있다. 그렇지만 새로운 지식을 쌓느라 책을 읽고 몰입하며 실행하고 관계를 맺으며 목표를 달성하는 기법은 평생에 도움이 된다. 그 시작점을 영업으로 시작해보기를 추천한다. 사람과 사람 사이, 이성과 감정으로 풀이되는 수많은 경험을 쌓기를 바란다.

영업이든 공부든 어떤 일이든 한정된 시간과 노력을 들여 커다란 성과를 내기 위해선 '효과'와 '효율'의 의미를 알아야 한다. 효과는 목표달성에 초점을 맞춘 반면에 효율은 투입된 자원 대비 결과에 초점을 맞춘 용어이다. 목표를 세우고 이를 체계적으로 시스템화하여 관리하기 위해선 효율의 의미를 되새겨야 한다. 어떤 방식으로든 많은 시간과 자원을 투입하면 해낼 수 있다. 그러나 중요하지 않은 일에 공을 들여 마무리했다고 해서 쓸데없는 일이 중요해지는 것은 아니다. 애초에 장작을 패야 한다면 도끼의 날을 세우는 준비가 잘 되어 있어야 한다. 마찬가지로 올바른 계획을 세우는 데 시간을 투자하는 것이 효율적이다. 목표의식을 분명히 하는 데 시간을 들이자.

나만의 장기목표 한 가지와 단기목표를 세우는 것이 어렵다면 '만다라트 기법'을 떠올려보자. 당신은 지금 매출도 높여야 하고, 고객관리도 해야 하고, 여타 여러 업무를 처리해야 하는 상황에 놓여 있다. 산발적인 잔가지를 모두 쳐내고 가장 중요한 한 가지, 핵심목표를 정중앙에 써보자. 그것을 이루기 위한 세부 목표가 나올 것이고, 다시 그 목표를 이루기 위한 구체적인 실행계획이 나올 것이다. 한 번에 여러 가지에 집중할 수는 없다.

20대라면 흔들리지 말고 기본기를 쌓자. 당신만의 목표에 몰입하고 실행하기를 반복하면, 그러한 경험은 향후 80년 간 무슨 일이든 완결해낼 수 있는 주춧돌이 될 것이다.

5

무한 선택의 시대, 내가 뱉는 말과 행동이 곧 내 길이 된다

"

어떤 길을 가더라도 세상에 정답은 없다.

도전하기에, 올바른 길을 가기 위한 방향을 찾기에 늦은 나이란 없다.

다른 길이 있을 뿐 틀린 길이란 존재하지 않는다.

무엇이든 먼저 끌리는 일을 해봐야

그 끌림이 진정 좋아하는 일인지 알 수 있다.

대개 좋아하는 일은 해보면 남들보다는 잘 할 수 있기 때문에

그러한 선순환 구조가 다음 걸음을 이어지게 만든다.

지금 당장 흔들려도 내가 결정한 내 길을 당당히 가는 것이

후회하지 않는 길이다.

"

1

인생의
추월차선

'천천히 부자 되기'로는 가망이 없다고, 많은 월급쟁이들에게 퇴사의 영감을 준 사람이 있다. 차량 예약서비스를 제공하는 Limos. com의 설립자 엠제이 드마코(MJ DeMarco)가 그 사람이다. 사실 드마코라는 이름보다는 미국 아마존 금융사업 분야의 베스트셀러로 유명세를 탄 '부의 추월차선'이라는 책으로 더 유명하다.

그의 주장은 간단하다. '천천히 부자 되기'라는 전통 방식으로는 50년이나 걸려야 가능한 일을 '부의 추월차선'을 통해 5년 만에 이룰 수 있다는 것이다. 전통 방식으로 부를 쌓는 것은 좋은 대학에 가고, 우수한 성적을 받아, 전망 있는 직업을 가지고, 수입의 10%를 주식에 투자하며, 특히 퇴직연금에 최대한 많이 투자하고, 각종 쿠폰들을 모으는 것을 의미한다. 그런 식으로 50년쯤 돈을 모으면 아마도 60대 말에는 부자가 되어 있겠지만, 그래봐야 휠체어 탄 부자에 불과하니 일찍부터 기하급수적으로 돈을 모을 수 있는 지름길로 달리라는 내용이 골자이다.

이 글을 접한 대부분의 사람들은 소리칠 것이다. "젊은 나이에 백만장자가 되고 싶지 않은 사람이 어디 있나요! 제발 내게도 그 길을 알려주세요!" 확실히 백이면 백, 달콤한 솜사탕 같은 말이다. 하지만 드마코는 자신만의 이야기로 이 '부의 추월차선 이론'에 대하여 누구나 인정할 수 있게끔 자세히 설명하고 있다. '부동산에 투자하라', '긍정적으로 생각하라' 또는 '사업을 하라'와 같은 전통적인 전략이 아니라 부의 비밀을 해부하고 실현 불가능하리라던 생각에 가능성을 부여한다.

결과적으로 그는 시간이 인생의 원동력이 되어야지 돈과 맞바꾸려 해서는 안 된다고 주장한다. '부'라는 그 자체가 시간으로 이루어진 것이므로 부를 얻기 위해 시간을 소모해서는 안 된다는 것이다. 생각만 해도 정말 가슴이 두근거리는 말이 아닐 수 없다. 참으로 맞는 말인데 그래서 어떻게 하면 부의 추월차선을 달릴 수 있다는 것인지 궁금증이 더해진다.

'추월차선 포럼'에는 다음과 같은 글이 포스팅 되어 있다.

"저는 19살이고, 대학 2학년을 마쳤습니다. 가족과 함께 식탁에 둘러 앉아 식사를 하면 무언가 분명하게 보이는 것이 있습니다. 우리 어머니는 지긋지긋하다는 직장을 15년째 다니고 계십니다. 전기공학 석사인 아버지는 NASA에서 군용 하드웨어 만드는 일을 하십니다. 몇 번 정리해고를 당하셨고, 그럴 때마다 몇 달씩 무직상태로 지내곤 하셨습니다. 지금은 일을 하고 계시지만 '어딘가' 낌새가 이상합니다. 두 분은 별로 행복하지 않습니다. 그분들에게는 생기가 없습니다. 열정도 꿈도 목표도 없습니다. 늘 똑같습니다. 매일 그날이 그날입니다."

이 짤막한 글은 우리나라가 아닌 외국의 가정 이야기지만 그 상황이 우리네와 크게 다르지 않다. 잘은 모르겠지만 누군가 지시하는 대로 모든 선택을 희생하고 치열하게 경쟁하며 옳다고 하는 것들을 위해 살았는데 '어딘가' 이상하다. 아니, 슬프다. 언젠가부터 심장 뛰는 삶이 아니라 꼭두각시처럼 영혼 없는 삶을 살고 있다.

벌써 20년 가까이 지난, 1999년에 히트를 친 영화 '매트릭스'의 주인공 네오에겐 평범하지만 조작된 삶을 살 것인지 불완전하지만 진실을 마주할 것인지 선택권이 주어진다. 만약 당신이라면 아무런 근심이나 걱정 없이 각본대로 살아가는 삶을 살 것인가 아니면 자유의지를 가진 현실을 살 것인가?

꼭두각시처럼 주어진 삶을 살아가는 이들이 잘못되었다는 말을 하려는 것은 아니다. 우리 모두는 사회 체계에 얽매여 있다. 사실 천성적으로 뛰어난 운동신경을 가지고 있어 손꼽히는 운동선수가 되거나 재능을 타고나서 연예인이 되는 특수한 경우를 제외하고는 그나마 기업가가 되는 길이 부의 추월차선을 타기에 유리하다.

태어날 때부터 주어지는 기질, 목소리, 외모, 성질 등은 바꾸기 어렵다. 하지만 자신을 바꾸는 모험을 통해 내 삶에 자율성을 주는 일은 누구나 도전할 수 있다. 필자는 이 꿈 같은 일이 영업으로 하여금 가능하다고 믿는다.

누구나 인생의 추월차선을 달리길 꿈꾸지만, 처음부터 내게는 없는 재능, 예컨대 '우사인 볼트의 달리기 능력' 같은 재능을 꿈꾸기보다는 자신의 노력으로 변화시킬 수 있는 요소들을 변화시키기부터 시작하는 것이 좋다.

영업을 하다보면 그러한 변화가 가능한 이유는 바로 영업의 본질이 사람과의 관계를 맺는 것이기 때문이다. 관계 맺음을 통해 사람을 얻을 수 있을 뿐만 아니라 세상에 대한 시야를 넓힐 수 있다. 책을 읽고 세상을 여행하는 것과 같은 원리다.

다소 뜬구름 잡는 소리처럼 들릴 수 있지만 이렇게 시야를 넓히게 되면 내가 이 세상에서 시도해볼 수 있는 일이 많다는 것을 알게 될 뿐만 아니라 시도해보고 싶어진다.

우리가 삶의 대부분을 도전하지 않고 현재에 안주하고 사는 가장 큰 이유는 바로 다른 대안을 찾지 못하기 때문인 것과 세상이 당신에게 그렇게 하면 안 된다고 가르쳤기 때문이다.

대개 인간은 성장하며 보고 듣고 배운 것을 토대로 가치관을 형성하게 된다. 오늘날 21세기를 살아가는 대한민국 20대들은 대부분 안전한 삶을 살도록 교육받는다. 당신의 적성이 어디에 있건 관계없이, 어떤 성향인지 무관하게 안전한 '철밥통' 직장이 최고라고 교육받는 것이다.

이 세상에 태어나 어떤 일을 해보겠다, 세상에 무언가 기여하고 싶다는 마음 자체를 갖기 어렵게 만든다. 이런 분위기에서 내가 나로서 사는 것 자체가 대단한 모험처럼 느껴진다.

분명 당신이 어렸을 적, 적어도 한 때는 그 누가 뭐래도 순수했을 것이다. 누가 뭐래도 자유롭게 오늘 하루 어떤 일이 일어날지 기대감 속에 이불을 박차고 일어났을 것이다.

하지만 나이가 들고 나서는 어떤가? 더 이상 내가 내 삶의 주인이 아니게 되었다. 월요일부터 금요일까지 일주일 중 5일을 학교에서 교육을 받거나 직장에서 일하는 제도 속에 아무렇지도 않게 그리고 자연스럽게 동화되었다. 다른 모든 이들도 그런 삶을 당연하게 받아들이고 산다.

현재 내 삶의 주인은 나 자신이라고 말할 수 있는가? 아니라면 누가 주인 행세를 하고 있는가? 학자금 융자? 자동차 할부금? 주택담보대출? 가족의 기대?

당신은 당신과 별 다를 것 없이 똑같이 평범한 삶을 살아온 이들의 말을 진리인 양 새겨들을 이유가 없다. 당신의 세계관과 사고의 폭을 넓히고 생각의 깊이를 더하기 위해선 당신과 다른 사람의 이야기를 들어야지 당신과 비슷한 생각을 가진 사람을 만나서는 사고의 폭이 넓어지지 않는다. 영업을 통해 다양한 사람을 만나고 머나먼 이국으로 여행을 떠나고 다른 문화를 접하며, 점심식사마다 새로운 사람과 밥을 먹는 것이 모두 이와 같은 맥락이다.

20대에 당장 영업을 한다고 해서 굉장한 사업 아이템을 가진 동업자를 만나게 된다거나 당신의 삶을 획기적으로 바꿔줄 멘토를 만난다고 보장할 수는 없다. 올바른 '관계'란 그렇게 만들어지는 것이 아니기 때문이다. 영업이 대수냐 생각할 수 있지만 타인을 이해하고 설득하고 체계적으로 목표관리를 해보는 경험은 단순히 오늘 하루 몇 사람을 만나 몇 건의 계약을 이끌어내는 것이 전부가 아니다. 영업을 '업'으로 받아들이지 않고 그저 시간과 돈을 맞바꾸는 행위로 생각한다면 돈이 돈을 만들어내는 시스템을 구축할 수 없다.

인생을 살며 부가 인생의 전부라는 생각이 들 수 있고, 개인에 따라 주관적인 견해 차이로 약간씩 차이를 보이지만, 현재의 시장 경제 체제 하에서 살아가기 위해서는 돈의 필요성을 공감할 것이다. 이를 전제로 남들처럼 월요일부터 금요일까지, 아니 야근과 주말 근무까지 해가며 회사에서 그다지 의미 없는 시간을 보내는 사람들에게 특히 딱 1년만 영업을 해볼 것을 권한다.

우리가 직면해 있는 사회구조는 현재의 황금 같은 시간을 팔아서 시들시들한 미래의 시간을 사는 형태이다. 경제학의 정의에 따라 '시간의 가치'를 요약하면, 지금 내가 가진 100원이 내일 내가 가지게 될 100원보다 더 가치가 있다. 지금 당신이 가지고 있는 100만 원이 1년 뒤에 가지게 될 100만 원보다 더 가치가 있다. 이 점을 간과하고 우리는 현재의 좋은 시간을 투자하여 미래의 나쁜 시간을 사고 있다.

이에 대한 이해를 돕기 위해 시간을 화폐단위로 사용한다는 한 영화 이야기를 살펴보자. 2011년 작품 '인 타임'이다. 영화에서 모든 사람은 각자의 팔에 수명 시계를 차고 있다. 수명 시계는 끝을 향해 달리는 남은 수명이 표시된다. 그리고 영화 속 세상에서는 일에 대한 대가를 돈이라는 화폐로 지급하는 것이 아니라 남은 수명을 연장해주는 방식으로 지급한다. 이를 테면 하루를 일하고 돌아가면 다섯 시간이 수명이 연장되는 것이다.

당신의 팔목에는 계속해서 줄어드는 자신의 수명이 보이고, 그 시간을 거래한다니 참으로 잔혹한 설정이라는 생각이 들지 않는가? 하지만 이것이 이 영화의 가장 뛰어난 착상인데, 더욱 놀라운 것은 현실의 우리도 사실 팔뚝에 '죽음의 시계'가 보이지 않을 뿐이지 시간을 팔아서 필요한 물건을 거래하고 있다는 점이다.

예컨대 당신이 꼭 사고 싶은 최고급 사양의 노트북이 있다고 하자. 노트북의 가격은 200만 원이고, 이것을 사기 위해 당신은 편의점 아르바이트를 시작했다. 시급을 후하게 쳐줘서 1만 원을 주는 곳에서 일을 시작했는데, 매니저가 도저히 같이 일하기 어려울 만큼 깐깐하고 잔소리를 퍼부어댄다고 가정해보자. 하루 여덟 시간씩 일주일 중 5일을 나간다면 5주를 꼬박 일해야 비로소 노트북을 장만할 수 있다.

당신이 대학 1학년의 여름방학을 이처럼 보냈다면 방학 기간 내내 받았을 스트레스와 시간을 맞바꾼 노트북 한 대가 영화에서 시간을 주고 구매하는 행위와 무엇이 다를까? 당신이 원하는 200만 원짜리 노트북을 사기 위해선 내 인생의 200시간을 잔소리를 퍼붓는 매니저에게 바쳐야 한다는 것을 깨달아야 한다.

당신이 미리 구성된 각본과 같은 삶을 거둬내고 인생의 추월차선을 달리고 싶은 사람이라면 매 순간 어떤 선택을 내려야 하는지 잘 생각해야 한다. 어떤 선택도 내가 내리는 것이고 그에 따른 책임 역시 내가 진다. 의미 없이 시간을 소비하는 '킬링 타임'이나 시간을 통해 구매를 맞바꾸는 '시간팔이'를 통해서는 가난에서 벗어나기 힘들뿐만 아니라 잠자리에 드는 순간 오늘 하루도 값진 하루를 보냈다고 기뻐하기 어려울 것이다.

어떤 업종에 종사하든 어떤 가치를 만들든 직업에 귀천은 없다. 하지만 직업에 귀천이 없다는 말과 아무렇게나 살아도 좋다는 말은 분명한 차이가 있다. 어떠한 산업의 유형에도 기회는 존재하며, 이 세상이 불완전하다는 사실만큼 완벽한 기회는 없다. 그러한 기회를 성공으로 바꾸기 위해선 어렵다고 생각하는 통념에 맞서서 성공으로 바꾸는 도전 정신이 필요하다.

예컨대, 필자가 쓰고 있는 이 책은 책이 발간되면 그 가치는 필자와는 관계없이 시간이 아무리 지나도 사라지지 않는다. 이처럼 영속적인 가치를 만드는 행위는 기업가 정신과 관련이 있다. 그리고 그것은 바로 '영업'에 뿌리를 두고 있다.

꼭 영업으로 대단한 성과를 이루는 판매의 전설이 되어야 한다기보다는 다양한 사람을 만나며, 그 속에서 가치를 찾는 경험이 소중하다. 비단 영업뿐만 아니라 어떤 일을 하더라도 그 나름의 경험을 쌓아나갈 수 있지만, 영업 경험은 본질을 꿰뚫어 볼 수 있는 힘을 길러준다. 돈이 인생의 전부가 아닐뿐더러 타인이 원하는 삶을 살아야 할 이유도 없다.

선택해야 할 것이 너무 많은 세상이다. '하고 싶은 일을 하라'고 하는 세상에서, 동시에 '남들처럼 살라'고 운운하는 세상에서 참다운 자기 모습을 돌아보고 타인과의 관계를 배울 수 있는 영업을 추천한다. 모든 선택은 고귀하다. 하루, 한 시간부터 헛되이 보내지 않도록 하자.

2

꿈, 점이 아닌
원을 그려라

아직 세상에 때 묻지 않은 순수함이 남아서일까? 밀레니엄 세대라 불리는 현재의 2030세대는 다른 세대에 비해 유독 자신의 적성에 대한 고민과 자아정체성을 찾고자 하는 욕구가 강하다. 당신이 20대라면 이 말에 수긍이 가지 않을까?

필자는 손 하나 까딱할 수 없이 뼈가 굳어가는 희귀병을 진단받고 장기입원 생활을 경험하면서 이제부터는 좋아하는 일만 하면서 살겠다고 다짐했다. 단 하루를 살더라도 의미 있는 삶을 살고 싶었기 때문이다. 지금도 무엇이 내게 꼭 맞는 일인지 100% 장담할 수는 없지만, 시간이 지나 경험이 쌓일수록 점점 더 하고자 하는 바가 뚜렷해지고 있다. 지금 생각하면, 10년의 세월이 흐르면서 조금씩 분명해지고 있는데, 10년 전 고등학생 시절엔 오죽했을까. 어린 마음에 의미 있는 삶을 살겠다고, 원치 않은 일에 더 이상 시간을 뺏기지 않겠다고 다짐했지만, 막상 무엇을 어떻게 해야 할지 당시에는 감조차 잡지 못했다. 하지만 세월이 흘러 마음이 동하는 일에 몰두하고, 같이 해내고 싶은 사람들과 어울리면서 하나씩 점을 찍어갔다. 무엇을 좋아하는지 무엇을 잘하는지 아무것도 모르던 하얀 도화지에 내가 내리는 선택들로 점들이 찍히며 그림이 완성되는 것이다.

결국 모든 사람은 맨 처음에 아무것도 없던 '무(無)'의 상태에서 자신의 가치관이 형성됨에 따라 이루어지는 행동들로 '유(有)'의 상태로 변한다. 처음부터 완성된 그림은 없다. 내가 내리는 수많은 작은 선택들이 그 순간순간마다 내 미래에 큰 영향을 끼치게 된다. 그러한 선택들이 사소하고 보잘것없어서 어떻게 미래를 좌우할까 싶지만, 실제론 행동 하나하나가 누적되어 하나의 인생을 이루게 된다.

매 순간 눈앞에 놓인 마시멜로를 먹지 않고 미래를 위해 꿈꾸며 준비하는 사람은 어찌 보면 그저 매번 순간적인 욕구를 참은 셈이지만, 그 결과는 엄청난 차이를 가져온다. 꿈은 단번에 내리는 의사결정이 아니다. 아니, 아니어야 한다. 거듭거듭 경험을 쌓으며 자신과의 물음에 응답하는 과정을 거쳐 궁극의 지점에서 이루어져야 하는 것이다. 그러므로 꿈을 이루기 위해선 끝없이 자기성찰과 방향 수정을 통해 내가 가고자 하는 방향을 잡아나가야 한다.

우리 중 누군가는 사람 만나는 일을 좋아하고 누군가는 꺼린다. 방해받지 않는 일을 좋아하는 사람이 있는가 하면, 다른 누군가에게 나의 어려움을 털어놓아야 직성이 풀리는 사람도 있다. 누가 옳고 그른 것이 아니다. 틀린 것과 같지 않다는 것은 서로 다른 의미이다. 그렇기에 비록 처음에는 내가 무엇을 하고 싶은지 무엇을 잘하고 싶은지 모른 채 10대, 20대를 보냈어도 괜찮다.

중요한 것은 지금 당장이라도 올바른 방향을 찾고자 노력하며 행동으로 옮기느냐이다. 시시각각 내리는 당신의 선택으로 당신의 하루가 만들어지며, 그 하루하루가 모여 한 달, 1년이 된다. 그러므로 한 순간의 모습으로 일생을 확신할 수는 없지만, 적어도 현재 어떤 생각을 가지고 어떤 모습으로 살아간다면 어떤 결과가 나올지는 어느 정도 예측할 수 있다.

모든 사람이 매 순간 같은 선택을 한다면, 미래에 그들의 모습은 아마도 같아질 것이다. 하지만 다행스럽게도 이 세상에 머리부터 발끝까지 똑같이 생긴 사람이 없듯이 완벽하게 동일한 생각을 가진 사람은 없다. 같은 부모 밑에서 자라는 쌍둥이조차도 외부 환경의 요인에 따라 천지 차이로 다르게 성장할 수 있다. 그렇다면 내가 이 세상을 살며 원하는 '단 하나의 꿈'을 이루려면 어떻게 해야 할까?

답은 간단하다. 우선 정확한 그 꿈을 찾고자 방향을 잡아가는 것이다. 오직 '나여야만' 하는 꿈을 찾기란 사실 굉장히 어렵다. 이 세상엔 '내가 아니어도' 되는 일들로 가득하기 때문이다.

당신이 지금 하는 일이 과연 당신이어야만 하는 일인가? 그렇지 않다고 해도 좌절할 필요는 없다. 내가 원하는 '나만의 꿈'을 찾아 그 일을 한다는 것이 꼭 이 세상에서 유일한 일이라는 뜻은 아니다. 꼭 누군가의 생명을 살리는 일을 해야만 가치 있는 삶은 아니다. 거룩하고 인류애적인 일이 아니더라도 세상에서 나를 보람차게 만들어주는 일은 수없이 많다. 여기서 우리는 '꿈'에 대해 한 가지 정의를 내릴 수 있다.

'꿈'의 사전적 의미는 '실현하고 싶은 희망이나 이상'이다. 다소 실현이 어렵다는 생각이 들더라도 본인 스스로 이루고 싶은 욕구가 생기는 무언가다. 그렇다면 꿈을 이렇게 정의해보는 것은 어떨까? 내가 세상을 살아가며 오늘 하루 참 보람찬 하루를 보냈다고 뿌듯한 기분을 들게 해주는 일.

사실 어떠한 정의가 옳고 어떠한 정의가 틀린 것은 아니다. 다만 꿈이라는 것을 실현할 수 없는 이상이라고 단정 짓는 순간, 꿈은 머나먼 세계의 이야기가 되어버린다. 그렇기에 당장은 이루기 어려운 모습을 바라며 하루하루 정진해가는 것도 좋지만, 하루를 돌아볼 때 값지다는 생각이 드는 일을 찾는 것도 좋은 방법이다. 이 또한 와닿지 않는다면 하루를 '하나의 점'으로 생각하는 훈련을 반복해보자.

어떤 방식으로든 오늘 하루는 지나가기 마련이다. 오늘 하루가 당신의 인생에서 정말 힘든 하루일 수도, 참으로 행복한 하루일 수도 있다. 반복되는 일상에 지루한 하루일 수도, 새로운 만남과 경험으로 흥분되는 하루일 수도 있다. 결국 모든 하루는 흘러간다. 정말 보잘것없이 반복되는 하루하루에서 얼마나 내가 원하는 일을 찾고자 노력했는지 생각해보자.

누구라도 꿈이 없고 목표가 없는 사람은 하루의 의미를 제대로 찾을 수 없다. 같은 일상 속에 시간은 흐르지만, 자신이 추구하는 무언가가 전혀 없이 말 그대로 그냥 시간이 흐른 것에 불과하다. 이렇게 흐르는 시간은 밤새도록 친구들과 술 마시며 노래 부르는 유흥의 삶보다도 의미가 없다. 무언가 추구하는 바가 없이 시간을 죽이는 행위는 차라리 쾌락 추구에 빠진 삶에도 미치지 못하는 죽은 삶인 것이다.

이제 '하루를 보낸다'는 뜻을 하루의 시간 동안 '의도를 가지고 의식적으로 무언가를 추구하는 것'이라고 정의해보자. 이렇게 '무언가를 추구하는 것'은 하나의 점을 찍는 것이고, 아무런 의도 없이 무의식적으로 하루를 보낸다는 것은 점을 찍지 않은 것이다.

감이 오는가? 인간은 의식을 가지고 판단을 내리는 사회적 동물이다. 당신은 오늘 하루 영업 서비스직에 종사하며 몇 명의 사람과 만나 관계를 맺고, '의도적인' 영업 행위를 통해 결과물을 만들어냈을 수 있다. 또 당신은 미래의 법률가가 된 자신의 모습을 상상하며 '의도적으로' 가기 싫은 독서실로 이동해 두꺼운 책을 공부했을 수도 있다. 별다른 의도 없이 몸과 마음이 이끌리는 대로 하루를 보냈다면 의미 있는 점을 찍을 수 없다. 꼭 온 종일 공부나 하고 싶지 않은 일을 해야만 '점'을 찍을 수 있는 것은 아니다. 같은 하루를 보내더라도 전혀 새로운 시각으로 사물을 바라보며 새로움을 깨우치는 것도 나만의 점찍기가 될 수 있다.

영업이 이처럼 새로운 점을 찍어나가기 좋은 이유는 끊임없이 새로운 관계와 견해를 마주치기 때문이다. 누구든 대신할 수 있는 단순업무는 나 자신도 언젠가 대체될 수 있다는 불안감을 줄 뿐만 아니라 보람을 느끼기도 쉽지 않다.

한 분야에서 성공했다고 일컫는 연사의 연설이나 강연을 찾으며 멘토를 찾는 것도 새로운 자극, 즉 새로운 점을 찍고자 하는 니즈이다. 당신의 가치관에 중요한 영향을 끼치는 것들을 찾다보면 당신이라는 도화지에 그만큼 많은 점들이 찍히게 된다.

예컨대 필자처럼 희귀병을 겪으며 중요한 다짐을 하게 되었다면 이것이 그날 하루의 중요한 점이다. 필자는 이후 포털 사이트 카페 커뮤니티를 운영하는 경험을 통해 새로운 점을 찍었다. 그렇게 마케팅 직무로 커다란 방향을 잡고 세 번의 인턴을 거쳐 결국 영업으로 길을 찾게 됐다. 그 사이 있었던 모든 하루하루가 필자에게는 '나'라는 사람을 찾게 해주는 연결 점이 된 것이다.

이 점들은 서로 멀리 떨어져 있지 않다. 시간은 연속성을 갖기 때문에 오늘 내가 한 행동과 이뤄낸 결과물은 누적되고 이어져 선이 된다. 한 방향으로 나아가 직선이 될 수도, 곡선이 될 수도 있다. 그리고 이 모든 것들이 당신이 원하는 하나의 꿈을 중심으로 원 모양을 이루게 된다. 직선이나 곡선, 원이라고 부르는 것들은 모두 추상적인 의미이기 때문에 그것이 상징하는 바만 명확히 깨달으면 된다.

의자에 앉아 눈을 감고 자신의 꿈이 무엇인지 일말의 고민 없이 말할 수 있는 사람은 그리 많지 않다. 우선 하루를 하나의 점으로 생각하고 의식적으로 새로운 경험을 하는 데 투자해보자. 하루 동안 당신의 오감으로 보고 느낄 수 있는 세계는 좁기 때문에 여행을 떠나는 것도 좋지만 책을 통해 간접 경험을 하거나 새로운 사람과 대화를 하며 세계관을 넓히는 방법을 추천한다.

무의식적으로 의미 없는 하루를 보낸 것이 아니라면 잠자리에 들기 전에 오늘 하루 동안 느끼고 경험한 바를 한 줄로 정리해보자. 이렇게 적은 한 줄이 진짜로 한 줄로 끝나면 별 볼 일 없겠지만, 한 페이지가 되고, 한 권이 되는 과정에서 당신의 가치관과 세상이 만들어진다. 점들이 모여 원이 되는 과정이다. 이런 과정을 거쳐야만 눈을 감고 앉아서 스스로에게 자신이 하고자 하는 바가 무엇인지, 꿈이 무엇인지 자문했을 때 단번에 답이 나오진 않더라도 방향을 잡아갈 수 있다.

인생은 속도가 아니라 방향이다. 누구나 동의하는 말이지만 스스로 100% 납득할 만큼 확고한 하나의 큰 꿈으로 발전시키기는 말처럼 쉽지 않다. 다른 사람들, 특히 대중이 몰려가는 대로 따라가려는 생각은 결코 깊게 고민한 내 꿈이 될 수 없다. 여기서 하루하루 나의 점들을 찍어가며 원을 그릴 때 꼭 한 줄로 설명할 수 있는 꿈이어야 하는가에 대해서는 고민에 빠질 수 있다. 꼭 그렇지는 않다. 열 살 적에 하고 싶은 일을 지금도 일관되게 꿈꿔야 하는 것은 아니다. 더구나 지금은 100세 시대가 아닌가. 한 가지 좋은 방법은, 10년 단위로 로드맵을 만드는 것이다.

한 가지 꿈만 꾸기엔 우리에게 주어진 인생이 너무나 길다. 목표와 달리 평생을 갈구한다고 해도 꿈은 결코 완성되거나 종착지가 있는 것이 아니다. 그렇기 때문에 평생을 관통하는 큰 방향을 가지되, 십년 단위로 이루고자 하는 작은 꿈들을 만들어보길 권한다.

어떤 방식이라도 좋다. 당신이 납득할 수 있고 실천할 수 있는 방법이 가장 좋다. 막막하겠지만 일생일대의 고민을 하는 것처럼 어렵게 고민할 필요는 없다. 당장 정답을 내놓아야만 살아갈 수 있는 것이 아니라 하루하루 나를 살아 있게 만들어주는 일을 찾되 시간이 지나면서 끊임없이 수정할 수 있다.

달라진 꿈 중에는 오래 전부터 관심이 있었지만 실행에 옮기지 못했던 것도 있고, 이전에는 몰랐지만 시간이 가면서 자주 생각나는 것도 있다. 가보지 않으면 알 수 없는데, 당신 앞에 놓인 수많은 갈림길이 막다른 길인지 낭떠러지인지 일단 가보지 않으면 알 수 없다. 중간에 방향을 바꿀 수도 있고 뒤로 한참을 되돌아가야 할 수도 있다. 하다못해 자동차에 장착된 네비게이션도 일정 시간마다 업데이트를 해주어야 운전하는 데 지장이 없는데, 하물며 그 누구도 아닌 나의 인생길을 가는 데 인생의 방향에 대한 일말의 고민도 없이 하루를 보낸다는 것은 눈을 가리고 길을 걷는 것과 같다.

새로운 사람을 만나서 혹은 처음부터 새로운 장소나 문화를 접함으로써 안목을 넓힐 수도 있다. 인생을 통틀어, 아니 적어도 십 년 단위의 로드맵을 만들 수 있는 역량을 기르기 위해선 부지런히 시대의 변화를 읽고 또 고민해야 한다. 예로부터 지피지기면 백전백승이라 했다. 너무도 익숙하고 식상한 말이지만 그 의미에 대해 다시 짚어볼 필요가 있다.

나만 알아서도 부족함이 있고 나를 둘러싼 세계만 알아서도 소용이 없다. 매일매일 당신 자신에 대한 충분한 성찰과 시대를 바라보는 힘을 동시에 길러야만 백전백승할 수 있다.

적당히 고민하는 척하는 하루는 결코 '점을 찍었다'고 표현할 수 없다. 맑은 정신으로 선명하게 꾸는 꿈이 하루를 값지게 만들고, 그런 하루하루가 수없이 모여 어떤 모양을 이룰 때 비로소 내가 되는 것이다.

옳은지 그른지 지나치게 오랫동안 고민하며 시간을 빼앗기지 말자. 십년이면 업을 이루는 데 있어 전문가가 되기 충분한 시간이다. 당신의 꿈을 이루기 충분한 시간이다. 이 꿈은 절대적인 것이 아니다. 비교할 필요도, 할 수도 없다. 더 이상 다른 사람들의 기준과 잣대에 당신의 꿈을 우겨넣지 말자. 단 하루를 살아도 의미 있고 값진 점을 찍자.

3

세상의 정답 속에서
내 길을 찾다

어떻게 하면 성공할 수 있을까? 무엇을 성공으로 볼 것인지에 대해서는 의견이 나뉘지만, 이 막연하고 간단한 질문에 대한 답을 찾고자 수많은 사람이 간절히 노력하고 있다.

이 세상에는 지금까지 자신의 꿈이 싫어서 꿈을 이루지 않는 사람은 없다. 누군들 값지고 의미 있는 삶을 살고 싶지 않을까. 누군들 꿈을 갖고 싶어 하지 않는 사람이 있을까.

우리는 종종 무엇을 쫓아야 하는지 몰라서, 혹은 아무리 노력해도 이 세상에서 나 혼자 버려진 것만 같은 기분이 들어서 무기력해진다. 그럴 때는 무언가 인생의 전환점을 찾고자, 시야를 넓히고자 하는 마음으로 서점에서 책을 보고 유명인사의 강연을 찾아듣곤 한다.

그러한 책이나 강연을 보면, 소위 성공한 사람들이 자신의 '성공 방법'에 대해 다양한 정답을 이야기하는 것을 알 수 있다. 하지만 핵심 내용은 대체로 멘토를 만들고 성실히 끊임없이 노력하며, 목표를 향해 정진하라는 이야기이다. 무엇하나 틀린 말이 아니다. 하지만 진정으로 마음이 동하지 않는 조언은 무미건조하게 들릴 뿐만 아니라 뻔한 말처럼 들리기 때문에 의미 전달이 반감된다. 바꿔 말하면, 아무리 인생에 피와 살이 되는 말도 받아들이는 사람이 한 귀로 듣고 한 귀로 흘려버리면 의미가 없게 된다. 누구나 알만한 동기부여 전문가의 코칭을 받거나 완벽한 계획 수립 방법을 전수받는다 하더라도 온 마음을 다해 내 것으로 만들지 않으면 아무 소용이 없다.

당신이 어떤 분야의 전문가가 되기 위해서는 누군가의 조언을 듣고 마음속으로 깊이 새기는 것도 필요하지만 그보다는 스스로 다음과 같은 다섯 가지 역량을 길러야 한다. 그 역량을 키워드만으로 정리하면, 첫째는 집중할 수 있는 몰입력, 둘째는 독서를 통한 사고력, 셋째는 사색을 통해 얻은 결론을 실천하는 능력, 넷째는 조직 속에서 관계를 쌓아가는 설득력이고, 마지막으로 목표를 체계적으로 관리하는 목표관리 능력이다. 이 다섯 가지 역량은 특히 다른 연령층보다 사회에 첫발을 내딛는 20, 30대 젊은이가 길러야 하는 역량이다.

그러기 위해서는 우선 책을 많이 읽고 다양한 사람들과 어울리며 세상을 바라보는 시야를 넓혀야 한다. 그리고 이루고자 하는 꿈에 대해 구체적인 목표를 세우고 체계적으로 관리하며, 중간중간 작은 목표지점에 다다르는 경험을 통해 점점 몰입해가도록 하자. 이것은 영업뿐 아니라 새로 발을 내딛는 어떠한 분야에서도 적용이 가능하다.

하지만 이렇게 정리된 내용에 대해서도 정말 자신에 대한 신뢰를 가지고 시작해보는 사람이 있는가 하면, 뻔한 소리로 치부해버리며 거절하는 사람이 있다. 아무리 좋은 뜻을 가진 고급의 잠언도 그 글귀에 진심으로 마음이 동해 내 것으로 체화되어야 비로소 그 의미를 이해하고 실행에 옮길 수 있다.

지금 바로 서점으로 달려가 자기계발서 코너에서 '성공'을 주제로 읽고 싶은 책 열 권을 골라보자. 각기 다른 제목으로 유명한 저자의 책이 포함될 수도 있고 유명하진 않아도 한 번 읽어보고 싶은 마음이 드는 책도 있을 수 있다. 그렇게 고른 성공에 대한 열 권의 책을 모두 읽어보면 놀랍게도 결국은 같은 주제를 강조하고 있음을 알 수 있다.

책뿐만 아니라 성공학 강의도 마찬가지다. 유명인사의 강연을 들어도 그들의 경험이 다를뿐, 역시 같은 맥락을 이야기하고 있다. 그렇게 요점은 하나로 통한다.

공신(공부의 신)으로 널리 알려진 강성태는 이런 상황에 꼭 맞는 명언을 남겼다. "여러분은 공부를 안 해요, 공부를 안 한다고." 공부를 잘하고 싶어 공부 잘하는 방법을 찾고 있는 학생들의 가장 큰 문제가 바로 '공부를 안 한다는 것'이라니 이 얼마나 역설적인가.

비단 공부 말고, 영업을 잘하는 방법이나 살 빼는 방법, 돈을 모아 부자 되는 방법도 같은 맥락이다. 제품에 빠삭하고 고객을 친절히 상담하면 자연히 판매실적은 올라간다. 조금 덜 먹고 운동량을 늘리면 다이어트에 성공할 수 있다. 지출을 줄이고 수입을 늘리면 부자가 될 수 있다. 문제는 그 사실을 안다고 다 이룰 수 없다는 것이다. 정답이라 불리는 방법은 이미 널리 알려져 있다. 그중에서 진짜 내 것으로 만들고 내 길을 찾아나서느냐 그렇지 않느냐가 중요한 것이다.

성공에 대한 수십, 수백 가지 방법을 일일이 찾아서 배워야만 성공할 수 있는 것은 아니다. 반복되는 일상에서 나의 의식을 깨우고 내 마음에 새겨둘, 나를 움직이게 하는 한 마디면 충분하다. 내가 그 일을 해야만 하는 이유는 한 가지면 차고 넘친다.

필자는 강직성 척추염이라는 희귀병을 계기로, 이제부터는 하고 싶지 않은 일을 억지로 하지 말자고 다짐하게 되었다. 그 한 가지면 충분하다. 건강을 잃으면 아무 소용없다는 단순한 진리를 직접 겪고 나니 세상의 기준에 맞춰 살기 위해 노력하던 내 자신이 부끄러워졌다.

사실 당신이 가고자 하는 길은 명확하다. 그 누구도 아닌 당신 안에 답이 있다. 다른 누군가에게 어떻게 살아야 할지를 묻거나 대다수가 가는 길이 안전하다고 믿는 것은 내 안의 나를 충분히 찾지 못했기 때문이다.

그렇다면 어떻게 내 안의 나를 찾고, 사람들에게 알려진 답들 중에서 내 길이라 믿을 수 있는 길을 찾아서 걸어갈 수 있을까? 필자는 세 가지 방법을 통해 길을 찾아갔다.

첫 번째, 백 마디 좋은 말보다 나를 움직이는 하나의 격언을 가슴 속에 새기자.

내가 가슴 속에 새긴 격언은 다음과 같다.

"언젠가는 죽는다는 사실을 기억하라, 그럼 아무것도 잃을 것이 없다. 정말로 만족할 수 있는 한 가지 방법은 내가 위대한 일이라고 믿는 일을 하는 것이고, 위대한 일을 할 수 있는 유일한 길은 내가 사랑하는 일을 하는 것이다." 스티브 잡스가 스탠포드 대학 졸업식 축사에서 한 이 말은 외우려고 해서 외운 것이 아니다. 이 말의 포인트는 딱 하나다. 내가 삶을 살아가며 수많은 선택의 기로에 놓이고 목표와 꿈을 쫓을 때 판단의 기준이 되는 한 마디를 가슴 속에 새겨두는 것이다.

이 세상에 좋은 말은 널리고 널렸지만, 그 말대로 행하지 않으면 아무 의미가 없다. 여러 가지일 필요도 없다. 어떤 때는 어떤 기준, 언제는 또 다른 기준을 적용하면 머릿속이 혼란스러울 뿐만 아니라 집중도도 떨어진다.

필자의 경우에는 죽을 만큼 아프고 힘들었던 병상에서의 기억을 기준으로 더 이상 잃을 게 없다는 생각을 하게 되었다. 그리고 내게 남은 시간 동안, 내가 만족할 수 있는 유일한 길은 내가 사랑하는 일을 해야만 의미가 있다고 믿게 되었다. 그 일이란 당장 100억 원을 잃는다 해도 이 일만큼은 꼭 해야겠다는 생각이 들 만큼 사랑하는 일이다. 예컨대, 누군가 주식으로 수십억 원을 벌었다고 하는 자랑이 나에게는 전혀 부럽지 않은 나만의 길인 것이다.

꼭 필자와 같은 생각을 가져야 하는 것은 아니다. 이는 부와 명예 등으로는 대신할 수 없는 숭고한 믿음으로 하나의 사례에 불과할 뿐이다. 중요한 것은 당신의 마음을 움직이는 한 마디다. 명언 모음집에서 슥 보고 이 말 좋네라며 스쳐 지나가는 말이나 하루 이틀 반짝하는 말이 아니라 평생을 담아둘 당신만의 의지이다. 이것은 누군가 정해주는 것이 아니기에 이를 찾기 위해 부단히 노력해야 한다.

두 번째, 꿈의 달성에 가장 가까워지는 순간은 꿈을 향해 걷고 있을 때라는 점을 기억하자.

나만의 길을 걷는다는 것의 대전제는 바로 일단 길을 걷는다는 것이다. 당신이라는 도화지에 그림을 그리기 위해선 눈에 보이지 않는 수없이 작은 점들, 즉 하루하루가 모여서 그림이 완성된다. 어떤 모양의 명화가 탄생할지 모르지만, 하루하루 값진 경험들로 채워 나갈 때 꿈의 성취에 가장 가까워진 순간이라는 점을 명심하자.

당신이 만약 자동차 영업사원으로 전국 판매왕이 되었다고 가정해보자. 모르는 누군가가 당신을 처음 마주쳤다면 그는 당신의 현재 모습만을 볼 뿐 그동안 당신이 지금의 모습이 되기까지 얼마나 많은 고난과 역경을 겪었는지 알 수 없다.

당신의 영업이 와 닿지 않는다면 자동차를 사기 위해 매장을 방문했거나 혼수 및 입주 박람회, 부동산 구입처럼 커다란 비용을 쓰기 위해 상대방 영업사원을 만났다고 상상해보자. 그 영업사원이 일을 시작한 지 얼마 안 된 생초보인지 십수년 이상의 경력을 가진 베테랑인지는 굳이 설명을 듣지 않아도 피부로 느낄 것이다. 한 번의 만남, 한 건의 계약, 하루가 보잘것없어 보여도, 이것이 바로 꿈의 성취에 다가가는 과정이며, 그 순간이 당신의 최종목표에 가장 가까운 지점이다.

4년 전, 페이스북에서 국내 넘버원 1인 가구 및 자취 커뮤니티 플랫폼을 만들겠다고 다짐한 당찬 20대가 있었다. 지금은 90만 팔로워를 거느린 '자취생으로 살아남기' 페이스북 페이지 운영자이자 소셜커머스, 유투브 등으로 사업을 확장해가고 있는 '노잉커뮤니케이션즈' 허지웅, 소현민 대표의 이야기이다.

　그로부터 많은 시간이 흘렀고, 그때 만든 브랜드는 1인 가구의 핵심 아이콘으로 성장했지만 그는 여전히 20대다. 그와 함께 처음 페이스북 페이지를 만들던 당시도 페이스북 채널은 과포화 상태이며 더 이상 새로운 고객의 유입은 없을 것이라는 인식이 팽배해 있었다. 1만 명, 10만 명, 20만 명이 넘는 회원이 단순 광고성 콘텐츠가 아닌 '집 떠난 자취생의 안식처'라는 콘셉트에 매료되기 시작했다. 모두가 페이스북은 끝났다고 했지만, 오히려 그는 페이스북을 시작으로 영상플랫폼, 소셜커머스, 오프라인 등으로 활동 영역을 넓혀나가며 한 걸음씩 꿈을 향해 나아가고 있다. 처음부터 그만이 할 수 있는 전문역량을 가지고 있어서라기보다는, 자기 꿈에 확신을 갖고 콘텐츠 하나를 제작해도 공들여 한 걸음씩 꿈에 다가선 것이 성공의 원인이다. 웅장한 그림도 붓질 하나에서 시작됐고 만리장성도 한 개의 주춧돌을 쌓는 것에서 시작됐다.

　내 길을 찾는 세 번째 방법은 성공과 성장의 선순환 사이클을 타는 것이다.

　성공하기 위해선 성장해야 하고 성장하기 위해선 성공해야 하는 듯 보이지만 실은 그렇지 않다. 성공과 성장 사이의 '밸런싱'이 필요하다. 20대에는 성공이 아닌 성장에 무게를 두는 것이 좋다.

맹목적으로 성공만을 추구하면 빨리 갈 수는 있겠지만 성장을 추구하면 더 멀리 갈 수 있다.

성공하고 싶은 이유는 제각기 다르지만 행복하고자 성공을 꿈꾸는 사람은 많을 것이다. 하지만 이렇게 성공에 과 몰입하면 어느 순간 성공만을 외치는 내 자신이 마냥 행복하지는 않다는 생각이 들게 된다. 이럴 때일수록 내가 생각하는 성공의 본질이 무엇인지, 행복의 근거는 무엇인지 고민하는 시간이 필요하다. 그리고 행복하고 또 성공하기 위해선 성공과 성장을 같은 방향이 아닌 다른 방향의 개념으로 이해해보자.

성공이 결과라면 성장은 과정이다. 수단과 방법을 가리지 않고 성공만이 전부라고 생각하면 그 결과는 왜곡될 수 있다.

하지만 성장을 통한 성공은 다르다. 얼마나 힘들고 시간이 걸릴지 모르지만 진정한 성공은 지속적인 성장을 통해 가능하다. 사실 필자는 여기서 이 둘을 굳이 구분하고 있지만, 이 둘은 서로 독립적인 개념이 아니다.

아직 나를 나타낼 수 있는 무언가 한 방이 없다면 우선은 성장에 초점을 두는 것이 옳다. 성장은 그것으로 그치는 것이 아니라, 성장의 결과가 바로 성공이다. 따라서 무작정 성공을 부르짖는 것보다 성장하면 필연적으로 성공이 따라온다고 생각하는 편이 낫다.

무언가 작은 성공을 자주 경험하게 되면 이전에는 보이지 않던

가능성을 볼 수 있게 된다. 마치 지금 자리에서는 지평선 너머가 보이지 않지만, 지평선까지 가보면 그 너머가 보이는 것과 같다. 이렇게 성공이 성장을 이끌고 성장이 다시 성공을 이끌어내는 선순환이 반복되는 것이다. 이 단계 중간 어디에도 잘못된 방향이란 존재하지 않는다.

내가 가는 길이 그저 내 길일 뿐, 다른 이들의 잣대로 내 삶을 평가히지 말자. 오직 나만의 철학과 같은 격언을 마음 속에 새기고 묵묵히 내 길을 가도록 하자.

자존감과 미소를 가진
사람은 멀리 간다

원하든 원치 않던 오늘도 어김없이 시간은 흐른다. 그 시간은 활용하기에 따라 아무런 의미 없이 흘러갈 수도 있고 그 어떤 날보다 값진 하루가 될 수도 있다. 무언가 인생의 방향을 고민하고 자신을 발전시키는 하루를 보낼 수도 있는가 하면 타성에 젖어 무의미한 하루가 지나갔을 수도 있다.

목표, 혹은 꿈이 없는 사람과 생각만 하는 사람, 그리고 그 꿈을 이루는 사람을 두고 보면 이들 사이에는 몇 가지 차이점이 있다. 그중 가장 큰 차이는 내가 그 꿈을 이룰 것이라는 자기확신을 가지고 있는지 없는지의 차이이다. 목표를 이루기 위해 노력하면서 그 목표를 이룰 수 있을지에 대한 믿음이 없다니 언뜻 생각하면 잘 이해가 가지 않는다. 하지만 내가 성공할 수 있을 것이라는 믿음이 있는 사람은 놀랍게도 많지 않다. 목표를 이루기 위해 노력하면서 정말 할 수 있을지 확신이 없다니 의외라는 생각이 들지만, 이는 작은 성공이라도 경험이 없으면 당연한 일이다.

무엇이라도 한 번 두 번 해보면 자신감이 붙기 마련이지만 누구라도 한 번도 해보지 않은 일은 겁이 나기 마련이다. 최근에는 언젠가부터 '자존감을 갖자', '자기 긍정하기', '자기 확신'이라는 말을 쉽게 들을 수 있다. 하지만 안타깝게도 머리로는 아무리 자존감에 대해 알고 있을지라도 현실에서는 마음먹은 대로 자존감이 불쑥 생기지 않는다. 특히 다른 사람의 시선이나 반응을 하나하나 신경 쓰거나 정말 작은 일조차 제대로 감당하지 못할 만큼 자존감이 떨어져 있는 사람들의 기분은 경험해보지 못한 사람은 이해할 수 없다. 이런 사람들에게 고(故) 정주영 현대그룹 명예회장의 유명한 말 "해보기나 해봤어?"는 정말이지 실천하기 힘든 말이다.

내 적성과 커리어, 즉 내 길을 찾아가는 데 갑자기 뜬금없는 자존감에 대해 이야기하니 잘 이해가 가지 않을 수도 있다. 하지만 눈에 보이지는 않지만 자존감은 성공을 향해 노력에 굉장히 중요한 요소로 자신감과는 또 다른 의미다.

현대 사회에서 남의 눈을 의식하지 않기란 결코 쉽지 않다. 소셜 서비스로 연결되면 우선 친구 '숫자'가 눈에 보이고, 내가 단 코멘트에는 마치 옆에서 기다렸다는 것처럼 즉각 댓글이 달리며 서로 반응하고 표현하는 세상이다. 기나긴 과거 세대에는 존재하지 않던 새로운 형태의 커뮤니케이션 공간이 생긴 셈이다. 이처럼 편리하게 사람과 사람을 이어주는 창구가 생긴 반면 그만큼 타인과의 거리 유지도 중요해지고 있다. 이러한 심리적인 요인의 변화뿐만 아니라 고용체계 역시 불안해지면서 미래 사회가 불안정하게 변하고 있다.

이런 사회 구조적인 배경 속에서 '나의 심지'를 갖고 살 수 있는 능력이야말로 내 길을 찾아 걸을 수 있는 확실한 방법이다. 매일 내 길을 찾고자 아무리 노력해도 갈수록 길은 어두워지고 주위에선 그 길을 가면 안 된다고 속삭인다. 당신이 아무리 노래를 좋아해도 그 일로는 먹고 살 수 없다고 말하고 당신이 아무리 춤추는 것을 좋아해도 그 일로 가정을 꾸려나갈 수는 없다고 말한다. 이때 어떤 길이 맞는지 옳은 방향을 제시하는 마음의 등대가 바로 '자존감'이다. 자존감이란 당신만의 길을 찾아가기 위한 중요한 길잡이이자 당신의 주장에 힘을 실어줄 둘도 없는 친구다.

자존감은 작지만 반복적인 성공의 경험들로 자라난다. 이뤄내고 성공해봐야 내가 해낼 수 있다는 나의 믿음, 즉 자신감도 생긴다.

이를 경험할 수 있는 가장 좋은 방법은 운동이다. 건강을 돌본다고 생각할 수도 있지만, 그보다는 매일 꾸준히 반복하는 성공의 경험을 체험하는 것이다. 운동을 통해 변화되는 내 모습을 보면 자존감이 오를 뿐만 아니라 자신이 하루치 목표량을 달성하는 경험을 꾸준히 쌓을 수 있다.

내가 어떤 일을 해야 할지, 잘하는 일도 좋아하는 일이 무엇인지도 모르겠고 근본적으로 잘 할 수 있을지 모르겠다면 큰 목표부터 꿈꾸지 말고 오늘 하루, 노력해서 가시적인 성취를 이뤄보자. 이렇게 쌓인 자존감은 당신이 어떤 길을 가더라도 두고두고 당신 편이 되어줄 것이다.

당신이 오래도록 당신의 길을 걷고자 할 때 중요한 동반자가 하나 더 있다. 누가 뭐라고 해도 당신을 지지해줄 '자존감'과 더불어 바로 당신 옆에서 당신을 응원해줄 '친구들'이다. 이때 친구는 이성친구가 될 수도 있고 가족이 될 수도 있으며, 선후배, 멘토도 될 수 있다. 10년 단위로 집중할 목표도 있지만 일평생을 살아가며 함께 어울릴 사람들이 있다.

평생을 노력해 꿈을 이루더라도 그 옆에 아무도 없다면 어떤 기분일까? 반대로 당장 꿈을 이루진 못했지만 옆에 나를 믿고 응원해주는 사람들이 있다면 어떨까? 필자는 하나를 선택할 수 있다면 먼 미래에 아무도 없이 혼자 꿈을 이루는 것보다는 당장 이룬 것은 없어도 나를 믿어주는 사람과 함께 하는 길을 택하겠다.

혼자 꾸는 꿈보다는 함께 꾸는 꿈이 더 행복하고 더 빨리 이룰 수 있다. 다이어트를 하거나 글을 써서 책을 한 권 출판하는 것이 목표라고 가정해도 그렇다. 창피해서 혹은 소중해서, 여러 이유로 혼자만 간직할 수도 있지만, 병에 걸려도 혼자만 알고 있으면 병이 악화되는 것과 같이 꿈도 널리 알릴수록 이루는 속도도 빨라지는 법이다.

혼자서 꿈을 꾸며 자신감과 자존감만 있으면 꿈의 성취를 향해 꾸준히 나아갈 수는 있지만, 다른 사람들과 그 꿈을 공유하고 함께 하는 순간 그 꿈을 포기할 수 없는 강제력이 생긴다. 많은 사람이 꿈을 갖고 있지만, 그 꿈을 다른 사람에게 알리기 꺼리는 경향이 있다. 혼자만의 힘으로 꿈을 이루고 싶어서일 수도 있지만, 그보다는 자신이 이루어낼 수 있을지에 대한 확신이 없기 때문인 경우가 더 많다. 그럴수록 주위에 나를 응원해주는 아군을 많이 만들어야 한다.

인간은 본디 새로운 변화를 거부하고 같은 일상을 반복할 때 안정감을 느끼는 경향이 있다. 그렇기 때문에 단기간에 집중해서 어떤 목표를 이루고자 할 때에는 계획을 정교하게 세우고 몰입해 실행하면 되지만, 오래 그리고 멀리 가고자 할 때는 응원군을 만들어야 한다. 이는 내가 그들로부터 도움을 받는다는 뜻이기도 하지만 반대로 나 역시 언제든 그들을 도울 준비가 되어 있음을 의미한다. 나의 성공을 위해 타인을 이용하는 의미와는 전혀 다른 뜻이다.

내 인생의 점을 찍어나가는 과정에서 그 방향은 바뀔 수 있지만 나를 믿고 도와주는 사람은 변하지 않는다. 이런 친구들은 당장 눈에 보이는 도움을 주지 않는다 하더라도 존재만으로 큰 의지가 된다.

　그렇다면 어떻게 이런 친구들을 곁에 둘 수 있을까? 학창 시절을 떠올려보면 성적과는 관계없이 유독 아이들이 믿고 따르는 친구들이 있었다. 특별히 호감형의 외모가 아닌데도 늘 친구들이 좋아하는 사람들에게는 한 가지 공통점이 있다. 언제나 상대방을 향해 웃어준다는 것이다. 그래서 그 친구 곁에 가면, 왠지 모르게 기분이 좋고 계속 이끌리게 된다.

　그들은 자신의 이익을 바라지 않고 가진 것을 아낌없이 준다. 자기중심적인 사고를 가진 사람들은 실리를 추구하기 때문에 선택을 내리기 전에 자신에게 이득인지 아닌지를 계산하는 반면 남에게 베푸는 것이 습관이 된 사람들은 그런 셈에 연연해하지 않는다. 사람들은 통상 내 것을 주면 그만큼 내가 가진 것이 줄기 때문에 손해라고 생각하지만 실상은 그렇지 않다. 내가 이만큼 주었으니 너도 내게 최소한 이만큼은 베풀어야 한다는 생각과는 다르다. 애초에 받을 것을 기대하고 주는 것이 아니기 때문이다.

　베푸는 행위가 몸에 밴 사람들은 단기적으로는 손해처럼 보여도 결국 남을 위하는 순수하고 진심어린 그 마음 덕분에 그가 인생길을 찾아나가는 동안 일생에 걸쳐 도움을 받는다. 다만 무엇을 어떤 방식으로 되돌려 받을지 눈에 보이지 않을 뿐이지 그들은 사람이라는 귀중한 자산을 얻은 것이다.

'말이 고마우면 비지 사러 갔다가 두부 사온다.'는 옛말이 있다. '천 냥 빚도 말 한 마디로 갚는다.'고 할 만큼 사람 사이에는 신뢰와 말 한 마디의 힘이 크다. 꼭 눈에 보이는 무언가를 주어야만 하는 것은 아니다. 사람의 마음을 움직이는 가장 쉬운 방법은 바로 그에게 웃어주는 것이다. 웃음을 주는 것은 호의를 표현하는 가장 직접적인 방법으로, 말하지 않아도 상대방이 내게 어떤 감정을 가지고 있는지 직관적으로 느낄 수 있다. 미소를 머금고 있는 사람은 늘 그를 따르는 사람들로 가득하다. 그 사람 주위에 가면 기분이 좋아지고 나도 자연스레 미소를 띠게 되기 때문이다.

삼성 디지털프라자 가전제품 매장에서 근무했을 때 일이다. 모든 일이 그렇지만 일반 로드샵에서 근무할 때는 근무 시간부터 영업 활동, 재고관리까지 어느 것 하나 쉬운 일이 없다. 사람을 대하는 일이 기본인 만큼 사람으로 인해 받는 스트레스도 많고, 제품도 금액대가 큰 고관여상품인 만큼 상담할 때마다 긴장의 끈을 놓을 수 없다. 아무리 베테랑이라 할지라도 사람 관계라는 것이 한 번의 실수로 신뢰를 잃을 수 있기 때문에, 모든 만남의 순간에 최선을 다해야 한다.

이런 영업현장에서 유독 힘든 내색 없이 항상 웃는 얼굴의 신입사원이 있었다. 힘든 상황에도 군소리 한번 없이 긍정의 에너지를 내뿜는 그를 싫어할 사람은 아무도 없었다. 기운을 북돋는 모습을 보면 하나라도 더 가르쳐주고 싶어지고, 누가 말하지 않아도 이 친구가 내 옆에 있으면 편하다.

같이 근무하는 동료뿐만 아니라 고객도 마찬가지다. 거짓이 아니라 진심을 다하는 미소는 고객에게도 그 마음이 전달된다. 고객도 자연스레 편안함을 느끼고 판매사원의 말에 믿음과 진정성을 갖게 되고 구매율도 올라가게 된다. 또한 영업을 하는 입장에서도 고객이 적극적으로 이야기하고 웃으며 반응을 보이면 설명하는 입장에서도 신이 난다. 영업뿐만 아니라 모든 관계가 그렇다.

만약 당신이 오래도록 당신만의 길을 찾아 걷고자 할 때, 자존감이 충만할 뿐만 아니라 이처럼 항상 미소를 머금은 사람은 그 길을 멀리갈 수 있다. 모든 사람이 태생적으로 타인에게 친절하면 좋겠지만 다른 사람들에게 기본적으로 호감을 가진다는 게 말처럼 쉽지 않다. 나를 좋아하고 사랑할 수 있어야 다른 사람에게도 사랑을 줄 수 있다.

평소에 미소 짓는 습관이 되지 않은 사람이 하루아침에 싱글벙글 웃기란 불가능에 가깝다. 다른 사람과 어울리고 웃어주는 경험이 부족해 웃을 때의 어색함을 이겨낼 수 있는 방법은 아이러니하지만 더 많은 사람과 만나는 것이다. 그중에는 당신보다 더 무뚝뚝한 사람도 있고, 정말 쾌활한 사람이 있다. 보다 많은 만남을 통해, 단지 학창 시절에 학교에서 만나던 친구들이 아니라, 다양한 니즈를 가진, 전혀 다른 생각을 가진 사람들을 만나면서 그들과 어울리는 것이다.

당신만의 길을 찾아 꿋꿋이 가고 싶다면 몰입, 독서, 실행, 관계, 목표의 5대 기본기는 필수적으로 다져야 한다. 그리고 그 길을 흔들림 없이 더 멀리, 더 오래 가고 싶다면 자존감과 미소 두 가지 만큼은 꼭 가지도록 하자.

자존감은 어떤 고난이 닥쳐도 당신이 가는 길이 옳다고 당신을 지지해주는 둘도 없는 등대가 되어줄 것이다. 게다가 항상 미소를 잃지 않는다면 어떠한 역경이 닥쳐도 당신을 걱정해주는 사람들이 늘 당신과 함께할 것이다.

논어 '요왈편' 2장에는 공자가 제자인 자장에게 어떻게 하면 좋은 지도자가 될지 가르침을 주는 내용이 나온다. 스승인 공자는 자장에게 리더의 다섯 가지 미덕에 대해 다음과 같이 설명했다.

첫째, '사람들에게 은혜를 베풀되 낭비함이 없어야' 하고, 둘째, '사람들에게 일을 시키면서 원망을 사는 일이 없어야' 하며, 셋째, '마땅히 목표 실현을 추구하되 개인적인 탐욕을 부려서는 안 되며', 넷째, '어떤 상황에서도 태연함을 잃지 않되 교만해서는 안 되고', 마지막으로 '위엄 있되 사납지 않아야 한다.'는 것이다.

이 리더의 다섯 가지 미덕 중 첫 번째가 바로 사람들이 진실로 원하는 것을 파악해 그것을 이루어주는 데 집중하는 것이다. 다른 사람에게 항상 미소를 띠고 진심을 다해 대하면 상대방 역시 온힘을 다해 당신을 도울 것이다. 무엇을 바라지 않고 당신이 가는 한 걸음 한 걸음에 힘이 되어줄 것이다.

작은 한 걸음을 내딛으며 내면의 자존감을 키우는 연습을 하고, 주위 사람들에게 미소와 사랑을 베풀며 평생 함께 의지하고 힘이 되어줄 수 있는 동료들을 만들자. 당신이 어떤 선택을 내리더라도 당신과 같은 편에 서서 든든한 아군이 되어줄 것이다.

5

흔들려도 괜찮아.
틀린 길은 없고 모든 길은 아름다워

학창 시절에는 학년이 올라갈 때마다 연례행사처럼 막연히 장래 희망을 적어냈다. 하지만 스무 살이 되니 막연한 미래가 갑작스레 현실로 다가왔다. 다행히 어린 시절에 자기 꿈을 찾아낸 운 좋은 친구들도 있지만, 대부분은 치열한 경쟁을 뚫고 들어간 대학을 졸업한 후에도 그것이 당신의 진로를 책임져주진 않는다는 사실을 경험한다.

누군가 당신에게 하고 싶은 일을 물어보면 1초의 망설임도 없이 대답할 꿈이 있다면 당신의 인생은 성공할 가능성이 높다. 이 세상에는 알려진 직업만 1만 개가 넘는다. 100년 전과 비교해보더라도 산업은 고도화되고 그 어느 때보다 직업이 세분화되어 새로운 직업이 우후죽순 생기고 있다. 드론 조종사, 키워드 에디터, 식생활 지도사, 의료관광 컨설턴트, 온라인 결제서비스 기획자 등 이전에는 직업이 될 것이라 예상하지 못했던 일들이 시간이 지나 유망한 직업으로 인정받게 된 것이다.

이처럼 세상은 빠른 속도로 변하고 있는데, 학교라는 공교육 틀에서 교과서만으로는 나를 분석하고 내게 맞는 직업을 찾기에는 부족함이 있다. 그렇다고 어떤 길이 내게 맞는 길인지 갈피를 잡지 못하겠다고 자책하고 조급해 할 필요는 없다.

정보의 양이 방대해지고, 할 수 있는 일이 많아지면서 오히려 선택의 폭이 늘어났다. 이것도, 저것도 전부 해보고 싶지만, 인생은 아무렇게나 살다가 언제든 세이브 지점으로 되돌아갈 수 있는 게임이 아니기 때문에, 일단 한 번 선택하면 가지 않은 다른 길에 미련이 생기기 마련이다.

유독 20대가 되면, 첫 단추를 잘 끼워야 한다. '처음부터 대기업에 입사해야 이후에 이직을 해도 연봉을 늘릴 수 있다.'거나 '누가 뭐래도 공기업이 철밥통이다.' 등 이렇다더라, 저렇다더라고 떠들어대는 '훈수쟁이'들을 만나게 된다. 모두들 그들이 말하는 대로 살지 않으면 큰일이라도 날 것처럼 이야기한다.

하지만 정작 자신이 행복하다고 말하는 사람은 타인의 기준이 아닌 자신의 소신대로 살아가는 사람들이다. 하늘 아래 같은 사람은 없다. 어떤 길도 틀린 길이 아니라 다른 길일뿐이다. 어느 방향으로 가더라도 간다는 것은 작은 한 걸음을 내딛는 것에서 시작된다. 비록 하루를 놓고 보면 스스로 발전했다고 괄목할 만한 성과를 느끼기 쉽지 않다. 특히 처음 일을 시작할 때는 조직 구성원들의 역할과 업무, 프로세스 등 모든 것이 처음이기 때문에 서툴 수밖에 없다. 그렇기 때문에 처음부터 일을 잘하지 못한다고 자책할 필요도 없고, 이 길이 올바른 길인지 너무 고민할 필요도 없다.

첫걸음을 떼는 것은 그것만으로도 위대한 도전이다. 누구라도 한 가지 일을 선택하면 선택하지 못한 수십, 수백 가지 일들은 어떨지 궁금한 법이다. 하지만 시간은 한정되어 있고 내가 할 수 있는 일 또한 한정되어 있다. 어떤 길을 가도 가지 않은 길은 존재할 수밖에 없다.

급여가 적어서, 업무량이 너무 많아서, 복지 수준이 좋지 않아서, 내가 아닌 누구라도 대체 가능한 일인 것 같아서 등등 평가하고 비교하기 시작하면 결코 내가 하는 일에 만족할 수 없다. 일도 적게 시키는데 연봉도 높고 복지 수준도 좋고 일에 보람까지 느낄 수 있는 일을 하는 사람조차도 더 많은 돈을 주는 사람과 자신을 비교하며 자신을 불행하다고 여긴다. 실제로 내가 아는 사무 업무를 보는 친구는 꽤 높은 보수를 받으며 11시 반이면 점심을 먹으러 가고 6시 땡 퇴근하면서도 다른 사람과 자신을 비교하며 불만을 드러내곤 했다.

이 세상에서 가장 힘든 일은 어떤 일일까? 근무 시간이 길고 고된 작업을 하는 일? 아니면 하루 종일 불만 고객을 상담하는 감정 노동자? 그것은 다름 아닌 내가 하는 일이다. 나에게는 나의 군대생활이 제일 힘들고, 지금 내가 맡은 업무가 세상에서 제일 어려운 일이다. 인간은 태생적으로 자신 이외의 일에는 별로 관심이 없다. 이는 당신이 이기적이어서가 아니라 선천적으로 그렇게 태어났다. 이 점만 잘 기억하고 있어도 언젠가 당신이 흔들릴 때 중심을 잘 잡을 수 있을 것이다.

당신이 20대라면, 오늘 잠자리에 드는 순간에 과연 의미 있는 하루를 보냈는지 묻고 싶다. 그러지 않았다면 그러지 않은 이유는 무엇인지 자문해보아야 한다. 만약 당신이 30대나 그 이상이라도 마찬가지로 오늘 하루 뜻깊은 하루를 보냈는가? 그랬다면 오늘 하루 고생했다고 칭찬해주고, 만일 그렇지 못했다면 무엇이 의미 있는 하루를 보내는 데 걸림돌이었는지 고민해야 한다.

어떤 길을 가더라도 세상에 정답은 없다. 도전하기에, 올바른 길을 가기 위한 방향을 찾기에 늦은 나이란 없다. 다른 길이 있을 뿐 틀린 길이란 존재하지 않는다. 하고 싶은 일이 무엇인지 내가 잘 할 수 있는 일이 무엇인지 감이 잡히지 않을 수 있다. 본인 자신과 세상에 대해 충분히 사고를 해보지 않은 사람이라면 나이에 관계없이 그저 타성에 젖어 살고 있을 수도 있다.

올 한 해 목표가 무엇인지, 혹은 10년을 목표로 이루고 싶은 꿈이나 가슴을 뛰게 해주는 삶이, 당신과는 너무도 먼 이야기일 것이다. 그렇다고 잘못된 삶을 살고 있는 것은 아니다. 그저 당신에게 주어진 대로, 당신의 시각에 따라 산 죄밖에 없는 것이다. 그러니 지금 이 순간부터는 의식의 지평을 넓혀 당신의 점을 찍어나가는 연습을 하자.

당신은 마블 히어로 영화의 주인공인 '닥터 스트레인지'가 아닌 이상, 1400만 개의 미래를 먼저 살아보고 돌아올 수 없다. 어떤 노력을 해야 하고 누구를 만나 어떻게 진로를 잡아가야 될지 먼저 알 수 있다면 누구라도 꿈을 이룰 수 있을 것이다. 하지만 갓 10대를 벗어난 당신은 이 세상이 아직 얼마나 무궁무진한 기회로 가득 차 있는지 알지 못하기 때문에 이 일이 나한테 맞는지 고민하는 데 시간을 소모할 필요가 없다.

모든 일이 처음이고, 만나는 모든 사람이 새롭기 때문에 적극적으로 마주해야 한다. 어차피 당신은 백지이기 때문에 책을 통해서든 여행을 통해서든 사람을 통해서든 생각의 경계선을 무너뜨리고 넓은 통찰력을 가져야 한다.

공무원 시험을 준비했어야 했는데, 대기업에 들어갔어야 했는데 같은 생각은 이 세상에 1만 개가 넘는 직업이 있는지조차 모르기 때문에 할 수 있는 생각이다. 사무업무만 하더라도 그 조직에서 그 업무를 본질적으로 왜 필요로 하는지 이해하면 어떤 역량을 가진 사람을 필요로 하는지, 나에게는 그러한 역량이 있는지 고민해볼 수 있다.

문제는 근본적으로 그런 생각을 해야 하는지조차 모르고 직업을 급여와 복지수준으로만 생각하는 데서 시작된다. 직장생활을 오래한 사람이 지난 과거를 돌아보며 후회하는 것 중 하나는 자신이 굳이 그 일을 하지 않아도 됐다는 걸 뒤늦게 깨닫는 것이다. 경험과 연륜이 쌓여 시야가 넓어지면 너무나 당연히 보이는 일들이 그때는 남들을 허겁지겁 따라 가다보니 몰랐던 것이고, 어느새 정신을 차리고 보니 세월이 흘러버린 것이다. 그러니 지금 당장 너무 급하게 타인과 자신을 비교하며 다른 사람들이 가는 길을 내 길이라 착각하고, 그 길로만 가면 큰 문제는 없을 것이라는 사고방식은 버리도록 하자.

자존감도 없는 내가 무슨 일을 할 수 있을지 걱정되는가? 아무 것도 할 수 없을 것만 같은가? 저축을 한다거나 미래를 꿈꾸고 싶은데 아직 흔들린다면 다행히도 정상이다. 정말 무엇을 해야 할지 아무것도 감이 잡히지 않는다면 당신에게 영업을 추천한다. 어떤 분야에서 내공을 쌓더라도 사람 간의 관계를 대하는 법을 배우고 상대방을 설득하는 힘을 가진다는 것은 굉장히 유용한 능력이다. 다만 굳이 영업이 아닌 다른 선택지도 상관없다.

오늘 집을 나서서 독서실을 가도 PC방을 가도 당신 인생은 온전히 당신에게 책임이 있다. 한 가지 확실한 것은 아직 당신이 20대이고 삶을 힘껏 살아볼 의지만 있다면 당신은 어떤 길이든 선택할 수 있다. 무언가 작은 것이라도 이뤄보고 한 걸음씩 나아가는 연습을 통해 아무것도 없던 백지는 하나의 그림이 될 것이다. 무엇이든 먼저 끌리는 일을 해봐야 그 끌림이 진정 좋아하는 일이 맞는지 알 수 있다. 대개 좋아하는 일은 해보면 남들보다는 잘 할 수 있기 때문에 그러한 선순환 구조가 다음 걸음을 이어지게 만든다.

좋아하고 잘한다는 것의 구분은 가급적 직무로 나누지 말고 업의 본질적인 특성으로 구분해야 한다. 예컨대 내가 회계 일이 맞는지 영업 일이 맞는지로 구분할 것이 아니라 그 일이 근본적으로 어떤 활동을 통해 성과를 내는 일인지로 구분해야 한다.

어떤 일이 나에게 잘 맞는지 안 맞는지는 그 누구보다 내가 제일 잘 알기 마련이다. 수박 겉핧기식으로 나는 누구인지 막연하게 생각하지 말고 어려우면 글로 자신에 대한 스무고개라도 해보자.

어떻게든 보이는 곳까지 가면 그곳에서는 처음에 출발할 때 보이지 않던 길이 다시 보인다. 오늘 내 경험과 지식의 부족 때문에 막혀 있는 인식의 한계선은, 오늘 하루 그 한계를 넓히기 위해 얼마나 노력했느냐에 따라 내일도 오늘과 같은 생각에 머물게 될지 아닐지 결정된다.

매일 같은 하루만 반복되면 나의 세계는 거기에서 끝난다. 하지만 두렵고 걱정되어도 새로운 생각을 받아들이고 관계를 만들어가다보면 사고의 폭이 넓어져 완전한 내가 만들어진다. 떨리고 한 치 앞을 볼 수 없더라도 일단 발을 내딛어보자. 다른 사람이 가지 않은 길이라고 잘못된 것은 아니니 두려워할 것 없다. 너무 자주 직장을 바꾸면 안 좋지 않을까, 이래도 정말 괜찮을까라는 생각은 그만하고 그냥 내 길을 걷자.

지금 당장 흔들려도 내가 결정한 내 길을 당당히 가는 것이 후회하지 않는 길이다.

에필로그

단풍 든 숲 속에 두 갈래 길이 있었습니다
몸이 하나니 두 길을 가지 못하는 것을 안타까워하며,
한참을 서서 낮은 수풀로 꺾여 내려가는 한쪽 길을
멀리 끝까지 바라다보았습니다

그리고 다른 길을 택했습니다
똑같이 아름답고,
아마 더 걸어가야 될 길이라 생각했지요
풀이 무성하고 발길을 부르는 듯했으니까요
그 길도 걷다 보면
지나간 자취가 두 길을 거의 같도록 하겠지만요

그날 아침 두 길은 똑같이 놓여 있었고
낙엽 위로는 아무런 발자국도 없었습니다
아, 나는 한쪽 길은 훗날을 위해 남겨 놓았습니다
길이란 이어져 있어 계속 가야만 한다는 걸 알기에
다시 돌아올 수 없을 거라 여기면서요

오랜 세월이 지난 후 어디에선가 나는
한숨지으며 이야기할 것입니다
숲 속에 두 갈래 길이 있었고,
나는 사람들이 적게 간 길을 택했다고
그리고 그것이 내 모든 것을 바꾸어 놓았다고
– (프로스트, '가지 않은 길(The Road Not Taken)')

결국 인생은 내가 간 길과 가지 않은 길로 나뉜다.

한 가지 확실한 것은 순탄하기만 한 길은 없다는 것이다. 필자역시 영업을 하면서 탄탄대로만 걷지는 않았다.

황사철에 아기의 건강 때문에 급하게 공기청정기를 내게 구매했는데, 제품이 제 날짜에 입고되지 않아 고객과 약속한 날짜에 배송이 되지 않은 경우도 있고, 배터리 폭발로 휴대폰 자체가 단종되어 어려움을 겪기도 했다. 100% 내 잘못이라고만 볼 수 없지만실수든 타의에 의해서든 좋지 않은 일도 일어나고 실패의 쓴 맛을보기도 하는 것이다.

이 책이 전달하고자 하는 메시지는 명확하다.

성장과 성공의 선순환 구조를 만드는 '영업'의 힘을 느껴보자는 것이다.

평소 영업이라면 나와 관계없다고 믿는 사람이라면 더욱 추천한다. 어떤 길도 내가 걸어갈 길이지만, 내가 무엇을 좋아하는지, 잘하는지 갈피를 못 잡고 있다면 '영업'으로 길을 떠나보길 권한다. 말주변이 없고 유머 감각이 없다고 겁먹을 필요 없다. 필자도그러했다.

어차피 인생은 모든 순간이 영업이다. 지금이라도 늦지 않았으니 영업을 통해 나만의 철학과 가치관을 다져보자. 지금까지 어떤 일을 했는지는 중요하지 않다. 앞으로 내가 해나갈 일들이 중요하다.

끝으로, 이 순간에도 영업의 길을 걸어가는 동료, 선후배 영업인들과, 사랑하는 아내 심가용에게 이 책을 바친다.